한국인들은 어떠한 사람들인가?

신명의
심리학적 이해

한 민 지음

한국인들은 어떠한 사람들인가?

신명의
심리학적 이해

한 민 지음

KSI 한국학술정보㈜

머리말

때는 바야흐로 행복의 시대이다. 어느 곳을 봐도 웰빙과 행복의 물결이다. 사람들의 행복에 대한 관심도 그 어느 때보다 높다. 하지만 대한민국의 행복도는 세계 최하위권이다. 이 아이러니를 어떻게 설명할 수 있을까. 물론 현재 한국 사람들이 '행복'한 것처럼 보이지는 않는다. 그러나 과연 세계 속의 한국 사람들은 언론 지상에 발표되는 행복지수가 나타내는 것처럼 절대적으로 불행한가?

행복이란 문화적인 개념이다. 어떤 사람들이 살아가는 곳의 문화가 그 사람들의 행복을 결정한다는 뜻이다. 하지만 최근의 행복에 대한 담론들은 한국 사람들의 행복도가 얼마나 낮은가에만 초점이 모아져 있지, 한국 사람들이 언제 행복한가에 대해서는 별로 관심이 없는 듯하다. 한국 사람들의 행복을 이해하기 위해서는 먼저 한국 사람들이 생각하는 행복에 대한 정의가 우선되어야 하는 것이 아닐까.

한국문화에서의 행복은 어떠한 의미를 갖는가. 행복(幸福)의 사전적 의미는 편안하고 만족한 상태와 그에 따른 기쁨, 좋은 운수 등으로 나타낼 수 있다. 즉 행복이란 일시적인 행운(luck)을 의미하는 행(幸)과 현실에서 타고나서 누릴 수 있는 모든 복(福)이 함께한다는 뜻으로, 행복의 문화적 의미가 이러한 문자적 의미와 유사하다고 했을 때 누군가가 행복하기 위해서는 상당히 많은 전제조건이 필요하다는 점을 알 수 있다.

또한 한국 사람들에게 있어서의 행복은 어떤 일시적인 상태를 나타내는 용어라고 보기 어렵다. 새옹지마(塞翁之馬)의 고사와 '화무십일홍(花無十日紅)', '권불십년(權不十年)' 등의 성어, '오르막이 있으면 내리막이 있다'나 '쥐구멍에도 볕들 날 있다' 등의 속담에서 나타나듯이 한국 사람들은 일시적인 상태로 개인의 행복을 평가하지 않는 문화적인 관습이 있다. 따라서 한국 사람들에게 복 받았다, 행복하다는 말은 어떤 일시적인 상태를 평가하는 개념이 아니라 그 사람의 인생 전체를 평가하는 광범위하고 고맥락적인 의미에 가깝다고 할 수 있다.

즉 '행복하다'는 표현은 한국문화에서 쉽게 사용할 수 있는 표현이 아니다. 대신 한국 사람들이 어떠한 일에 특히 신나게 빠져들거나 즐겁게 어떤 일을 할 때, 즉 단기적으로 삶에 만족하고 있을 때 사용하는 말로, '신바람 난다', '신명 난다' 등이 있다. '신바람 난다'는 말은 주로 어떤 특정한 사건이나 일과 관련하여 쓰이지만, '신바람 나게 산다'는 식으로 사용되면 사는 것이 즐거울 정도로 매사를 긍정적으로 받아들이며, 또한 어떤 어려움도 거뜬히 극복할 수 있게끔 역동적으로 동기화되어 있는 상태를 의미하기도 한다.

신명은 한국의 대표적인 긍정적 정서로서 예전부터 한국문화와 한국 사람들을 이해하는 중요한 개념으로 다뤄져 왔다. 그러나 신명의 역사적, 문화적 의미에 국한된 기존의 연구들은 현재를 살아가는 한국 사람들에게 신명이 무엇이고, 언제, 어떻게 발생하며, 신명을 통해 어떠한 일들이 이루어지는가에 대한 이해를 제공하기에는 무리가 따른다.

이 책은 신명에 대한 보다 폭넓은 이해를 위해 쓰였다. 개인적 경험이라는 관점에서의 심리학적 분석과 질적, 양적 방법론을 포괄하는 다양한 연구방법으로 신명의 여러 가지 측면을 다루고자 하였다. 학위논문으로 작성된 만큼 전문적이고 학술적인 내용이 포함되어 있지만, 이 책의 연구들을 토대로 다양한 분야에서 후속 연구들이 이루어져 신명이 우리의 삶을 보다 긍정적으로 만드는 데 도움이 되는 존재로 자리매김 되기를 바란다.

목 차

I 서 론

1. 연구의 필요성 : 왜 신명인가?

1) 사회문화적 배경

한국인들은 어떠한 사람들인가? 이 물음에 답하기 위해 국문학, 인류학, 철학, 심리학 등 다양한 분야에서 많은 연구들이 수행되었다. 그 결과 한(恨), 정(情) 등의 개념들이 제시되었고, 이러한 개념들은 한국인들을 설명하고 이해하는 데 많은 도움을 준 것이 사실이다. 많은 사람들이 한국인의 이미지를 떠올릴 때, 정 많은 어머니의 얼굴이나 한 많은 여인을 떠올린다. 분명히 한과 정은 한국인들이 가진 중요한 특성이며 그것으로 한국인을 설명하는 데에 큰 이견은 없어 보인다.

그러나 비교적 최근, 한과 정 외에 한국인을 설명하는 중요한 특성으로 또 다른 개념이 두드러지고 있다. 최근 들어 국정홍보처 등에서 제안하고 있는 한국의 이미지는 역동성(Dynamic Korea)이다. 이러한 경향은 2002년 월드컵을 기점으로 두드러지게 나타나고 있는데, 이 역동성은 기존의 한과 정 등의 정적(靜的)인 이미지와는 정반대의 것으로 그 기저에는 한국인들의 '신명'이 자리하고 있다고 생각된다(주강현,1) 2006).

신명은 최근에 새로이 나타난 개념이 아니라 한과 정 등과 마찬가지로 기존의 연구들에 의해 제기되었던 개념이다. 특히 신명은 한과 관련하여 함께 언급되어 왔다. 김열규(1981, 1982, 1986), 이어령 (1978, 1982), 이규태(1986, 1991) 등 한국인의 한을 이야기했던 연구자들은 거의 같은 시기에 혹은 같은 저작 내에서(김열규, 1982; 이어령, 1978, 1982; 이규태, 1991) 신명을 언급하고 있다. 이처럼 한과 버금가는 위상을 갖는 혹은 한의 대립쌍과도 같은 개념으로 이미 제기된 바 있는 신명은 왜 최근에서야 다시 주목받기 시작했을까. 그에 대한 해답은 한(恨)이라는 개념이 어떻게 제기되었으며, 어떤 과정을 통해 연구되어 왔는가를 살펴봄으로써 발견할 수 있다.

한국문화를 묘사하면서 한과 유사한 개념을 최초로 언급한 사람은 일본인 야나기 무네요시2)라 생각된다. 그는 자연과 역사가 예술의 특성을 결정한다는 생각 아래 조선의 예술은 반도라는 지리적 환경이 주는 운명적인 역사와 관련이 있다고 하였다(최준식, 2002). 조선은 반도적 성격 때문에 늘 외침에 시달렸고 그로 인해 괴로움과 슬

---

1) 한겨레 2006년 8월 31일자. 신명이 깨운 한민족 자화상.
2) 야나기 무네요시(柳宗悅; 1889-1961) : 일제 강점기에 활동한 민예연구가로 한국예술에 대한 많은 관심을 갖고 있었다. 그의 한국예술에 대한 관점은 크게 1920년대 중반 이전과 이후로 나눌 수 있다. 즉 1920년대 중반 이전은 "다분히 인상적 기술을 토대로 한 '비애의 미'론"으로, 1920년대 중반 이후는 '무작위의 미'론으로 볼 수 있다(조선미, 1989).

폼의 역사를 갖게 되었으며, 그러한 역사적 경험이 조선 특유의 미감을 형성했다는 것이다.3) 야나기 무네요시의 관점은 많은 학자들에 의해 식민사관이라는 비판을 받았지만, 이러한 야나기의 영향이 은연중에 관련 분야의 학자들뿐만 아니라 당시 한국의 식자층에 폭넓게 스며들어 확대·재생산되어 왔을 가능성을 배제할 수 없다.

우선, 당시는 일제의 식민지배가 본격화되던 시기로 총독부에 의해 조선의 역사와 문화가 체계적으로 왜곡되고 부정되어 가고 있었던 만큼 야나기 무네요시의 견해는 본인의 의도와는 관계없이 식민지배를 위해 악용되었을 소지가 충분하다. 또한 당대 조선의 지식인들은 조선이 일본의 식민지로 전락한 이유가 조선의 지배층들이 변화하는 시대의 가치를 읽지 못하고 구시대의 가치에만 매달려 국력을 기르지 못했기 때문이라는 인식을 갖고 있었다(박노자, 2003). 이러한 인식을 가진 이들의 눈에는 조선이 가지고 있는 것은 상당한 부분이 부정적인 것, 버려야 할 것으로 보였을 것이며, 따라서 이들이 조선문화의 긍정적인 부분보다는 '비애미'와 같은 야나기 무네요시의 초기 견해와 같은 생각들을 쉽게 받아들였을 것이라는 사실을 짐작할 수 있다.

야나기 무네요시 이후, 한을 한국인의 고유 정서로 보는 견해는 주로 문학가들에게서 나타났다. 김동리(1948; 천이두, 1993에서 재인용)는 '정한(情恨)'을 충족될 수도 없고 대리 보상을 구할 수도 없는 무방책의 상실감이라 규정하였고, 서정주(1959; 천이두, 1993에서 재인용)는 "정 끝에 오는 한"이라고 함으로써, 간절한 그리움의 감정으

---

3) 야나기 무네요시의 초기 견해는 이후 조선에 대한 그의 인식이 깊어짐에 따라 변화하여, 후기의 관점에서는 '비애미'에 대한 언급이 사라지고, 조선미술의 자연스럽고 천연스러움을 묘사한 '무사, 무조작의 미' 등을 강조하는 방향으로 발전하게 된다.

로 풀이하였다. 또한 하희주(1962; 천이두, 1993에서 재인용)는 비애, 정한을 "유구한 세월을 두고 우리의 혈맥 속에 끊임없이 흘러내려온 시가상의 정통적 전래정서"라고 정의하였다. 그러나 70년대 이전까지의 논의는 주로 문학계에 한정되는 것이었고 대외적으로 많은 사람들의 동의를 기반으로 이루어진 것이라고는 보기에는 한계가 있었다.

한의 개념에 대한 본격적인 학문적 접근은 1970년대부터 시작되었다. 군사독재의 말기, 문학, 사회학, 경제학 등에 대한 '민중론적 접근'이 시작되면서 한과 민중의 개념이 주요 분석어로 상정되었고, 이 시기의 연구자들은 한의 개념 분석을 통하여 우리 사회에 내재된 부정성의 근거를 극복하려고 고심하였다(김진, 2004). 이러한 분위기 속에 70년대 말에서 80년대 초반, 김열규, 이어령, 이규태 등의 한국학, 문화비평적 저작들에 의해 '한'이라는 개념은 대중적으로 널리 알려지게 된다.

7, 80년대는 오랜 군사독재로 인해 민중들의 한이 재조명받던 시기였다. 일제 강점기를 거쳐 동족상잔의 비극과 뒤 이은 냉전을 경험하게 된 민중의 한은 계속된 군부의 독재로 인해 점차 깊어졌고, 이에 대한 시대적 요구로서 한에 대한 개념화와 연구들이 파생된 것이다. 이처럼 한이라는 개념은 지난 시대적 상황의 반영이라 할 수 있다. 따라서 그러한 역사·사회적 배경을 지니고 논의되어 온 한이라는 개념이 현재에도 불변하는 민족적 특성인 것처럼 알려지고 연구되는 것은 문제의 소지가 있다.

그렇다면 최근 주목받고 있는 '신명' 혹은 '신바람'이라는 개념 역시 한국사회의 변화와 관련지어 생각해 볼 수 있다. 한의 정서가 두드러졌던 시대의 아픔은 무디어져 가고 한국사회는 경제발전의 토대 위에 새로운 시대를 맞이하고 있다. 한강의 기적이라 불리는 경제발전의 결과로 한국은 세계적인 경제대국의 대열에 들어서게 되었고, 경제적 발전과 더불어 올림픽 및 월드컵 등의 성공적 개최와 최근 전 세계적으로 일고 있는 한류(韓流) 등 국가적 자부심을 회복할 만한 결과들이 가시적으로 드러나면서 과거 부정적인 것으로 치부되었던 한국적인 것에 대한 관심이 높아지게 되었다. 역동적인 한국, 신명의 힘 등의 구호는 바로 이러한 배경에서 가능했던 것이다.

하지만 이러한 신명에 대한 학문적 접근은 극히 제한적이다. 신명에 대한 체계적 이해가 무엇보다 선행되어야 할 것이다. 언제, 왜, 어떻게 신명이 발생하는지, 왜 신명이 한국적이고 중요한지에 대해서 알 수 있는 자료나 연구들은 많지 않다. 신명이 현재 한국인들의 마음과 행동을 설명하는 데 유용한 개념이고 또한 그만큼 사회에 중요한 의미를 갖는 것이라면 신명에 대한 체계적 이해가 무엇보다 선행되어야 할 것이다.

그리고 신명이라는 개념을 가장 잘 이해하기 위해서는 일부 학자들의 통찰에 근거한 것이 아닌, 실제 신명을 경험하는 일반인들을 대상으로 하는 연구가 필수적이다. 그렇다고 이제까지 연구되어 온 신명에 대한 논의들의 가치가 낮게 평가될 이유는 없다. 기존 연구들은 연구자들의 한국문화에 대한 폭넓은 이해와 통찰을 바탕으로 신명의 문화적 의미에 대한 전체적인 이해를 제공할 것이다. 그러나 신명이 실제로 어떤 이유와 과정에 의해서 경험되는 것인지를 체계적으로 이해하기 위해서는 기존 연구들과 같은 방식으로는 한계가 있다. 그리고 이러한 목적에 가장 잘 부합하리라 생각되는 접근은 문화심리학의 시각과 방법일 것이다.

2) 문화심리학적 배경

　문화심리학은 전통적 심리학이 가지고 있는 객관성 및 보편성에 대한 오류를 지적하면서 이러한 면을 보완하고자 출발한 심리학의 한 흐름이다(최상진, 한규석, 1998). 문화심리학은 전통적인 심리학과 비교하여 다음과 같은 세 가지 특징을 지닌다. 첫째, 전통심리학 혹은 전통심리학의 관점을 유지하고 있는 비교문화심리학에서 문화를 사람들의 심리 밖에 존재하는 외적인 변수로 보고, 문화에 따라 보편적인 인간의 심리가 어떻게 달라지는가에 관심을 두고 있다면(Berry, 1976; Lonner, 1997), 문화심리학에서는 문화란 인간의 심리와 분리·독립시킬 수 없는 개념으로 간주한다. 즉 문화는 인간의 심리를 구성하며, 따라서 문화가 다르다는 것은 그 문화 내의 마음경험의 질이 판이하게 다를 수 있다는 것이다. 문화심리학은 이렇게 구성된 문화적 개념을 심리학 이론 내에 용해시키려는 입장을 취한다(Bruner, 1993; Jahoda, 1992).

　둘째, 전통심리학 혹은 비교문화심리학이 그 문화에서 살아가는 일반인들의 설명보다는 이러한 설명을 초월하여 존재하는 범문화적 보편 심리기제를 찾아내고 이를 자연과학적 연구방식에 따라 검증하는 데 초점을 두는 반면, 문화심리학에서는 문화를 사람과 세상을 이해하고 구성하는 방식(Bruner, 1993)으로 이해한다. 문화란 인간의 사고와 행위에 대한 적절한 이유를 제공하는 것이기 때문에, 문화심리학은 그 문화권의 사람들이 왜, 언제, 어떻게 그러한 행동을 하는가를 당 문화에서 살아가는 일반인들의 입장에서 밝히고 설명하는 일에 관심을 둔다.

　셋째, 전통심리학 혹은 비교문화심리학이 문화적 맥락 속에서 일어나는 마음의 과정보다는 문화적 맥락을 제거한 상황에서 추상화 혹은 외부변수화시킨 문화의 영향을 다루는 반면(Greenfield, 1999), 문화심리학은 '문화적 마음'의 내용과 사고의 과정을 문화적 삶의 맥락 속에서 있는 그대로 '떠내며', 이를 체계화하고 이론화하는 것을 강조한다.4)

이러한 전통심리학과 문화심리학의 차이를 최상진(1997)은 제3자 심리학과 당사자심리학으로 구분하고 있다. 전통심리학을 개인주의와 제3자적 시각을 중시하는 서구문화의 틀에서 파생한 심리학이라 한다면, 관계주의와 심정(心情) 같은 당사자적 경험을 중시하는 문화인 한국문화에서는 당사자적 입장을 강조한 문화심리학이 더 유용하다고 할 수 있을 것이다.

그러나 이러한 문화심리학이 한국에 소개된 지 10년 가까운 시간이 지났지만, 문화심리학의 연구성과는 그 기간에 걸맞은 모습을 보이지 못한 것이 사실이다. 최상진 등 소수의 연구자들만이 문화심리학적인 연구결과를 내고 있을 뿐, 한국 문화심리학의 지평을 보다 넓힐 새로운 문화심리학적 개념의 발굴이나 개념화에 대한 시도는 적었다.

그 이유 중 하나는 자문화의 일반인들이 사용하는 심리적 개념은 너무나 당연해 보인다는 점일 것이다. 한국에서 문화심리학을 공부하는 학자들 역시 한국인으로서 자신을 포함한 일반 사람들이 널리 쓰는 정(情)이나 한(恨), 심정(心情) 등의 개념들은 얼핏 너무도 당연하기 때문에 학문적으로 개념화해야 할 필요를 느끼지 못할 수 있다. 또한 그 개념화하는 작업 역시 기존의 전통심리학의 방법과는 기본 전제부터 다르기 때문에 어떠한 개념에 쉽사리 손을 대기가 어렵다.

---

4) 최상진, 한규석(1998). 심리학에서 객관성, 보편성 및 사회성의 오류 : 문화심리학의 도전. 한국심리학회지 일반 17(1), 73－96. 87, 88쪽.

　문화심리학 연구가 활성화되기 어려운 또 하나의 이유는 특화된 방법론의 부재라는 면이다. 이제까지의 문화심리학 연구들이 한국문화와 관련된 심리개념들을 찾아 연구해 왔지만, 소수의 연구들을 제외하고는 문화심리학의 장점을 최대화할 수 있는 적절한 방법론을 개발해 내지는 못하였다. 물론 문화심리학이 아직 발전 중인 학문이라 아직 명확히 제시된 방법론이 없고, 다른 학문의 방법론을 택하는 것은 그 주제와의 적합성과 관련해서 고려할 문제이긴 하지만, 특화된 방법론이 없다는 사실은 연구하고자 하는 주제가 있어도 그 실현을 어렵게 하는 요소가 아닐 수 없다.

　본 연구는 이러한 문화심리학의 과제를 정면으로 다루고자 한다. 본 연구의 목적은 첫째, '신명'이라는, 한국인이라면 누구나 떠올릴 수 있는 일반적 개념의 심리학적인 구성원리와 과정을 찾는 것이다. 누구나 잘 안다고 생각하지만 미처 인식하지 못했던 혹은 상식적인 수준이나 개인의 통찰에 의한 것이었던 신명에 대한 이해에서 나아가, 문화심리학적인 관점에서 신명의 원리 및 심리적 과정 등을 발견하고 개념화하는 것이다.

　둘째는 새로운 문화심리학 방법론의 개발 및 적용이다. 문화심리학의 목적은 '문화적 마음'의 내용과 사고의 과정을 문화적 삶의 맥락 속에서 있는 그대로 '떠내며', 이를 체계화하고 이론화하는 것이다. 본 연구에서는 이와 같은 문화심리학의 본연의 목적에 충실한 범위 내에서 다양한 방법을 가지고 신명을 살펴보려 한다. 이러한 시도가 효과적으로 이루어진다면, 신명의 개념화와 더불어 문화심리학 방법론의 확장에도 기여할 수 있는 면이 있으리라 생각한다.

　셋째는 문화심리학의 연구결과를 현실에 적용하는 것이다. 문화심리학의 관심은 실제 문화 속에서 살아가는 사람들의 생생한 심리이다. 즉 문화심리학 연구에 의해 발견된 심리의 구성원리와 과정은 현실의 사람들의 마음을 반영하며, 그들의 행동을 이해하는 데 유용하다. 신명의 심리학적 원리와 과정이 구체화된다면 그를 통해서 한국인 마음 이해의 폭을 넓힐 수 있는 것은 물론, 심정상담 혹은 신공동체 문화 창출 등의 긍정적인 효과를 기대할 수 있을 것이다.

신명의 개념화와 적용으로 인한 긍정적인 효과들 외에도 신명 자체가 갖는 긍정심리학적 의미를 생각해 볼 수 있다. 신명은 한국문화에 있어서 긍정적인 심리의 대표적인 것으로 생각되어 왔다. 그러나 또한 신명은 부정적인 심리의 대표적인 한(恨)과 더불어 논의되어 왔는데, 이러한 한과 신명의 관계에 대한 명확한 규명은 긍정심리학적인 시사점을 제공할 수 있을 것이다.

3) 긍정심리학적 관점

긍정심리학이란 Seligman과 Csikszentmihalyi(2000)에 의해 제안된 용어로서, 이전까지의 심리학이 병리적(pathology)인 접근을 취하면서 불안이나 공포, 외상 등 심리의 부정적인 면을 강조해 온 것에 대한 반성에서 비롯된 심리학 연구의 경향을 말한다. 긍정심리학은 인간의 부정적인 특성이 아닌 긍정적인 특성에 분석의 초점을 두어야 한다고 주장한다(Seligman, 2000).

심리학, 특히 미국심리학의 발전이 2차 대전 이후의 퇴역 병사들의 정신적 외상을 치료하기 위한 임상심리학의 발전과 궤를 같이해 왔기 때문에 심리학의 연구가 인간 심리의 부정적인 측면에 초점을 맞추어 왔다는 것은 이해할 만하다. 그러나 긍정심리학의 문제제기는 단순히 심리학의 주제가 부정적인 것에 한정되어 있었다는 것에 그치지 않는다.

심리학이 부정적인 심리에 초점을 두면서, 사랑이나 행복과 같은 긍정적인 심리들을 부정적인 심리와 단일차원상에 놓는 것을 당연시해 왔다는 것이 긍정심리학자들이 주장하는 전환의 핵심이다. 즉 과거의 심리학은 개인의 부정적인 심리요소, 예를 들어 불안이나 공포 등의 수준을 낮추거나 제거해 주면 그 사람은 당연히 행복해질 것이라 가정하여 사람들을 행복하게 만드는 수단으로써 부정적 심리요소를 제거하는 방향을 연구해 왔다는 것이다.

긍정심리학은 과거 심리학의 이와 같은 암묵적 가정에 의문을 제기한다. 즉 인간이 행복해지기 위해서는 불안이나 공포가 제거되는 것만으로는 불충분하다는 것이다. 긍정심리학에 따르면 부정적인 심리와 긍정적인 심리는 단일차원에 놓이는 것이 아니라 서로 별개의 차원에 존재한다. 다시 말해 어떤 사람에게서 부정적인 심리들을 제거하는 일에 초점을 두지 않고도 별도의 긍정적 심리(감사나 용서, 사랑 등)를 이끌어 냄으로써 사람들을 행복한 상태로 이끌 수 있는 것이다.

신명에 대한 연구에서 긍정심리학의 관점은 한과 신명에 대한 논의에서 적용될 수 있다. 한국에서 한이라는 개념은 부정적인 면에 중점을 두고 논의되어 왔던 측면이 크다. 우선 한은 한국인들의 고유한 민족적 정서이면서 한국인들의 행동과 사고방식에 많은 영향을 줘왔다는 것이 보편적으로 받아들여지고 있는 사실이다(가세 히데야키, 1988; 김병익, 1994; 김열규, 1987; 문순태, 1988; 천이두, 1993).

물론 그러한 인식이 모두 잘못되어 있다는 것은 아니다. 다만 한의 부정적인 측면들이 필요 이상으로 강조되어 왔고, 그러한 논의들을 바탕으로 한이 한국인들의 대표적 정서처럼 알려지면서 한국인들과 한국인들의 심리에 대한 잘못된 이해가 우리 자신들에게만이 아니라 세계인들에게까지 확산될 수 있다는 문제가 있다는 것이다.

한은 일반적으로 '욕구충족이 안 된 상태의 노여움 혹은 본능에 근거한 것(이부영, 1980)', '영구적인 절망이 낳은 체념과 비애의 정서(최길성, 1991)' 혹은 '불가항력적인 좌절 상황에 순응한 감정(안신호, 1997)' 등 병리적이거나, 수동적이고 순응적인 측면에서 이해되고 있다. 하지만, 한의 부정적인 면 이외의 특성에 초점을 둔 견해들이 없었던 것은 아니다.

이어령(1982)은 한이란 무엇인가를 간절히 바라고 성취하려는 욕망 없이는 나타날 수 없는 감정으로 보고, 이러한 욕망이 결여된 한은 단순한 절망 혹은 복수심으로 연결된다고 주장하였다. 또한 문순태(1991)도 한국문학에서 나타나고 있는 한은 인간의 근원적인 비극으로 해석되기도 하지만, 거기에서 멈추는 것이 아니라 해한(解恨), 즉 한풀이의 의지로 다시 작용할 수 있다고 주장한 바 있으며, 한국인의 한에는 삭임과 승화의 기능이 있기 때문에 인내와 극기로써 한을 초극하여 간절한 성취동기를 유발하며 한을 유발한 원인 및 대상에 대해 관용의 자세(정)를 정립해 가게 된다는 견해도 있다(천이두, 1993).

최근, 이러한 한의 긍정적 측면들이 재조명되고 있는데, 양옥경과 최명민(2001)은 긍정심리학의 주제 중 하나인 탄력성(resilience)과 한의 관계를 다루고 있으며, 고영건과 김진영(2005)은 한을 삭이는 과정이 성숙한 삶의 지혜로 작용할 수 있음을 강조하였다. 이들의 접근은 한에 대한 이제까지의 병리적이고 부정적인 시각에서 벗어나 한의 긍정적 측면을 조명했다는 점에서 가치가 있다.

그럼에도 불구하고 이들의 기본적인 가정은, 한이 불변하는 한국의 대표적 정서이며 그것을 극복하려는 능동적 의지보다는 한의 유발자를 인정하고 한의 감정을 삭이는 수동적인 과정을 강조하고 있다는 제한점을 가진다. 한에 대한 논의에 있어서의 긍정적 접근은 사람들이 한을 받아들이고 삭이는 과정에서 삶의 지혜를 터득하고 성숙하게 발전해 간다는 것 외에도 또 다른 문화적인 경로가 있을 수 있으며, 그 대표적인 것으로 신명을 들 수 있다.

신명은 오래 전부터 한과 관련해서 논의되어 왔다(김열규, 1982; 이어령, 1978, 1982; 이규태, 1991 등). 이러한 논의들을 요약하자면, 사람이 살아가면서 겪는 괴로움과 고통들이 맺혀서 한이 되고, 그 한이 풀릴 때 신명이 난다는 것이다. 그러나 거기서 한과 신명의 관계는 명확하지 않다. 한이라는 말이 구체적인 맥락과 내용을 가지고 있는 쉽게 해소될 수 없는 감정의 응어리를 뜻한다면, 한이 풀릴 때 나타나는 신명은 좀처럼 경험하기 어려운 일일 것이다.

일반적으로, 어떤 사람을 오랫동안 힘들게 해 왔던 원인이 근본적으로 해소되어서 신명에 이르는 경우도 있겠지만 그러한 사건은 쉽게 발생하는 종류의 일이 아니다. 오히려 일반인들은 그러한 원인들이 해결되지 않았음에도 불구하고 혹은 그런 것과는 별개로 신명을 경험하는 경우가 더 많다. 예를 들면, 신명나는 풍물놀이에 참여하고 있는 풍물꾼들이나 관객들 개개인이 저마다 오랜 동안 지녀 온 한의 근본 원인이 해소되었기 때문에 신명을 경험하고 있다고는 생각할 수 없으며, 경영관리 분야에서 관심을 기울이고 있는 신바람 역시도 일반적인 의미의 한과 관계가 있다고 생각하기에는 무리가 따른다.

본 연구에서는 긍정심리학적인 관점에서 한국인들이 한을 극복하는 또 다른 방식인 신명을 연구하고자 한다. 또한 그 과정에서 기존 연구들에서 모호하게 언급되어 온 한과 신명의 관계를 보다 구체화하는 것 역시 본 연구의 과제이다.

2. 용어의 문제 : 신명, 신명(神明) 혹은 신바람

앞서 살펴본 바와 같이, 신명은 시대·사회적으로는 물론 심리학적으로도 충분한 연구의 필요성을 갖는다고 할 수 있다. 그러나 본격적으로 신명에 대한 연구를 진행하기에 앞서 우선적으로 정리해야 할 문제가 하나 있다. 그것은 신명, 신명(神明) 혹은 신바람 등으로 표현되고 있는 용어의 문제이다.

그 용례들을 살펴보면, 신명이란 정서적으로 흥분되어 있고, 일종의 도취감이나 능력감을 느끼며, 다른 이들과 거리감 없이 어울릴 때의 감정 혹은 상황을 나타내는 말이라고 할 수 있다. 그런데 이러한 상황을 설명하기 위한 용어로는 신명 외에도 한자어 신명(神明)과 신바람이라는 말이 더 쓰이고 있다. 이들은 상황 혹은 문맥상 유사한 현상에 관련한 단어들임에도 불구하고 명확히 구분되지 않고 사용됨으로써 그 의미를 명확히 파악하는 데 어려움을 초래해 왔다. 본 연구에서는 우선 이들을 의미적, 어원적으로 분석하여 용어의 혼돈을 피하고자 하였다.

1) 신명과 신명(神明)

신명이라는 단어는 순우리말과 한자어의 두 종류가 있다. 우리말의 뜻은 거의 대부분의 국어사전에서 '흥겨운 신과 멋'이라 하고 있고, 한자어 신명(神明)은 '하늘과 땅의 신령'을 의미한다. 그러나 신명에 대해서 다루고 있는 여러 자료들을 살펴보면 순우리말 '신명'

과 한자어 '신명(神明)'은 같은 뜻으로 사용되고 있음을 알 수 있다. 이는 한국문화에서의 언어적 관습과 관련이 있다고 생각된다.

모든 언어는 문화에 귀속된다. 즉 언어는 그 언어가 발달해 온 문화적 전통 속에서 이룩된 일종의 세계상 혹은 세계관을 표현한다(이규호, 1968). 일상의 언어가 사람들의 심리를 구성할 뿐 아니라 심리적 현실을 만들어 나간다는 Wittgenstein(1983)의 언어심리학이나 Moscovici(1984)에 의해 제안된 사회적 표상이론의 입장 역시이와 일치한다.

한국문화는 관습적으로 '신난다', '신바람'의 '신'과 '신령'의 '신(神)'을 거의 구분하지 않고 사용한다. 최재선(1997)은 신바람에서의 신을 순우리말의 신으로 해석하건 신(神)으로 해석하건 그 의미는 서로 일맥상통한다고 보았다. 신(神)과 인간의 세계가 분리된 서양과는 달리, 한국의 전통에서는 신(神)이 인간세계에 존재하고 인간이 신(神)이 되는 것이 가능하기 때문이다. 우리가 일상적으로 사용하는 표현 중에, '산 타는 데 귀신', '수학의 귀신', '먹는 데 귀신' 등의 표현이 있는데, 여기에는 어떤 이가 최고의 능력이나 솜씨를 발휘한다는 뜻이 있다. '신나게 달린다'는 표현에는 흥이 나서 달린다는 의미도 있지만, 최고의 솜씨를 발휘해서 귀신같이 달린다는 의미도 포함되어 있는 것이다.5) 따라서 현실의 언어생활에서 순우리말 신명과 한자어 신명(神明)은 동의어로 사용된다.6)

신명의 사전적 의미인 '흥겨운 신과 멋' 이외에도, 신명(神明)의 의미를 어원적으로 분석하려는 시도가 있었다. 허원기(2001)는 신명

---

5) 최재선(1997). 신바람의 교육적 의미와 활용방안. 연세교육연구 10(1), 101쪽.
6) 동아 새국어사전(2004)에서는 순우리말 신명의 비슷한 말로 한자어 신명(神明)을 들고 있다.

이란 단어의 뿌리를 다음과 같이 밝히고 있다. 신명(神明)은 귀신 신(神) 자와 밝을 명(明) 자로 이루어진 단어이다. 동양에서 전통적인 신(神)의 개념은 서구의 그것과 다른데, 그리스·로마신화와 성서에 등장하는 서구의 신은 '존재(存在)의 신(神)'으로, 존재로서 실재하며 인격체와 같이 반응하는 신이다. 그러나 동양의 신은 존재하는 신이 아니라 '생성(生成)의 신(神)', 즉 사물을 생성케 하는 신비로운 기운인 것이다. 이러한 생성의 신 관념은 주역(周易)에 잘 나타난다. 주역에서는 신(神)과 신명(神明)을, 천지자연이 생성 변화하는 덕의 성대함으로 이해하고 있다.7)

'신'과 함께 사용되었던 신명(神明)은 신의 '신령스럽다'는 의미에 '밝다'는 의미를 더하여 강조한 말이다. 신(神)은 앞에서 다룬 바와 같이 사물을 생성변화하게 하는 신비로운 힘을 지칭하는 것이며, 명(明)은 그러한 기운이 한 치의 오차도 없이 명백하게 구현된다는 것을 의미한다. 허원기(2001)는 처음에는 신명이라는 용어가 주로 생명 운화의 신비로운 기운을 뜻했으나 후대로 내려오면서 인본주의적 전통의 영향으로 그 의미가 변화했다고 주장한다. 동양에서는 인간을 우주의 축소판으로 보았는데, 그렇다면 신명, 즉 천지만물을 생성 변화시키는 신비로운 기운이 인간에게도 내재되어 있다고 생각한 것이다.8)

또한 신명(神明)을 종교적 의미와 관련하여 설명하고자 한 경우도 있다. 김열규(1982)는 신명은 근본적으로 종교현상에서 유래한다고

---

7) 그 끊임없는 생성의 과정을 역(生生之謂易)이라 하고, 그 생성변화의 재료인 음과 양이 번갈아 갈마드는 길을 도(一陰一陽之謂道)라 하고, 그 음양의 헤아릴 수 없는 생성변화의 공능(功能)을 '신(神)(陰陽不測之謂神 / 神也者, 妙萬物而爲言者也)이라고 말한 점이 그것이다(허원기, 2001. 43쪽).

8) '사람의 신명(人之神明)'이라는 표현은 [맹자, 진심상(盡心上)]에 대한 주희의 주석에서 발견된다(허원기, 2001).

보았다. 김열규에 따르면, 신명은 한국인의 신비경험에서 유래하는 말로 신지핌9)의 순간의 정신, 심리상태이자 그에 따르는 앙분(昂奮)된 혹은 도취된 심리상태이다. 즉 접신상태에서 경험하는 영적, 감정적 상태가 곧 신명이라는 것이다. 조항(1987)은 신명은 신령과의 합일을 통해 도달하는 성취감과 해방감을 그 내용으로 하고 있다고 밝힌 바 있으며, 유미희(1989) 역시 신명은 종교적 맥락에서 신과 인간의 만남이 유발하는 신비체험에서 출발한다고 주장한다.

이렇듯, 신명을 종교적 체험과 관련하여 생각하는 경향은 일차적으로 신명이란 단어 자체에 신(神)이라는 종교적 대상이 포함되어 있는 데에 기인한다고 생각되지만, 또한 신명의 상태적인 특성에도 상당 부분 그 원인이 있다고 할 수 있다. 김열규(1982)는 종교적인 체험을 통해 '신들림'이 이루어지면 신인일체의 경지에서 열광적으로 신바람이 일어난다고 하였고, 조항(1987)은 도취와 흥분으로 함축되는 신명의 감정적 상태는 접신상태의 그것과 유사함을 밝히고 있다. 따라서 신명이란 단어는 신명이 일어났을 때의 감정과 상태를 포괄하는 용어라 정리할 수 있다.

2) 신바람

신바람 역시 신명과 비슷한 상황 혹은 현상을 묘사하기 위해 사용되고 있는 말이다. 신바람은 어의적으로 '신'과 '바람'의 합성어라 할 수 있다. 우선 '신'의 의미는 '어떤 일에 정신이 쏠리거나 흥이 나게 되거나 하여 일어나는 재미나 흥겨운 기분10)'이나 '좋은 일이

---

9) 신이 내리는 상태, 접신(接神)의 순간.

있거나 또는 어떤 일에 흥미나 열심히 생기어 으쓱해지는 기분11)' 등으로 정의되어 있고, '바람'은 그 물리적 속성과 마찬가지로 불어가는, 전이되는 속성을 표현한다. 즉 신바람이란 '어떤 일로 말미암아 일어난 흥겨운 기분이 바람처럼 전이되는 것'을 뜻한다.

조동일(1997)은 한자어 신명(神明)의 뜻을 풀이해서 얻은 "깨어 있고 밝은" 마음가짐이라는 뜻에, 역동적인 움직임의 뜻을 더하여 "깨어 있고 밝은 마음가짐이 힘차게 움직이는 상태"라고 신명의 의미를 정의하고 있다. 또한 "힘차게 움직이는 상태"는 바람과 같으므로 '신바람'이라는 말을 쓴다고 부연한다. 바람은 여기저기 불어 닥치는 것으로, 각자의 내면에 있는 신명이 일제히 밖으로 나와 여럿이 함께 누리는 것이 신바람이라는 것이다. 즉 신바람이란 개인 내적인 신명이 여러 사람에게로 전이되고 조직화되는 과정을 표현하고 있는 용어라 할 수 있을 것이다.

이와 같은 특성 때문에 신바람은 조직 및 경영학의 관점에서 주목받기도 하였다. 이면우(1992)는 미국이나 일본의 경영철학에 비견할 만한 우리의 경영철학을 만들자는 주장과 함께 그 이론의 실체를 신바람에서 찾고자 하였고, 이후 이장우와 이민화(1997)에 의해서 신바람관리 모델이라는 것이 제안되기도 하였다. 그 외에도 신바람은 '동기부여가 극대화된 개인의 심리상태(이시형, 1993)', '집단 구성원들의 일체감에서 비롯된 민족 특유의 에너지(이규태, 1991)' 등 신명의 영향력과 관계된 부분을 언급하고자 하는 경우에 사용되어 왔다. 즉 신바람은 신명현상의 집단적 확산상태와 신명으로 인한 효용과 관련된, 기능적 측면을 포함하는 용어라고 할 수 있다.

---

10) 새우리말 큰 사전(1993), 삼성출판사.
11) 국어대사전(1989), 민중서림.

요약하면 신명은 감정과 상태를 함축하는 개념이며, 신바람은 신명이 발생하여 퍼져나가는 과정과 기능에 초점을 맞춘 용어라고 할 수 있다. 그러나 신명과 신바람은 본질적으로 같은 문화적 현상에서 비롯된 말이며, 단지 초점이 어디에 맞추어져 있는가에 따라 사용되는 맥락에 약간 차이가 있을 뿐이다. 따라서 본 연구에서는 신명과 신바람이 의미적으로 일맥상통하는 개념이라는 전제에서, 이제까지 혼용되어 왔던 신명, 신명(神明), 신바람 등의 용어들을 신명이라는 용어로 통일하여 사용할 것이다.

3. 연구의 방향과 연구문제

1) 신명을 무엇으로 보아야 하는가

신명은 감정, 즉 정서로 경험된다. 신명 경험에 수반하는 여러 행동들, 신명 경험 후에 일어나는 효과, 신명 경험에 선행되는 여러 가지 심리적 변인들 등 바라보는 관점에 따라 신명은 다양한 모습으로 비춰질 수 있지만, 신명은 일차적으로 정서라고 정의할 수 있을 것이다. 그렇다면 신명은 일반적으로 알려진 정서의 종류들, 즉 기쁨, 슬픔, 분노, 공포 등과 동일한 차원으로 이해해야 하는 것인가. 여기에서 정서에 대한 관점의 차이가 제기될 수 있다. 과거 심리학에서 정서는 문화에 관계없이 보편적인 것이라 여겨져 왔다. 기쁨, 슬픔, 분노, 공포 등의 정서는 발생적인 측면에서 생물학적인 기원을 갖기 때문에 이러한 견해는 타당한 것으로 받아들여졌다.

문화적 정서로서의 신명

그러나 비교문화심리학의 연구결과들이 축적되면서 문화에 따라 개인이 경험하는 정서의 질이 다를 수 있다(Kitayama & Markus, 1991)는 주장이 이미 제기되었고, 이를 뒷받침하는 연구결과들이 계속 발표되고 있는 상황(Mesquita & Frijda, 1992; Niiya, Ellsworth & Yamaguchi, 2006 등)에서 정서가 문화보편적이라는 기존의 관점은 변화를 필요로 하고 있다.

물론 정서가 문화에 따라 다르다는 말은 정서의 생물학적인 과정이 문화에 따라 달라진다는 것을 의미하지는 않는다(Russel, 1991). 어떠한 정서가 발현되는 생물학적인 과정은 문화를 떠나서 보편적일 수밖에 없다. 이 말은 정서에 대한 해석이 문화의 영향을 받을 수 있다는 것을 뜻한다(Mesquita & Walker, 2003). 다시 말해 정서가 문화에 따라 다르다는 말은 어떠한 정서에 대한 해석과 설명이 문화에 따라 달라질 수 있다는 것이다. 특히 어떠한 정서가 한 문화에서 독특하게 경험되는 성질의 것이라면 그것의 배경이 되는 문화적 맥락을 이해하는 것은 필수적이다. 이러한 견해와 연구결과들은 Geertz(1971)의 '문화는 해석의 체계'라는 주장을 뒷받침하며, 그동안 보편적인 것이라 생각되어 왔던 정서 역시도 문화와 독립적으로는 고려하기 힘들다는 점을 경험적으로 증명하고 있다.

한국인의 신명에 대해서는 다양한 시각과 입장에 따른 많은 견해가 있어 왔다. 어떤 연구에서는 신명의 역사·문화적 의미에 중점을 두기도 하고, 한편으로는 신명의 동기적인 면이나 상태적인 측면을 부각하기도 하며, 또 다른 경우에는 신명이 갖는 잠재력을 조직문화의 측면에서 논하기도 하였다. 이러한 모든 견해들이 신명이라는 개념을 설명하는 데 있어서 어느 정도의 역할을 해 온 것이 사실이지만, 그러한 기존의 관점에서는 신명이 갖는 심리적 과정과 의미들을 통합적이고 체계적으로 이해하기에 무리가 따른다.

기존의 연구들은 신명의 원인과 과정, 기능 등을 통합하여 이해하려 한 것이 아니라 연구자가 관심을 가진 신명의 부분적인 측면만을 강조해 왔기 때문이다. 물론 신명을 보다 포괄적인 틀에서 다루려고 한 노력들도 있었지만 체계적인 접근이나 과학적인 분석보다는 연구자 개인의 통찰에 근거한 것이 주를 이룬다는 점 역시 신명에 대한 기존 연구들의 제한점이라 할 수 있다.

본 연구의 위치는 여기에서 찾을 수 있다. 즉 신명을 '문화적인 정서'로 간주하고, 신명상태의 정서와 신명을 경험하게 되는 과정들을 찾아 분석하여 신명에 대한 포괄적인 심리적 과정을 밝히는 것이다. 물론 신명을 일종의 정서로 간주한다고 해서 신명이라는 경험의 총체적인 과정과 한국문화에서 신명이 갖는 심층적인 의미를 소홀히 하는 것은 아니다. 본 연구는 문헌연구, 질적 연구, 양적 연구 등의 다양한 방법을 사용하여 한국문화에서의 신명의 의미와 구성원리, 신명경험의 심리적 과정 등을 포괄적으로 이해하려 노력할 것이다.

2) 연구문제

본 연구는 우선 신명에 대한 기존 연구들을 고찰함으로써 신명이 어떻게 정의되고 있으며, 한국인들에게 어떠한 의미를 갖는지 논의할 것이다. 그 후에 이론적 논의를 바탕으로 실제 신명을 경험하는 사람들의 자료를 질적으로 분석하여, 신명이 언제, 어떻게, 어떠한 과정에 의해서 경험되는가를 구조화하고, 그 결과를 토대로 일반인들의 신명경험을 측정하는 척도를 개발하여 신명경험의 과정을 실증적으로 검증하고자 한다.

본 연구에서 밝히고자 하는 문제를 정리하면 다음과 같이 네 가지로 나타낼 수 있다.

■ 연구문제 1. 기존 연구를 바탕으로 신명의 문화심리학적 의미를 파악하고 개념화연구를 위한 이론적인 틀을 마련한다.

    1-1. 이론적으로 이해되고 있는 신명의 성격을 구체화한다.

    1-2. 질적 연구를 위한 이론적인 틀을 구성한다.

■ 연구문제 2. 신명에 대한 사회적 표상을 분석하여 신명의 성격을 밝힌다.

    2-1. 신명에 대한 일반인들의 인식을 조사한다.

    2-2. 대표적인 신명상황에 대한 일반인들의 반응을 분석한다.

    2-3. 공통적으로 나타나는 범주를 바탕으로 신명의 성격을 구체화한다.

■ 연구문제 3. 신명을 심리학적으로 개념화하고 구조화한다.

　3-1. 신명이 발생하는 데에 영향을 미치는 여러 가지 원인과 조건을 탐색한다.

　3-2. 신명경험에 있어서의 핵심적인 과정을 밝힌다.

　3-3. 신명경험의 전 과정에 있어서의 심리적 변화와 그 내용을 탐색한다.

　3-4. 신명의 발생, 발현과정 및 영향에 대한 이론적인 모형을 구성한다.

■ 연구문제 4. 신명에 대한 이론적 모형을 실증적으로 검증하고 타당화한다.

　4-1. 신명경험을 측정할 수 있는 척도를 개발한다.

　4-2. 신명경험의 과정을 실증적으로 검증한다.

　4-3. 관련 변인들과의 비교를 통해 신명 개념을 타당화한다.

II

연구 1
신명에 대한 이론적 고찰

신명에 대한 연구들은 주로 세 분야에서 이루어져 왔다. 김열규 (1982), 이규태(1991), 이어령(1978, 2003), 조동일(1997) 등을 필두로 한 민속학 및 한국학 분야와 전통예술 분야(구본혁, 1985; 나윤선, 1991; 오율자, 1995; 허원기, 2001 등), 그리고 경영관리 분야(이면 우, 1992; 이장우, 이민화, 1997) 등이 그것이다. 신명이라는 동일한 주제에 대한 연구들이 그 학문적 성격이 각기 다른 세 분야에서 수 행되어 왔다는 사실은, 신명이라는 현상이 그만큼 복합적이고 다양 한 특징을 갖고 있다는 것을 의미한다.

그러나 모든 심리·사회적 현상은 그 원인에 대한 발생적 측면과 현상 자체에 대한 상태적 측면, 그리고 그 현상의 결과 및 기능에 대한 결과적 측면으로 이루어진다. 이러한 틀은 신명을 이해하는 데 도 마찬가지로 적용될 수 있다. 본 연구에서는 먼저 기존 연구 및 문헌들에서 나타나는 신명의 상태적 측면과 결과·기능적 측면을 살 펴보고 그 후에, 신명이 발생하는 원리에 대한 기존의 견해들을 문 화심리학적 관점에서 검토하였다.

1. 신명의 상태적 특징과 그 기능

1) 신명의 상태

신명의 상태적인 특징은 김열규(1982)의 글에서 가장 잘 나타나 있다. 김열규는 신명의 개념을 일차적으로 종교적 맥락에서 찾고 있는데, 그에 따르면 신명은 한국인의 신비경험에서 유래하는 말로 신지핌(신들림, 즉 접신(接神))의 순간과 그에 따르는 흥분, 도취된 심리상태를 가리키는 말이다. 또한 신명은 신령과의 일체감 속에서 일어나는 영적인 감정적 상태만을 의미하는 것이 아니라 직관의 집중에 의한 통찰력 및 지적 환희 등을 포함한다.12) 즉 신명은 흥분, 도취, 환희 등의 정서와 극대화된 직관 및 통찰력이라는 변형된(altered) 인지를 수반하는 상태라 생각된다.

여기에서 '극대화된 직관 및 통찰력'이라는 인지적 상태는 무엇이든 할 수 있다는 권능감 혹은 능력감 등을 의미하며, 채희완(1983), 이규태(1991) 등이 언급하고 경영관리 분야에서 논의되는 신명의 핵심적 기능인 '생명에너지가 그득히 충전된 상태'나 '논리적으로 따져지지 않는 저력' 등과 관련이 있다고 여겨진다. 이러한 신명은 보통 집단적으로 경험되며 그에 따라 특정한 양상을 띠게 되는데, 그러한 신명의 특징을 정리하면 다음과 같다.

첫째, **신명은 강렬한 정서적 경험**이다. 최근 한국사회에서 있었던 월드컵 열풍은 한국인들뿐만 아니라 외국인들에 의해서도 한국인들

---

12) 김열규(1982). 한국인의 신명. 서울 : 주류, 7쪽.

의 신명을 잘 드러낸 현상으로 평가받고 있는데(경향신문, 2006년 6월 26일자), 당시 현장에 있었던 이들의 증언이나 당시의 영상자료들은 이러한 강렬한 정서를 잘 보여주고 있다. 월드컵 당시의 예를 들면, 사람들은 기본적으로 흥분되고 고양된 상태이며, 특히 한국 대표팀이 승리를 거두는 순간에는 그러한 기쁨과 환희가 극대화되어 감정을 주체하지 못하고 눈물을 흘리는 등의 격한 정서반응을 나타냈다. 이러한 정서들은 평소에 경험하는 기쁨이나 즐거움과는 그 질적인 면에서 매우 다르다.

　신명의 상태에 대한 묘사는 또한 전통예술, 특히 한국무용 분야의 연구들에서 나타나고 있다. 이들 연구에서 나타나는 신명의 개념은 민속학, 한국학 분야의 그것과 맥을 같이한다. 그러나 전통예술 분야에서의 신명 관련 연구들은 무용수들의 개인적, 현상학적 경험의 질을 중시한다는 점에서 차이가 있다. 오율자(1994)는 춤에서 나타나는 신명을 인간 본연의 심·신이 혼연 일체된 인간체험의 전형이라 보고, 무용가들에 대한 심층면접을 통해 신명경험의 요소를 1)전체로서의 세계인식, 2)완전한 집중, 3)체험대상의 본질자각, 4)충족한 인식, 5)일상적 자아의 초월, 6)자기확신적 체험, 7)시공의 특별한 인식, 8)선택성과 당위성의 용해, 9)완전함의 자각, 10)자연스러움, 11)경이로움과 감탄의 체험, 12)이원론적 인식의 용해, 13)공포감의 사라짐 등의 13개 범주로 정리한 바 있고, 유진과 김장우(2004)는 한국무용수들에 대한 심층면접을 바탕으로 신명경험의 차원을 '일체감', '몰입', '쾌락', '용해', '초월' 등으로 보고하고 있다.

　한국무용 전공자들이 밝히고 있는 이러한 신명 경험의 내용은 김열규가 이야기하고 있는 신령과의 일체감, 권능감이라는 종교적 해석 외에 경험적이고 현상학적인 방법에 의해 신명 상태의 질적인 특징을 정리하였다는 데에 의의가 있다. 하지만 한국무용 분야의 연구들은 일반적인 신명 경험이라기보다는 무용수 개인의 경험을 다루고 있다는 점에서 적용이 제한적일 수밖에 없는 한계를 지닌다.

그러나 신명 상태의 정서는 일상적으로 경험하는 정서와는 명확히 구분되는 특수하고 강렬한 정서라는 점은 분명하다. 또한 그것은 환희와 감격, 쾌락 등의 긍정적 정서이며, 일체감 혹은 초월감 등의 이차적 정서를 포함하여 이후의 행동에 영향을 미친다.

신명의 두 번째 특징은 신명의 정서가 **주변의 사람들에게 빠르게 전이된다**는 점이다. 김열규(1982)는 이러한 전이를 '신명의 감염현상'이라 말하고 있다. 이 같은 감염현상은 풍물놀이 현장이나 마을 굿에서 발견할 수 있으며, 최근의 월드컵 열풍 역시 신명의 감염이라는 특징을 잘 보여준 사례라 할 수 있다. 이러한 전이의 결과로 신명은 보통 집단적으로 경험된다. 신명이 집단적 양상을 보이는 이유는 우선 한국의 역사, 문화적 배경에 기인한다고 할 수 있다.

김원호(1999)는 집단 신명은 괜히 신이 나서 생기는 것이 아니라, 같은 계급적 울타리 속에서, 그리고 나름의 삶의 규율 속에서 일상들을 주고받으며, 어려운 삶의 조건 내에서도 희로애락의 삶들을 공유해 내는 오랜 인간적 관계 속에서 형성되는 것이라 하였다. 그러한 관계 속에서 살아가던 사람들은 곧 공동운명체로서 삶을 함께한다. 특히 삶을 어렵게 하는 고난을 만났을 때, 그것은 공동체의 고난이 되며 이를 함께 헤쳐 나갈 때 신명은 공동의 신명이 되는 것이다(채희완, 1985).

그러나 이러한 설명은 신명이 집단적으로 경험되는 점에 대한 설명이 될 수는 있지만, 한 사람의 신명이 다른 사람에게로 옮겨지는 현상에 대한 설명으로는 미흡한 점이 있다. 신명이 집단적 전이의

양상을 보이는 이유는 한국인들의 심정교류와 관련이 있을 것으로
생각된다. 한국인들은 우리성-정 관계와 같은 친밀한 인간관계에서
상대의 마음속에서 일어나는 심적 경험을 자기 자신의 경험으로 치
환하여 공경험(共經驗, co-experience)하는 일에 민감하며 습관화되
어 있다(최상진, 1999). 이 점에서 한국인들은 상대의 경험을 당사자
적 입장에서 주관화(subjectify)한다고 볼 수 있으며(최상진, 1997; Choi,
1998), 이때 상대의 마음속에서 이루어지는 상대의 사적인 심리경험
을 한국인들은 '심정(心情)'이라 칭한다(최상진, 김기범, 1999).

　흔히 심정의 교류는 말을 매개로 하여 이루어지기보다는 비언어적
심정전달단서를 통해 이루어진다. 이러한 이심전심의 마음교류에서
심정은 가장 동적이면서 생생한 마음교류의 수단이며 매체가 된다
(최상진, 1999). 어느 한 사람, 즉 A의 마음속에 발생한 심정은 상대
B의 마음에 공감이 되고, 다시 이러한 공감을 바탕으로 생겨난 B의
A에 대한 심정이 다시 A에게 공감되는 심정교류가 일어나는 것이다
(최상진, 김기범, 1999; 1999b; Choi & Kim, 1999).

　이러한 심정교류는 상대의 심정을 자신의 입장에서 재해석하여 자
신의 심정으로 받아들이는 것으로 상대와의 관계에 있어서의 역사성
이 전제된다. 특히 가족과 같이 친밀한 관계일 경우에는 어느 한 쪽
의 심정이 상대의 심정으로 그대로 전이되는 일이 일어난다(최상진,
김기범, 1999; Choi & Kim, 1999).

　하지만 최근의 월드컵 거리응원의 예에서 알 수 있듯이, 신명이
반드시 동거역사성이 전제된 집단에서만 일어나는 것은 아니다. 이
경우에는 심정교류 그 자체가 아니라 한국문화에서 무의식적으로 공
유되고 있는 심정교류의 방식이 영향을 미쳤다고 가정할 수 있을 것
이다. 즉 상대의 심적 경험을 공경험하는 데에 익숙해 있는 한국인

들이기에, 한시적으로 형성된 집단에서일지라도 심정교류와 유사한 감정의 공경험이 일어날 수 있다는 것이다. 물론 그 과정에는 대표 팀의 응원과 같이 그 집단에서 공유할 수 있는 사안이 전제된다.

어떤 개인으로부터 시작되었든, 집단적으로 경험되었든 간에 신명은 함께 신명을 경험하는 이들에 의해 공감, 공경험(co-experience)되고, 자신의 감정을 상호확인(mutual confirmation)하는 피드백을 거쳐 더욱 증폭되는 과정을 따를 것이다.

신명현상의 세 번째 특징은 '난장성'이다. '난장'이란 여러 사람이 어리저리 뒤섞여 마구 떠들어대거나 덤벼서 뒤죽박죽이 된 곳, 또는 그러한 현상(새우리말 큰 사전 11판, 1993)을 일컫는 말이다. 신명의 난장은 인류학에서 일컫는 오지(orgy), 즉 제의적 광란이다.[13] 이상일(1981)은 한국인들은 아무리 즐거운 놀이라 해도 난장을 벌이지 않으면 신명이 나지 않으며, 따라서 의도적으로 난장을 벌이고 기존의 질서를 무너뜨린 다음, 혼돈 속에서 신명을 찾으려 한다고 보았다. 이러한 견해는 최준식(2002) 등에 의해 뒷받침된다. 그는 전통예술 전반에서 발견할 수 있는 한국인의 미의식은 어떤 틀이나 격식을 거부하는 자유분방함이라고 주장하며, 그 원인을 한국인의 토속 종교인 무교(巫敎)[14]에서 찾았다. 신명 역시 무교의 종교적 체험에 그 기원이 있는 만큼, 난장성은 신명현상의 중요한 특징이라 할 수 있을 것이다.

난장을 벌이고 난장판을 피우는 것으로 신명은 걷잡을 수 없이 폭발, 즉 증폭된다. 신명의 상태에서 사람들은 평소에는 감히 할 수

---

13) 김열규, 같은 책, 37쪽.
14) 유동식(1975)은 무속(巫俗)이란 용어는 무교를 종교로서가 아니라 단순히 사회적 습속으로 다루려는 의도가 포함되어 있기 때문에 무교(巫敎)라는 용어를 사용해야 한다고 주장한다(16쪽).

없었던 일, 일상생활의 질서에 의해 억눌려 있던 일들을 하게 된다. 신명상황에서 사람들은 평소 가슴에 맺힌 것들, 억눌려 응어리진 것들을 어떠한 틀이나 격식에 얽매임 없이 일시에 발산한다.15) 월드컵 당시 거리응원에 나선 이들은 큰 소리로 노래를 부르고 함성을 지르며, 처음 보는 사람들과 거리낌 없이 어울리고, 차량 위에 올라서는 등 평소에는 하기 힘든 행동들을 보였는데, 이러한 행동들이 바로 신명의 중요한 특징인 난장성을 구성한다고 할 수 있다.

2) 신명의 기능

위와 같은 상태적 특성을 갖는 신명의 일차적인 기능적 의미는, 평소에는 할 수 없는 감정의 표출이 가능하다는 데 있다. 신명에서의 난장은 아노미적인 혼돈이 아니라 문화적으로 약속된 무질서로 일상생활에서 쉽게 할 수 없는 감정표현과 행동들이 허용되는 현장이다. 여기에서 신명의 기능적인 측면을 발견할 수 있다. 이러한 문화적 무질서 상태는 이전의 삶에서 일어났던 여러 갈등 때문에 빚어졌을 욕구불만의 훌륭한 배출구로 작용한다.16) 그것은 가난과 핍박의 억눌림에서의 해방을 뜻하며, 맺힌 한(恨)의 상태에서 풀린 자유의 상황으로 전환하게 되는 계기이기도 하다.17)

이어령(1978, 2003)은 한국의 문화를 '푸는 문화'로 규정하면서, 한국문화에서 한(恨)이 '맺히는' 것이라면 신명은 맺힌 것을 '푸는

---

15) 김열규, 같은 책, 11쪽.
16) 김열규, 같은 책, 38쪽.
17) 김열규. 같은 책, 10쪽.

것'이라 하였고, 이규태(1991) 역시 한국문화는 분풀이, 살풀이 등 응어리를 푸는 문화이며 맺힌 것이 풀어지는 상태를 신바람, 즉 신명으로 설명하고 있다. 이러한 한풀이가 바로 신명이 갖는 첫 번째 기능이라 할 수 있다.

신명의 두 번째 기능은 일차적인 신명 경험에서 비롯된 이차적인 것이다. 다시 말해, 신명으로 인해 응어리진 갈등들을 풀어낸 뒤 도달하게 되는, 생명에너지가 그득하게 충전된 상태, 창조적 에너지가 거칠 것 없이 분출하는, 억눌려 있던 잠재력이 극대화되어 나타나는 순간이다(채희완, 1983). 신명을 한국인의 중요한 특징으로 묘사하고 있는 연구자들은 모두 이러한 점에 초점을 맞추고 있다.

이규태(1991)는 신바람은 흥으로도 나타나고 희열로도 나타나며 눈물로도 나타나지만 논리적으로 따져지지 않는 저력으로도 나타난다고 하였다. 이를테면 정상적인 사람의 노동력은 1+1=2가 되지만 신바람이 난 사람의 노동력은 1+1=3이라는 등식이 성립된다는 것이다. 한국문화의 신바람에 주목한 요시카와 료조(吉川良三)(2001) 역시 신명상태에서는 일정조건만 갖추어지면 '평상시의 자기 능력으로는 상상할 수 없을 정도의 불가사의한 힘이 치솟아 오른다'는 점을 강조한다.

신명의 이러한 측면은 잠재적인 에너지라는 측면에서 경영학 분야의 관심을 끌어 왔다. 과거 이면우(1992)나 이장우, 이민화(1997) 등에 의한 '신바람 경영'은 기업조직에서 조직원들의 신명을 이끌어낼 수 있다면 업무의 효율과 직무 만족의 측면에서 엄청난 효과를 기대할 수 있다는 사실을 주장하고 있다. 최근 한 기업에서도 한국인들의 신바람을 '신바레이션(Synbaration)[18]'이라는 기업문화로 재창출하

---

18) 조선일보, 2006년 4월 24일자.

려는 노력이 행해지고 있는 등 신명은 한국인들의 잠재력을 이끌어
내는 데 필수적인 개념으로 이해되고 있다.

지금까지 신명에 대한 연구들을 고찰하여 신명현상의 상태적인 양
상과 그 기능에 대한 측면을 정리하였다. 요약하자면, 신명의 상태적
인 특징은 ① 평소와는 다른 강렬한 정서적 경험과, ② 그러한 정서
의 집단적 전이, 그리고 ③ 문화적으로 약속된 무질서 상태(난장)라
할 수 있으며, 그 결과·기능적인 특징은 ① 억눌렸던 것들(맺힌 것
들)의 해소와 ② 잠재적 능력의 분출이라 할 수 있다.

한편, 전통무용 연구자들에 의해 기술된 신명은 위와 같은 신명과
는 경험의 질적 측면에서 차이를 보인다(오율자, 1995; 김준희, 1997;
심혜경, 2000; 유진, 김장우, 2004). 이들 연구들에서 언급되고 있는
신명은 무용수들의 개인적 경험과 문화적 의미에서의 신명이 혼재된
양상을 보이며, 주로 김열규(1982)의 신명에 대한 정의에 의존하고
있을 뿐, 어떤 연구에서도 신명에 대한 개념을 명확히 정의하고 있
지 못하다.

하지만 그러한 한계에도 불구하고 이들 분야의 연구들이 시사하는
바는, 그들이 개인적 경험으로서의 신명을 다루고 있다는 점이다. 즉
다른 분야에서 다루고 있는 신명은 문화적인 의미에 초점을 둔 것이
대부분이기 때문에 신명을 경험하는 개인의 내적 과정에 대한 언급
은 거의 발견하기 힘들다. 그러나 전통예술 분야에서 나타나는 신명
에 대한 언급은 그 의미는 차이가 있을지언정, 신명을 경험하는 개
인에 초점이 맞추어져 있다.

그러한 면을 감안하여 살펴본 전통예술 분야에서의 신명은 한국학
혹은 민속학에서 언급되는 신명과 많은 부분에서 차이가 있다. 신명

이 강렬하고 잊을 수 없는 경험이라는 묘사는 공통적으로 나타나지만, 그 외의 부분, 즉 집단적 전이나 약속된 무질서의 양상 등의 특징은 찾기 힘들다.

이는 전통예술 분야에서 다루고 있는 신명이 무용수 개인의 경험이라는 성격을 갖는 데서 기인한다고 생각된다. 이 경우에는 신명이 개인적 경험이기 때문에 여럿이 함께 추는 집단무의 경우가 아니라면 집단적 전이현상이 나타나기 어려운 데다가, 무용이란 형식과 기교가 있는 예술형태이므로 주어진 틀 내에서 무질서한 양상을 보이기에는 한계가 있을 수밖에 없는 것이다.

물론 전통예술은 한국의 독특한 문화적 정조인 한과 신명의 구조를 갖는다(구본혁, 1985; 조향, 1987; 나윤선, 1991; 이동숙, 1996)고 인식되고 있지만, 예술적 구조에서 나타나는 정조로서의 한과 신명은 그 예술작품을 실제로 연행하는 연행자가 느끼는 정서 및 상태와는 구별되어야 한다. 즉 무용수의 경험으로서의 신명은 '예술행위라는 특정 행위 중의 개인적 경험'이라는 면 때문에, 일반적 의미의 신명과는 다른 관점에서의 접근이 필요하다고 생각된다.

2. 신명의 발생

그렇다면 신명은 언제, 어떻게 발생하는 것인가. 앞서의 논의로, 신명의 개념은 적어도 두 가지의 차원이 혼재되어 있음을 알 수 있었다. 즉 일반적 의미의 신명과 예술행위에서의 신명이 그것이다. 일반적 의미의 신명이란 예술행위에서 경험되는 것이 아닌 일반적 상황에서의 신명이라는 의미이며, 보통 한과 관련해서 논의되는 신명을 말한다. 본 연구는 그 두 차원의 신명 경험이 질적, 내용적인 면에서 다르다고 보고, 각각에 대해 논의를 전개할 것이다.

1) 한(恨)과 신명

'일반적 의미의 신명'은 많은 학자들에 의해서 가장 빈번하게 거론되어 왔던 것으로 한(恨)과 함께 언급되는 신명이다. 민속학 혹은 한국학 분야라고 할 수 있는 이들의 견해에 따르면, 신명은 한(恨)의 대척점에 서 있는 개념이라 할 수 있다(김열규, 1982; 이어령, 1978, 2003; 이규태, 1991; 조동일, 1997 등). 즉 한이 풀림에 의해서 신명이 발생한다는 것이다.

김열규(1982)는 '원한정신명'의 역학관계로써 한과 신명의 관계를 설명하고 있다. 김열규는 이들의 관계가 직선적 관계가 아닌 정을 중심으로 하여 양 옆에 원한과 신명이 존재하는 삼각형의 구도로 파악한다(그림 1). 즉 정의 파탄이 원한을 부르고 부서진 정의 회복이 신명을 불러일으킨다는 것이다. 그런데 여기서 김열규가 이야기하는 정(情)의 의미는 명확하지 않다. 그는 한과 신명을 연결하는 정이 대인관계에만 국한되는 것은 아니라고 전제하고 있지만,[19] 한편으로 대인관계에 있어서의 정을 이야기하는 데 상당 부분을 할애하고 있다.

---

19) 김열규, 같은 책, 53쪽.

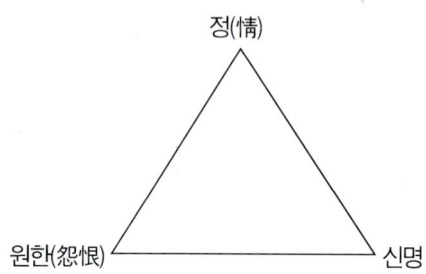

그림 1. 정·원한·신명의 관계[20]

즉 정은 가족중심적인 마을공동체에서 성립되었으며, 그 정이 파괴되고 회복되는 데에서 한과 신명의 관계를 유추하고자 한 것이다. 하지만 한과 신명의 발생을 정에서만 찾는 것은 한계가 있다. 물론 정의 생성과 파탄에 의한 한과 신명도 존재할 수 있겠지만 보다 일반적인 개념화를 위해서는 한에서 신명으로의 전환을 설명하는 또 다른 변인을 고려할 필요가 있을 것이다.

또한 조동일(1997)은 진정한 신명이란 한을 극복하는 동기에서 나온다고 보았는데, 즉 한은 그 상태에서 정지된 것이 아니라 '풀어야 하는 것'이고 한이 풀리면 신명이 생겨난다는 것이다. 그에 따르면, 한풀이의 요구에서 출발하지 않은 일상적인 맥락에서의 '신남'은 진정한 신명이라 할 수 없다. 이와 같이 '풀어야 하는 것'이 한이고, '풀린 상태'가 신명이라는 생각은, 신명에 대한 연구를 수행해 왔던 사람들의 일반적인 인식으로 보인다.

이러한 인식은 전통예술 분야에서도 동일하게 나타난다. 조향(1987)은 무속에 근간을 둔 전통춤 살풀이의 춤사위를 분석하여 춤

---

20) 김열규, 같은 책, 52쪽.

동작에서의 한과 신명의 구조를 언급하고 있으며, 나윤선(1991)은 살풀이, 무속춤, 탈춤 등을 예로 들면서, 그 형식과 내용에 있어서 한과 신명이 어떻게 표현되는가를 분석한 바 있다. 또한 활자나 영상매체 등을 통해 자주 접하게 되는 여러 전통 예술인들이나 연구자들의 구술 등을 통해서도 한과 신명에 대한 공통적인 인식이 있음을 확인할 수 있다(한겨레, 2006년 12월 7일자). 이러한 사실에서, 한과 신명의 관계가 단지 몇몇 학자들의 통찰에 근거한 주장에 그치는 것이 아니라 한국인들이 공통적으로 갖고 있는 문화적인 인식이라는 사실을 유추할 수 있다.

(1) 한(恨)의 의미

그렇다면 논의를 보다 발전시키기 위해 한(恨)의 개념을 보다 명확히 할 필요가 있다. 한이 풀리면 신명이 난다는 것을 전제로 할 때, 한이 무엇이고 어떻게 발생하는(맺히는) 것인지를 알아야 그것이 해소되는(풀리는) 데서 나타나는 신명의 정체를 알 수 있을 것이기 때문이다.

기존의 문헌들에서 나타난 한과 신명의 관계는 모호한 측면이 있다. 그것은 한과 신명이 구체적인 개념정의와 체계화 없이도 문화적으로 받아들여질 수 있는 개념이라는 의미일 것이다. 그러나 이러한 문화적 개념들이 보다 과학적인 의미로 재생산되려면, 각 개념들이 갖는 심리적인 속성과 과정들을 이해하는 것이 선행되어야 한다.

한(恨)은 다른 어떤 것보다도 가장 한국적인 심성 특질로 생각되어 왔다. 그러나 문학이나 민속학 분야에서 이루어진 한에 대한 논의들은 일반인들의 한 정서와 순화되고 정련된 예술장르 속에서의

한 정서 및 성격적 측면에서의 한을 구분하지 않고 혼용하고 있으며, 나아가 한의 심리적 과정보다는 그 문화적 의미에 초점이 맞추어져 있었기 때문에 한의 발생 및 과정에 대한 구조적인 분석도 충분하지 못하였다. 그러나 최근 한의 차원과 심리학적 과정 등을 분석하여 한의 개념을 체계화한 최상진(1991, 2000)의 연구는 이러한 점에 대한 설득력 있는 설명을 제시하고 있다.

한의 차원과 발생

최상진(1991)은 한을 크게 정동(emotion)과 같은 감정수준의 한, 세련된 정서체계를 갖춘 정조(sentiment)로서의 한, 성격 특질(trait)로서의 한이라는 세 개의 차원으로 구분하였다. 정동수준의 한은 억울함, 분함, 울화 등의 정서를 강하게 경험하는 상태라고 할 수 있으며, 정조로서의 한은 문학이나 예술에서 표현되는 바와 같이, 외로움, 쓸쓸함, 자책감 등의 정동수준의 한이 순화된 감정을 의미한다. 마지막으로 성격수준의 한은 정동수준 혹은 정조로서의 한이 사람의 내면에 스며들어, 인생무상, 체념, 현실초월 등 세상을 대하는 방식으로 나타나는 것을 뜻한다고 이해할 수 있다. 그런데 우리가 일상생활에서 접하고 사용하는 한의 개념은 이 세 가지 차원의 의미가 혼용되어 있다. 따라서 한의 개념에 대한 논의를 할 때에는 현재 다루고자 하는 한이 이 중에 어느 차원에 속하는지 미리 정리를 해둘 필요가 있다.

본 연구에서 다루고자 하는 한은 사람들이 실제로 경험하는 차원에서의 한이므로, 문학이나 예술작품에 나타나는 정조로서의 한이나 순화되고 내면화된 성격특질로서의 한이 아니라 정동수준의 한에 해당한다고 볼 수 있다. 이러한 한은 구체적으로 어떤 조건에서 발생하는 것인가.

최상진(1991)은 한의 발생상황을 다음과 같이 세 가지로 정리하고 있다. 첫째, 부당한 차별을 받을 때 한이 될 수 있다. 예를 들면, 국가나 기관으로부터 부당한 핍박을 당하거나 못 가진 사람이 잘 사는 사람으로부터 부당하게 피해당하거나 무시당할 때 한이 발생한다는 사례는 가장 쉽게 접할 수 있는 한의 경우일 것이다.

둘째, 자신에게 필요한 것이 심각하게 결핍되거나, 타인과 비교해서 상대적으로 결핍(relative deprivation)되었을 때 한이 생길 수 있다. 전자의 경우가 비교적 분명한 가해자가 존재하는 데 반해 이러한 경우는 뚜렷한 가해자가 존재하지 않는다. 이 경우는 주로 다른 이들과의 비교에 의해 나타나며, 어떠한 상황이나 조건이 '남 보기에 부끄러운' 상황에 발생하는 한이라 할 수 있다.

세 번째는 자기 자신의 지울 수 없는 실수에 의한 좌절 혹은 불행에 의해 한이 발생할 수 있다. 앞의 상황들이 통제가 불가능한 외적 요인에 의한 좌절상황이라면, 이 경우는 자기 자신에게 그 원인이 있는 경우이다. 예를 들어 부모님 생전에는 불효하던 자식이 부모가 돌아가시고 후회하는 것이 일례라 할 수 있다. 이렇게 발생한 한의 초기 감정 상태는 '원(怨)'으로 원은 다음과 같은 과정을 통해 '한'으로 정착하게 된다(최상진, 2000). 한편, 원과 한의 성격은 표 1과 같이 나타낼 수 있다.

표 1. 원(怨)과 한(恨)의 특징비교(최상진, 2000)

	원(怨)	한(恨)
욕구좌절 또는 불행의 원인	–욕구좌절의 원천이 분명 –욕구좌절 제공원은 사람 혹은 집단	–욕구좌절의 원천이 분명할 수도 있으며, 불분명할 수도 있음 –차별 및 업신여김 당함의 경우 : 욕구 좌절자가 분명한 사람이나 집단 –불행성 결핍의 경우 : 불행의 원천이 제삼자가 아니며 불분명 –취소불능성 자기 실수의 경우 : 욕구좌절의 원천이 제삼자가 아닌 자기 자신
불행에 대한 인지적 해석 및 귀인	–자신의 불행을 제3재(개인 또는 집단)에 귀인	–초기 : 제3자 및 통제불능 외적 요인 –후기 : 자기 책임귀인, 제삼자적 관조
감정상태	–상대에 의한 부당한 피해에 대한 억울함 –피해 작위자에 대한 적대감	–부당한 차별 및 업신여김당하는 한 : 초기에는 원의 상태와 유사 –불행성 결핍의 한 : 특정한 불행 작위자가 없으므로 상황에 대한 원망의 감정만이 존재 –취소불능성 자기 실수의 한 : 초기에 자신에 대한 원망과 증오 ※ 한의 경우 시간의 경과와 더불어 원망과 억울함, 적개심의 감정은 순화되어 결과적으로 정조적한 형태의 정서체계를 이룸
표출행동	–보복이나 앙갚음의 적개심이 지속 –적대적 행동으로 표출될 가능성	–초기 : 자신의 한을 풀려는 행위의도가 강함 –후기 : 행위의도가 약화, 그 대신 전위공격형태의 간접적 한 카타르시스 행동이나 심리적 대리 공격과 같은 전위적 원망 성취행동 형태로 나타날 수 있음
결과되는 산물	–보복이 가능할 경우, 상대에게 자신의 피해에 상응하는 피해를 입힘	–놀이나 해학과 같은 공격 허용상황에 욕구좌절을 간접적으로 표출 –음악이나 문학 속에서 한 정서를 승화(ex. 한풀이 굿, 한 문학, 유행가, 별신굿 등)

　　초기의 감정(원)이 한으로 정착하게 되는 첫 번째 단계는 욕구좌절로 인한 분노 및 적개심, 억울함 같은 강력한 감정 경험을 하게 되는 시기이다. 그러나 그러한 감정의 직접적인 표출은 사회적 여건에 의해 불가능한 경우가 많기 때문에 자신의 감정을 억제해야만 하는 상황이다. 2단계에서는 자신이 겪은 불행의 책임을 외부적인 것

에서 자기 자신에게로 전가시키는 책임 전환이 이루어지며 그에 따라 분노의 감정이 희석되는 심리 내적 적응과정이 일어난다.

예컨대 자신의 불행을 팔자나 운명, 자기 탓으로 돌리는 자기책임적 귀인 재조정을 하거나, '세상은 원래 그런 것' 등의 제3자적 관조를 통해 자신의 불행과 고통을 소화하는 것이다. 세 번째 단계는 두 번째 단계를 통해 가라앉힌 분노의 감정과 자신의 신세를 다시 떠올리는 과정을 반복하면서 시간의 흐름과 함께 안정된 감정으로 침전되는 단계이다. 이러한 상태의 한은 적절한 사회적 통로를 통해 표출되기도 하며, 예술과 같은 승화된 형태의 감정으로 전환되기도 한다.

마지막 네 번째 단계의 한은 자신의 감정적 관여로부터 분리되어 객관화된 상태의 한이라고 볼 수 있다. 이 단계의 감정은 평온하며, 조용하고, 쓸쓸한 상태이며, 어떤 면에서는 현실을 초월한 것 같은 초연성을 나타내기도 한다. 이러한 한은 강렬한 초기의 감정이 옅어지고 삭여진 상태를 의미하며 이러한 특성 때문에 한은 한국문화에서의 정서적 지혜로 이해되기도 한다(고영건, 김진영, 2005).

그러나 이렇듯 자기책임적 귀인 혹은 제3자적 관조를 통한 인지·감정적 재구성 과정 및 안정화의 단계를 거쳐 가라앉은 감정이 한이라 한다면, 현재의 한국인들을 이해하는 데 오해가 발생할 소지가 있다. 즉 그 같은 순화되고 정화된 한의 감정을 현재의 한국인들에게서 그다지 발견할 수 없다는 점이다. 특히 최근의 젊은 세대들은 한이 한국의 대표적인 정서라는 주장마저도 쉽게 받아들이지 않을 만큼 전통적인 한의 정서와는 분리된 경향이 있다.

물론 그러한 현상은 젊은 세대들이 아직까지는 한을 유발할 만한 사건을 경험하지 못했기 때문일 수도 있다. 또한 그렇기 때문에 앞으로 한을 유발할 만한 사건들을 이전보다 더 많이 겪게 된다면, 그들도 과거 세대들이 그랬던 것처럼 한을 삭여 가라앉히는 지혜를 발휘할지도 모른다.

　그러나 최근의 한국인들이 예전과 같은 방식으로 한을 경험하지 않는다는 사실은 다른 시각에서 고려해 볼 여지가 있다. 즉 한을 경험하는 방식이 과거 세대들이 한을 경험하던 방식과 달라졌을 수 있다는 것이다. 이러한 입장은 한이 불변하는 한국인의 민족정서가 아니라, 변화하는 사회적 환경에 따라 함께 변화하는 유동적인 성격을 갖고 있다는 가정에서 출발한다.

(2) 한의 현재적 의미

　최근의 젊은 세대를 대표로 하는 오늘날의 한국인들에게 한이라고 할 수 있는 감정이 많이 발견되지 않는 것은 첫째로, 대부분의 사람들이 한의 개념을 정조적(sentiment) 차원, 즉 앞에서 언급한 세 번째 단계의 한으로 사용하고 있기 때문이다. 즉 인지적, 감정적 재구성 과정을 거쳐 침전된 감정, 허무하고 쓸쓸하며 '서편제'와 같은 예술 장르에서 접하게 되는 한은, 보통의 한국인들이라면 그러한 한의 감정을 문화적으로 학습해 왔고 알고 있을 테지만 현실적으로 자주 경험하게 되는 감정이라 말하기는 곤란하다.

　즉 정조(sentiment)로서의 한이나 한 많은 사람으로 표상되는 이들이 가진 성격수준의 한 등을 문화적으로 이해할 수는 있지만, 실제 현실에서 자신이 경험하는 것과는 거리가 있다는 것이다. 실제로 사람들은 억울하고 분하다는 말은 자주 하지만 한스럽다거나 한 맺혔다는 표현은 과거보다 훨씬 덜 사용한다.

　또 하나의 이유는 한의 표출 양식이 과거와는 달라졌을 수 있다는 점이다. 이러한 경향은 사회의 변화와도 많은 관련이 있을 것으로 생각된다. 과거의 한국인들에게서 억울함이나 분노로서의 한뿐만 아니라 내재화된 자탄·자책조의 한이 많이 나타났던 것은 자신이 겪은 억울하고 화나는 경험의 원인을 내부귀인(internal attribution)할 수밖에 없었던 당시의 사회현실 때문이었으리라 생각된다.

과거 한국사회는 신분의 질서가 명확하고 유교사상에 바탕을 둔 가부장적 질서가 커다란 힘을 행사하던 사회였다. 그러한 현실에 개인이 겪게 되는 억울한 경험은 개개인의 힘으로 해결하거나 변화시킬 만한 성질의 것이 아니었으므로, 이 과정에서 사람들은 억울함과 분함의 원인을 어떻게 해도 바꿀 수 없는 외부적인 것들에게 돌리기보다는 자기 자신에게 돌리게 된다.

따라서 과거의 한 경험에 있어서 초기의 억울하고 분한 감정은 팔자타령과 같은 내부귀인의 과정을 거쳐서 순화되고 가라앉아 정조적 혹은 성격적 측면까지 내재화되는 과정을 거쳤을 것이다(김기범, 김지영, 최상진, 2002; 김지영, 김기범, 2005). 그러나 오늘날의 한국인들은 이러한 한의 내재화 과정을 쉽게 받아들이려 하지 않는 것 같다. 과거에 비해, 사회적 억압이 줄어들고 자신의 표출이 자유로워진 현대를 살아가는 한국인들은 자기가 경험하는 억울하고 화나는 일들의 원인을 더 이상 자신에게 돌리려 하지 않는다. 나아가 자신의 불행의 원인이라 생각되는 대상 또는 집단에 대한 강렬한 적대감과 적대적 행동이 출현하기도 한다. 따라서 현재 한국인들이 경험하는 '한'의 심리는 한의 정동적 정서 혹은 한의 초기 심리상태인 원(怨)에 가깝다고 할 수 있다.

그러나 이 역시 한의 감정이다. 한에는 여러 차원이 있다. 가장 일반적으로 인식되는 의미의 한(정조로서의 한)이 일반인들에게 직접적으로 나타나지 않는다고 해서 현재의 한국인들이 한을 경험하지 않는다고 말하기는 어렵다. 한국사회의 유별난 평등주의(송호근, 2006; 강준만, 2006)[21]나 여러 매체에서 인용되는 낮은 행복지수[22] 등은 현재의 한국인들도 여전히 '차별 및 업신여김'에 의한, 또는 '불행성 결핍'의 한을 경험하고 있다는 또 다른 증거이다.

다만 한의 표출 양상이 과거에 비해 달라졌을 뿐이다. 즉 과거의 어느 시점에서는 한이 억울함, 분함의 정동단계에서 자탄, 자책, 관조 등의 과정을 거쳐 정서체계로 스며들고, 체념적, 무상적 성격수준으로까지 내재화되었다면, 현대사회의 한은 억울함과 분함을 외부로 표출하는 양상이 두드러진다고 할 수 있다. 근현대의 사회변화 등으로 인해 사람들이 자신의 불행의 원인을 과거처럼 자신에게 내부귀인할 가능성이 적어졌다는 점에서, 현재에는 한이 삭여지는 과정보다는 그 이전의 가라앉지 않은 감정이 강조되고 있다고 생각할 수 있다.

(3) 한의 문화심리학적 의미

앞서의 논의에서는 한이 어떠한 속성을 가지며 어떻게 형성되었고, 또 현재 한국사회에서 어떤 모습으로 나타나는가를 살펴보았다.

---

21) 한국에서 나타나는 평등주의의 속성은 그것이 매우 개인적인 차원이라는 점이다. 강준만(2006)은 한국인의 평등주의는 자식 교육 잘 시켜 신분상승 꾀해 보자는 식의 개인적 평등주의임을 강조한다.
22) 최근 행복에 대한 사회적 관심이 높아지면서 한국인들이 느끼는 행복을 지수화한 통계들이 많이 제시되고 있는데, 이들에 따르면 한국인들의 행복수준은 세계적으로 최하위권에 해당한다. 일례로 2006년 7월 영국의 신경제학재단(NEF)에서 발표한 세계행복지수에서 우리나라는 세계 178개국 중에서 102위로 나타났다(국민일보, 2006년 7월 12일).

그렇다면 한국에서 한이 갖는 문화심리학적인 의미는 무엇인가. 이 질문에 대한 해답은 한국인들이 과연 어떤 경우에 한을 경험하게 되는가를 고찰함으로써 유추할 수 있다.

한이 발생하는 경우는 세 가지 경우로 요약할 수 있다. 즉 부당한 차별 및 업신여김에 의한 한과, 불행성 결핍으로 인한 한, 그리고 취소불능성 자기 실수로 인한 한이 그것이다. 이 세 가지 유형의 한의 공통점은 모두 자기 통제가 불가능하다는 점이다. 즉 자신의 힘으로는 어쩔 수 없는 경우에 느끼게 되는 것이 한의 감정이다.

Langer(1975)는 다양한 관찰과 실험을 통해 사람들에게 통제감의 욕구(need for control)가 강하게 있음을 주장하였다. 통제감의 욕구는 실제로 자신의 통제력이 미치지 않는 범위까지 확대되는 경향이 있으나 적절히 통제감을 유지하는 것은 정신건강에 이롭다(Langer & Rodin, 1976). 어떤 사람이 자신에게 일어나는 일들에 대한 통제감을 갖지 못하게 될 때는 스트레스 등의 부정적 정서 및 무력감을 경험하게 되며(Pittman & Pittman, 1979), 부정적인 자기관, 자존감 및 자신감의 상실, 자기효능감의 하락 등과 같은 결과를 초래할 가능성이 커진다(Anderson, 1977).

또한 사람에게는 긍정적인 자기가치감을 유지하고자 하는 경향이 있다(Edwards, 1957; Kendall, Howard & Hays, 1989; Schwartz, 1986). 어떠한 이유에서든지 개인의 자기가치감이 하락하게 되거나, 그 상태가 오래 지속되면 정신건강에 부정적 영향을 미칠 수 있다. 긍정적 자기가치감을 유지하기 위해서 사람들은 현실을 자신에게 유리하게 왜곡23)시키려 하기도 한다(Taylor & Brown, 1988).

---

23) 이러한 경향은 자기고양편파(self-serving bias)라는 개념으로 연구되어 왔다. 사람들은 자신의 자아(self)에 상처가 될 만한 일을 겪게 되면 비

한이 발생하는 상황은 통제감의 상실을 의미하며, 통제감의 상실은 자기가치감의 손상 및 그에 따르는 부정적인 결과들로 이어진다. 이러한 맥락에서 많은 사람들은 한과 더불어 한국이 겪어 온 수난의 역사를 언급한다. 한국인들이 과거 역사 동안 수천 회에 이르는 외국의 침략과 탐관오리들의 수탈, 신분제도의 불합리성 등으로 수난을 겪어 왔기 때문에, 한은 한국인의 심리에 깊숙이 뿌리박힌 민족 정서일 수밖에 없다는 것이다.

이러한 역사·사회적 설명의 적합성 여부는 본 연구가 언급할 만한 부분이 아니다. 그러나 그러한 견해에 관계없이 한국인들이 한에 민감한 문화를 지니고 있다는 것은 사실이다. 의미의 차이는 다소 변화했지만 현대의 한국인들이 한에 민감하다는 것은 분명하다. 그 증거로는 한국인들이 차별에 민감하다는 것을 들 수 있다. 한국인들이 가장 견디기 힘들어하는 것은 자신을 무시하거나 부당하게 차별당하는 것이며, 이러한 경향은 최근 들어 더욱 두드러지게 나타나고 있다(국민일보, 2006년 8월 31일자).

한국인들이 무시당하거나 차별당하는 것을 싫어한다는 것은, 자신의 가치가 남들보다 낮게 평가되는 것을 인정하려 하지 않는다는 의미이며, 이는 한국인들이 객관적 조건 등과는 관계없이 자신의 가치를 상당히 높게 평가하고 있다는 것을 뜻한다. 최근 문화심리학의 일부 연구들은 한국인들의 이러한 성향에 대한 시사점을 제공한다.

한국의 대학생들은 전반적으로 자기고양적 지각을 가지고 있으며, 자신의 능력 등 여러 면에서 강한 긍정적 환상을 품고 있다는 증거

합리적이거나 다소 편파적인 해석을 통해서라도 자아가 입게 될 피해를 줄이려 한다(Jussim, Yen & Aiello, 1995; McFarlin & Blascovich, 1981; Swann, Griffin, Predmore & Gaines, 1987).

들이 최근 제기되고 있다(조긍호, 명정완, 2001; 조긍호, 2002; 정욱, 한규석, 2005). 이는 한국과 같은 집합주의 문화권으로 분류되는 일본과는 정반대의 양상이며, 개인주의 문화라 할 수 있는 미국과 캐나다의 대학생들과 유사한 특징이다(이누미야, 2004).

이누미야(2004), 이누미야와 김윤주(2006)는 이러한 한국과 일본의 심리적 차이를 설명할 수 있는 대안으로 주체성–대상성 자기 이론을 제안하였다. 즉 한국과 일본은 모두 자기 자신을 사회적인 맥락과 연결된 존재로서 인식하는 문화이지만(상호협조적 자기를 갖는 문화) 대인관계에서 작용하는 영향력의 방향성이라는 점에서 한국과 일본은 차이를 보이는데, 그러한 차이를 야기하는 것이 바로 주체성–대상성 자기관이라는 것이다.

그 이론에 따르면, 한국인들은 자신을 사회적 영향력을 발휘하는 중심적 존재로 지각하는 주체성 자기(subjective self)를 가지며, 일본인들은 스스로를 사회적 영향력을 수용하는 주변적 존재로 인식하는 대상성 자기(objective self)를 갖는다. 주체성 자기가 우세한 사람은 자신의 지향을 중시하며, 이상적인 자기상(ideal self)에 근거한 자기 인식을 하고, 대인관계에서도 주도적 혹은 지배적 위치를 점하려 하며, 자기현시적인 행동양상을 보이는 반면, 대상성 자기가 우세한 사람은 상대의 지향을 존중하며, 의무적인 자기상(ought self)에 근거한 자기 인식을 하고, 대인관계에서 순종적이고 협조적인 측면이 강하며, 자기억제적인 양상을 보인다(이누미야, 2004; 이누미야, 김윤주, 2006).[24]

---

24) 이러한 한국인의 자기관에 대해서는 계속해서 실증 연구들이 진행되고 있다. 이누미야, 한민, 이다인, 이주희, 김소혜(2007)는 주체성–대상성 –자율성 자기관을 측정하는 척도를 개발하였으며, 현재 상호독립적 문화권(미국)과 상호협조적 문화권(한국, 중국, 일본)을 포괄하는 표본을

따라서 주체성 자기가 우세한 한국인들이 한을 경험하게 되는 조건, 즉 자신의 지향이 무시되고, 이상적 자기상이 손상을 당하며, 자신의 주도적 영향력을 발휘할 수 없는 상황에 처하게 되면, 그것이 개인에게 미치는 부정적인 영향은 개인주의 문화의 사람들이나 상이한 자기관을 가진 이들에게보다 훨씬 강할 것이라 추측할 수 있다.

이러한 한국인들에게 있어서, 한이란 단지 통제 불가능한 상황에서의 욕구좌절 정도의 의미가 아니라 이상적 자기에 근거한 자신의 높은 자기가치감에 대한 심각한 타격을 의미하는 것이다. 즉 한은 한국인들이 자기 자신에 대해 갖고 있는 이상적인 자기가치감과 관련해서 이해할 수 있다. 그러한 한은 주위 사람들의 존재와 그들과의 비교과정을 통해 더욱 확대, 심화된다.

(4) 한과 신명의 관계

① 직접적 한의 해소

그렇다면 한과 관련 있다고 여겨지는 신명의 의미 역시 파악할 수 있다. 한국인들에게 있어서 한이 자기가치의 손상을 의미한다면 신명은 손상을 입은 자기가치가 회복되는 상황과 관련될 것이다. 일차적으로, 신명은 외부로부터의 억눌림이 사라지거나 부당하게 당했다는 억울함의 감정들이 해소되었을 때 발생한다. 이를테면, 오랜 일제의 지배를 벗어나 광복을 맞이한 사람들의 마음상태나 마침내 이도령을 상봉한 춘향이의 심정이 신명이라 할 수 있을 것이다. 춘향전의 다음 대목은 이러한 신명의 상태를 잘 묘사하고 있다.

대상으로 타당화 연구가 진행 중이다.

얼씨구절씨구 좋을시고. 세상에 이런 일도 또 있는가. 옛날 한신(韓信)도 욕을 받았다가 한나라 대장이 될 줄 누가 알며, (중략), 엊그제 걸인으로 다니다가 오늘 암행어사 될 줄 그 누가 알며, 옥중에서 고생하다가 어사 서방 만나 세상 구경할 줄 누가 알쏘냐. 얼씨구 좋을사 어사 서방 좋을시고. 이것이 꿈인가 생신가. 정말인가 거짓말인가. 즐겁기도 그지없네(춘향가. 송성욱 편역, 2004).

즉 오랫동안 자신을 괴롭혀 온 억울함과 부당함을 일거에 해소해 줄 수 있는 전환적 사건이 발생하는 경우가 한과 관련된 신명의 대표적인 경우라 할 수 있다. 이때는 자기 자신의 절박하고 불행한 상황에 대한 자기 인식이 전제된다. 바꾸기 어려운 불행한 상황이 전환적 사건을 만나 일시에 역전되었을 때 경험되는 환희의 감정이 바로 신명이다. 이러한 감정은 전환적 사건 자체가 주는 일차적 기쁨과, 그러한 기쁨의 감정이 과거 불행했던 시절의 자신의 모습과 겹쳐지며 자기의 입장에서 재조망되는 이차적 감정(예를 들어, 뿌듯함)이 혼재되어 있다. 이러한 전환적 사건의 예로는, 부당한 피해의 원인제공자의 소멸(광복, 소송에서의 승소 등)이나, 오랫동안 염원하던 소원의 성취(시험 합격, 승진 등) 등이 있을 수 있다.

이와 같은 상황, 맥락에서 경험되는 신명의 경우에 있어서 '한의 해소→신명'이라는 도식은 쉽게 이해될 수 있다. 그러나 이러한 도식이 모든 경우에 적용될 수 있는 것은 아니다. 개개인이 가지고 있는 한이라고 말할 수 있는 부당한 피해의 기억과 억울함을 일거해 해소시켜 줄 전환적 사건이 발생할 확률은 사실상 극히 작으며 일상적으로 쉽게 또 자주 경험할 수 있는 성질이 아니다. 하지만 역사·문화적 맥락 혹은 한국의 전통적 언어관습에 비추어 볼 때, 신명은 반드시 전환적 사건이 전제되지 않은 상황에서도 자주 경험되는 것처럼 보인다.

대표적으로 전통적인 축제(마을굿)에서의 신명이 그 예이다. 많은 학자들에 의해서 마을굿은 전통적으로 신명을 언급하는 중요한 상황으로 묘사된다(채희완, 1983; 김원호, 1999 등). 그러나 마을굿에서 신명을 경험하는 사람들이 모두 자신들의 한이 해소되었기 때문에 신명을 느끼지는 않을 것이다. 그렇다면 전환적 사건의 발생을 통한 한의 해소 이외에도 신명이 발현될 수 있는 경로가 존재한다는 가정이 가능하다.

② 간접적 한의 해소

한의 직접적인 해소에서 기인하지 않는 또 다른 유형의 신명은 우리의식, 공동체 의식에서 비롯된다. 한국인들에게 있어서 '우리'는 나와 타인의 경계가 약화되는 탈자기적인 의미가 강하다(최상진, 최수향, 1990; 조윤경, 2002). 즉 저마다 독특한 개성을 지닌 개인들의 집합으로 이해되는 서구의 우리나, 집단에 귀속되어 개인의 개성이 약화되는 일본의 우리와는 달리, 한국인의 우리의식은 정과 일체감을 기본으로 한 인간관계성 우리라고 할 수 있다(최상진, 1993).

한국문화에서 신명의 예로 자주 인용되는 명절 등에 흔히 접할 수 있는 한국의 전통놀이나 전통예술은 바로 이러한 우리의식과 관련된다. 어떠한 집단에 속했다는 소극적 안도감과 성원들의 처지와 상황을 공감하는 데서 오는 동병상련(同病相憐)의 감정, 우리는 하나라는 일체감에서 오는 기쁨 등은 신명을 위한 전제조건이라고 할 수 있다.

하지만, 이러한 우리의식이 바로 신명으로 이어진다고 보기는 어렵다. 이 경우에는 어떠한 계기가 필요하다고 생각된다. 물론 우리의식을 가진 이들에게 공통되는 전환적 사건과 같은 계기가 있다면 신명이 나는 것은 당연하겠지만, 특별히 불행의 원인 자체가 제거되는 전환적 사건이 일어나지 않아도 어떠한 계기(명절이나 절기)에 의해서 '우리'라는 정체성을 확인하게 될 때, 신명이 발생한다. 이러한 경우, 개개인 혹은 집단적으로 가지고 있을 한의 원인은 직접적으로 해결되지 않지만, 대신에 마을굿이나 가무, 놀이와 같은 방식으로 간접적인 방식으로 한의 감정을 정화하는 과정이 뒤따른다.

　이때, 사람들은 주위 사람들과의 동질감과 소속감 및 그들과 함께한다는 기쁨 등을 표출하게 된다. 보통 우리의식을 재확인하기 위한 계기는 일상적인 날이 아닌 명절이나 잔치 등의 특별한 날이 되기 쉽다. 그런 날에는 상대적으로 감정과 행동의 표현이 자유롭다. 사람들은 그러한 계기를 통해 평소에 쌓여 온 자신의 감정들 역시 해소하게 된다. 이렇게 자신의 감정을 표출하는 데에 신명의 기능이 있다. 앞서 논의한 전환적 사건의 발생에 의한 신명의 경우에서도 억눌려 온 감정(한)의 해소는 중요한 의미를 갖는다.

　조동일(1996, 1997)은 이러한 신명의 특징을 '신명풀이'라 이름하고 한국의 전통예술, 특히 탈춤에서 나타나는 신명풀이의 원리를 카타르시스25)와 비교하였다. 카타르시스는 문학이나 극(비극)에서 주로 언급되는 개념으로 관객의 마음에 쌓인 부정적 감정들을 배설하여 정화시키는 것을 의미한다. 그의 주장에 따르면, 감정의 배출에 따른 해소 혹은 정화라는 측면에서 카타르시스와 신명의 공통점을 발견할 수 있다.26) 또한 마광수(1984, 1988) 역시 문학이나 연극에 국한된

---

25) 카타르시스는 아리스토텔레스의 '시학' 6장에서 처음 언급된 바 있다. "비극은 연민과 공포를 환기시키는 사건을 통하여 감정을 카타르시스(catharsis; 배설)시킨다."
26) 조동일은 카타르시스와 신명풀이가 실제 극을 통해 나타나는 양상은

의미에서가 아닌, '스트레스를 푼다' 등 일상적 맥락에서 사용되고 있는 카타르시스의 실제적인 기능, 즉 축적되고 억압된 정서의 대리적 배설이 갖는 신체적, 정신의학적 효용을 주장한 바 있다.

그렇다면 신명에 대한 논의에서 공통적으로 언급되고 있는 한은 신명을 통해 분출되는 억압되고 축적된 부정적 정서를 의미한다고 생각할 수 있다. 다만, 그것이 직접적인 사건의 발생을 통해 표출되는가, 아니면 또 다른 과정(우리의식을 통한 특정한 계기의 조성)에 의해 표출되는가 하는 차이가 있을 뿐이다.

이전까지의 논의에서 한과 신명의 관계가 모호하게 다루어진 데 반해, 본 연구에서는 한과 관련된 신명의 두 가지 유형을 제안하였다. 첫 번째는 한의 원인을 제거시키는 전환적 사건의 발생과 그에 뒤따르는 신명이고, 두 번째는 한의 원인은 변하지 않은 상태에서 한과는 다른 차원의 동기와 계기에 의해 신명이 조성되는 경우이다. 후자에서 한은 우리의식의 재확인 또는 강화라는 목적에 의해 의도적으로 조성된 신명에 의해 정화된다. 이 경우, 한이 완전히 사라졌다고는 할 수는 없지만 강렬한 한의 감정들은 신명에 의해 파생된 긍정적인 감정들에 의해 순화되거나 약화되고, 한에 집중되어 있었던 마음이 다른 곳으로 분산됨으로써 사람들은 마음의 고통을 덜고 새로운 생활에 집중할 수 있게 되는 것이다.

전혀 다르다는 것을 강조하고 있다. 특히 카타르시스는 비극(悲劇)에서 경험되는 연민과 공포를 통해 얻어지는 감정의 배설인 데 반해, 신명풀이는 흥겨움을 통해 감정을 풀어낸다. 하지만 본 연구에서 논의하는 카타르시스와 신명은 문학이나 극의 원리로서가 아니라 '감정의 배출을 통한 정화 혹은 해소'에 초점이 맞추어져 있으므로, 관련된 논의는 생략하였다.

그러나 어떤 계기(명절, 절기, 의도된 모임 등) 자체가 신명을 일으키는 것은 아닐 것이다. 자신이 속해 있는 집단이나 단체에 대한 소속감, 일체감이나 다른 이들과의 교감 등이 신명을 일으키는 데에 영향을 미칠 것으로 예상된다. 하지만, 구체적인 신명 발생의 조건에 대한 논의는 실제 신명을 경험하는 일반인들의 자료를 토대로 이루어져야 할 것이다.

2) 예술체험으로서의 신명

한국학 혹은 민속학 분야에서 이야기하는 신명과는 별개의 맥락에서 논의되는 신명이 있다. 전통예술, 특히 한국무용 전공자들의 경험으로서의 신명이 그것인데, 이러한 신명은 무용수 개인에 초점이 맞춰진 경험이라는 점과 행위자의 숙련도가 뒷받침되어야 한다는 점 등에서 긍정심리학의 주제 중 하나인 몰입(flow)과 유사한 특성을 보인다.

또한 최초로 몰입을 개념화한 Csikszentmihalyi(1975)가 예로 든, 운동선수들이 느끼는 '몰아일체의 상태', 신비주의자들이 말하는 '무아지경 혹은 황홀경(ecstasy)', 예술가들이 경험하는 '미적 환희(aesthetic rapture)' 등의 몰입경험에 대한 묘사는 김열규(1982)가 말한 접신상태와 유사한 경험 및 한국무용 전공자들이 밝히고 있는 신명상태에 대한 묘사(오율자, 1994; 유진, 김장우, 2004)와 크게 다르지 않다고 생각된다.

그러나 몰입이 곧 신명을 의미하는지, 아니면 몰입과 신명은 전혀 별개의 개념인지에 대해서는 아직 어떠한 연구도 진행된 바가 없다.

본 연구는 신명이라 표현되는 경험 중에 몰입경험과 유사한 특징을 갖는 유형이 존재할 수 있다는 가정 아래, 몰입(flow) 개념과 비교 검토함으로써 이러한 유형의 신명이 어떠한 공통점과 차이점을 갖는지 살펴볼 것이다.

(1) 몰입 경험

몰입(flow)이란 외부적인 보상이 없더라도 그 자체가 목적이 되는(autotelic) 행동을 통해 얻는 경험을 의미하며, 그 행동에 시간과 공간을 의식하지 못할 정도로 푹 빠져 있는 상태를 나타내는 개념이다. 이러한 몰입(flow)은 크게 세 가지 개념들로부터 영향을 받아 구체화되었다고 볼 수 있다(노준석, 2003). 첫째는 Huizinga(1955)의 '놀이(play)' 개념이다. Huizinga는, 놀이란 참여자를 열렬히, 완전히 몰입하게 만드는 황홀하고 매력적인 것으로, 놀이 자체가 보상이 될 때, 사람들은 자신의 잠재력을 활용하게 되고 자유로움을 느낀다고 하였다(Csikszentmihalyi, 1975).

둘째는 Deci(1975)의 내재적 동기이론이다. 그는 인간행동의 기저에 있는 동기를 내재적 동기와 외재적 동기로 나누고 있는데, 내재적 동기는 행동 자체가 목표가 되고 거기서 즐거움을 얻으려는 동기를 의미하는 반면, 외재적 동기는 행위 자체의 즐거움이 아니라 외적인 보상이나 처벌에 의한 것을 뜻한다(한성열, 1995). Csikszentmihalyi(2000)는 이러한 내재적 동기의 목적은 개인 내적인 경험이며, 행위 자체에 완전히 몰입한 '최적 경험상태'라고 말하고 있다.

몰입 개념에 영향을 미친 세 번째 개념은 Maslow(1970)의 욕구위계이론의 마지막 단계인 자아실현, 최고성취, 초월성이다. 자아실현 및 최고성취는 자아의식(self-consciousness) 없이 완전하게 집중하고 몰두하게 되는 개인적 경험의 순간이라는 측면에서, 초월성은 몰두하거나 매혹되거나 어딘가에 집중할 때 자기의식을 하지 않게 된다는 측면(Maslow, 1970)에서 몰입경험과 유사하다고 볼 수 있다.

① 몰입의 발생

Csikszentmihalyi(1977, 1988)는 몰입(flow)이란 사람들이 총체적으로 관여되어 행동할 때 느끼는 감정으로, 상황이 부여하는 도전(과제의 난이도)과 행위자의 기술이 일정 수준에서 균형을 이룰 때 발생하는 것으로 보았다. 몰입은 그 외에도 다른 여러 학자들에 의해 구체화되었는데, Privette와 Bundrick(1987)은 내적인 경험인 몰입은 절정의 성취경험과 유사하다고 보았고, Ghani와 Deshpeande(1994)는 몰입이란 활동에의 총체적인 집중과 거기서 얻는 즐거움으로 정의한 바 있다.

그러나 몰입이 나타나기 위한 조건으로는 대부분 의견의 일치를 보이고 있는데, 몰입은 도전수준과 기술의 균형이 이루어지는 지점에서 발생한다는 것이다(Csikszentmihalyi & Csikszentmihalyi, 1988; Massimini & Carli, 1988; LeFevre, 1988; Clarke & Haworth, 1994; Ellis, Voelkl & Morris, 1994; Ghani, Deshpande, 1994).

이러한 관점에서 도전의 난이도와 기술의 정도에 따른 몰입을 설명하기 위한 모델이 제안되었다. 초기의 3채널 모델은 그림 2와 같이, 도전과 기술이 균형을 이루는 곳에서 몰입이 일어나며, 도전이 기술보다 높을 때는 불안이, 낮을 때는 권태가 나타난다는 것이었다(Csikszentmihalyi, 1977).

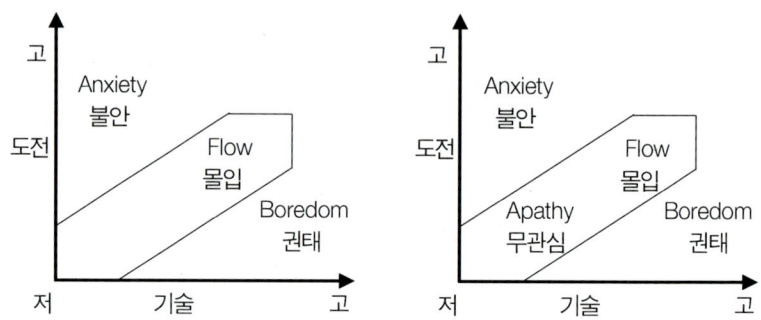

그림 2. 몰입의 3채널 모델과 4채널 모델

3채널 모델은 LeFevre(1988)와 Nakamura(1988), Wells(1988) 등에 의해 도전과 기술이 모두 낮은 경우에는 몰입보다는 무관심이 나타난다는 4채널 모델로 수정되었으며, 이후 4채널 모델은 Massimini와 Carli(1988), Csikszentmihalyi(1993), Ellis, Voelkl와 Morris(1994)에 의해 도전과 기술이 중간 정도인 경우에 나타나는 통제, 걱정, 각성, 편안함을 포함하여 8채널 모델로 발전하였다. 그러나 기본적으로 몰입은 도전과 기술의 함수로 정의된다고 할 수 있다.

② 몰입경험의 단계

Csikszentmihalyi(1988)는 몰입은 몰입이 발생하기 이전단계, 진입단계, 경험단계, 결과단계를 순차적으로 거치면서 경험된다고 주장하였다. 그림 3은 몰입경험의 단계에 따른 경험의 성격을 나타내고 있다.

몰입 이전	몰입 진입	몰입 경험	몰입 결과
-명확한 목표 -즉각적인 피드백 -도전과 기술의 균형	-주의집중 -의식과 행동의 　일치	-통제감 획득 -자의식 상실 -시간 왜곡	-자목적적 경험

그림 3. 몰입경험의 단계적 특성(노준석, 2003)

　몰입 이전단계에서는 몰입을 위한 조건들로 ① 명확한 목표와 ② 즉각적인 피드백, 그리고 ③ 도전과 기술의 균형을 들고 있다. 명확한 목표는 집중을 돕고 주의가 흐트러지는 것을 막고, 즉각적인 피드백은 과제의 수행에서 자신이 통제해야 할 것들을 명확히 한다. 도전과 기술의 균형은 행위자가 갖추어야 할 개인적인 조건으로서 개개인이 주관적으로 인지하고 있는 자신의 능력이라 할 수 있다.

　몰입 진입의 단계에는 ① 과제에 대한 집중과 ② 의식과 행동의 통합이 일어난다. 이전 단계에서의 조건이 충족되면 수행하고 있는 과제에 대한 집중이 일어나며, 이어서 수행은 자동적으로 이루어지게 된다. 즉 굳이 그 일을 하려고 노력하지 않아도 마치 숨 쉬는 것처럼 자연스럽게 진행된다는 것이다.

　다음으로 몰입 경험의 단계에서는 ① 통제감의 획득, ② 자의식의 상실 및 ③ 시간의 왜곡 현상이 일어난다. Csikszentmihalyi(1988)는 몰입경험에서 얻어지는 통제감이란 의식과 행동의 통합에 의해 일어나는 것으로 행동을 통제하려는 노력 없이 완전한 통제감을 갖게 되는 것이라 하였다. 완전한 몰입 상태에서 개인은 자신이 하는 행동에 대한 의식 없이 그 행동과 일치되는 느낌을 받으며, 시간의 흐름도 평소와는 다르게 지각하게 된다.

　마지막으로 몰입 결과단계에서 개인은, 외적 보상 때문이 아닌 몰입 자체를 위한 자기목적적(autotelic) 경험을 추구하도록 동기화된다. 한번 몰입경험을 하게 되면 외적인 보상이 주어지지 않거나 혹은 많은 비용을 지불하더라도 다시 몰입경험을 하려 한다는 것이다.

(2) 몰입과 신명의 공통점과 차이점

몰입과 신명의 일차적인 유사성을 찾을 수 있는 곳은 바로 몰입경험의 특징과 신명 경험에 대한 묘사 부분이다. 최적 경험인 몰입의 상태와 신명경험을 묘사하는 글들은 여러 부분에서 유사한 성격으로 판단할 만한 소지가 많다. 우선, 한국의 신명은 엑스타시에 가까운 경험[27]으로 이해되고 있는데 이는 Csikszentmihalyi(1975)가 묘사한 '무아지경 혹은 황홀경'이라는 표현과 유사하다. 그 외에도 전통예술 분야에서 신명경험을 묘사한 부분들을 보면 몰입경험과의 관련성이 더욱 두드러진다.

오율자(1994) 및 유진과 김장우(2004) 등이 제시한 신명 경험의 특징인 초월성이나 이원론적 인식의 용해, 자기확신적 체험 등도 Csikszentmihalyi가 밝힌 몰입의 상태와 유사한 것으로 이해할 수 있다. 더욱이, 오율자(1994)는 전통춤에서 경험되는 신명은 무용수의 개인적 경험이며 신명 경험을 위해서는 기술적 숙련도가 전제되어야 함을 덧붙이고 있는데, 신명의 이러한 점은 과제의 난이도와 숙련도의 함수로 표현되는 몰입의 성격과 매우 유사하다고 할 수 있다.

---

27) 김인회, 김태선, 홍일식, 최길성, 김열규, 유동식, 이부영, 서대석, 이보형, 서연호(1982). 한국무속의 종합적 고찰. 고대 민족문화연구소 출판부: 서울, 63쪽.

그렇다면 몰입과 신명은 동일한 심리상태를 나타내는 것인가. 쉽게 그렇다고 단정지을 수 없는 몇 가지의 이유가 있다. 첫 번째 이유는 몰입과 유사한 성격을 갖는 신명에 대한 묘사는 주로 전통무용 전공자들에게서 보고되는 것으로 민속학, 한국학 분야에서 언급되는 한과 관련한 신명과는 차이가 있다는 점이다. 전통무용 전공자들이 경험하는 신명은 어떠한 도전과제(무용 작품)를 수행하는 개인의 경험이라는 측면에서 몰입과 유사한 면이 많다. 하지만 다른 맥락에서의 신명은 몰입과는 구분되는 다른 특징들을 지닌다. 가장 극명한 예로, 전통무용수들의 신명에 대한 묘사에서는 일반적으로 신명현상의 대표적 특징이라 생각되는 집단적 전이나 약속된 무질서 등과 같은 특징이 나타나지 않는다.

두 번째는 몰입과 신명이라는 두 개념이 파생된 역사·문화적인 배경이 다르다는 점이다. Csikszentmihalyi(1997)는 몰입 개념이 어떠한 배경에서 출발하고 있는가에 대해 언급한 바 있는데, 이를 요약하면 다음과 같다. 서구문화에서는 전통적으로 일은 하지 않을수록 좋은 것이라는 문화적 관념을 갖고 있었는데, 산업혁명과 그로 인한 기술의 발달 등으로 인해 일의 성격이 변화하였고, 그로 인해 생활방식 및 일에 대한 관념 자체가 변화하여 현대로 올수록 일 자체에서도 즐거움을 찾으려는 시도가 나타나게 되었다.

이에 따라 전통적인 일과 여가에 대한 생각에 변화가 불가피하게 되었고, 그러한 시점에서 제기된 것이 몰입 개념이라는 것이다. 즉 전통적으로 기피의 대상이었던 일에서 즐거움을 발견하게 되고 그에 대한 설명을 하기 위한 것이 몰입 이론인 것이다.

하지만 신명은 전혀 다른 맥락에서 파생된 개념이다. 앞서 살펴본 바와 같이 신명은 기원적으로 종교적 체험에서 비롯되었다고 할 수 있으며(김열규, 1982), 사람들의 집단적인 동기(한풀이 등)와 관련하여 역사·문화적으로 경험되어 왔다. 따라서 몰입과는 달리, 그 발생 조건에 있어서도 명확한 목표나 도전과 기술의 균형 등으로는 설명하기 어려운 집단적인 동기와 같은 또 다른 조건에 의해 발생할 것이라 생각된다.

세 번째로 발현 형태의 차이가 있을 수 있다. 몰입은 어떠한 일에 대한 개인적인 경험을 전제로 한다. 물론 어떠한 집단이 동시에 몰입 경험에 이르는 경우도 있을 수 있겠지만, 몰입을 경험하게 되는 과정과 그 결과는 개인적으로 경험되는 성질의 것이다. 그러나 신명은 반드시 집단적인 경험의 형태로 나타나는 것은 아니지만, 집단적으로 전이되기 쉽다는 특성을 지닌다. 전통무용 전공자의 경험을 제외한 신명경험이 풍물 놀이판이나 월드컵의 거리응원에서처럼 강렬한 정서적 경험과 역동적인 행동양식을 수반하는 반면, 몰입은 체스 선수나 의사 등의 경험 등에서처럼 상대적으로 정적(靜的)인 정서 및 행동으로 나타난다.

정리하자면, 몰입과 신명은 그 기원과 발현양태 등으로 미루어 서로 다른 개념이라 할 수 있을 것이다. 그러나 전통무용 전공자들의 경험에 대한 연구들에서 유추하건대, 한국인들이 '신명'이라 부르는 현상 및 경험 중에는 몰입과 유사한 성격을 가지는 유형이 존재할 가능성이 있다. 또한 문헌으로 나타난 신명 외에도 일반인들이 경험하는 수준에서는 더욱 다양한 상황이 있을 수 있다. 따라서 몰입과 유사한 양상을 보인다고 여겨지는 신명을 비롯한 신명의 유형에 대한 보다 구체적인 논의는 실제 사례를 바탕으로 이루어져야 할 것이다.

3. 결론 및 논의

연구 1에서는 기존의 연구와 문헌들을 통해 나타난 신명의 전반적인 성격을 신명을 경험하는 원인과 신명경험 시의 상태, 그리고 신명경험 후의 결과라는 세 측면에서 논의하고, 그것을 근거로 신명경험의 세 가지 유형을 제시하였다. 연구 1의 논의를 정리하자면 다음과 같다.

신명의 일반적인 특징은 강렬한 정서적 경험이라는 점이며, 빠른 속도로 집단에 전이되고, 신명이 전이된 집단은 일종의 문화적으로 약속된 무질서 상태를 통해 일상생활에서 하지 못했던 다양한 감정 표현들이 가능해진다는 것이다. 이러한 신명경험을 통해 사람들은 누적되었던 부정적 정서들을 배출하며, 그 같은 과정을 통해 활력과 능력감 등을 재충전하는 효과를 얻는다.

연구 1의 논의에 따르면 이러한 신명경험의 원인은 단일하지 않은 것으로 나타났는데, 신명을 경험하게 되는 원인에 따라 신명을 세 가지 유형으로 나눌 수 있었다. 이 중, 첫 번째와 두 번째의 유형은 한국학 및 민속학 분야에서 연구되어 온 한(恨)과의 관계가 전제된 신명이며, 세 번째 유형은 전통예술 분야의 연구에서 유추할 수 있었던, 몰입(flow)경험과 유사성을 갖는 신명이다.

먼저 한과 관련된 첫 번째와 두 번째 유형의 신명은 기존의 연구들에서 '한이 풀리어 나타나는 신명'으로 언급되어 왔던 한과 신명의 관계에 대한 논의를 심화시킨 것으로, 한과 신명의 관계에 대한 이전의 모호한 설명에서 나아가 한이 해소되어 신명에 이르는 경로를 구체화하였다는 점에서 의미를 가진다.

한국인들에게 있어서 한이란 자기가치감의 손상을 의미하며, 따라서 한이 풀려서 발생하게 되는 신명이란 손상된 자기가치감의 회복을 뜻한다. 이것이 신명의 첫 번째 유형인 한의 원인이 소멸함으로 발생하는 신명이다. 이전까지의 한스런 삶을 일거에 변화시킬 '전환적 사건'이 발생함으로써 한의 원인 자체가 소멸되고 신명이 발생하는 것이다. 이러한 유형의 신명은 본문에서 예로 든 이도령과 재회한 춘향이의 심정이나, 오랜 일제의 탄압에서 해방을 맞은 백성들의 심정과 유사한 질의 마음경험을 의미한다.

그러나 한국문화에서 신명이 갖는 의미는 전환적 사건의 발생에 의한 자기가치감의 회복에 그치지 않는다. 신명의 또 다른 의미는 신명의 수행해 온 기능적 측면에서 발견할 수 있다. 그것은 신명이 부정적 정서의 배설체계라는 것이다. 실제로 일상생활에서 사람들이 해방과 같은 극적인 사건의 발생에 의해 자기가치감을 회복할 수 있는 기회는 흔하지 않다. 그러나 한국의 역사·문화적 맥락에서 미루어 볼 때, 신명은 그보다는 훨씬 자주 경험되어 왔다고 할 수 있다.

그러한 신명은 한의 원인이 직접적으로 사라졌기 때문에 경험한다기보다는 문화적으로 조성되는 어떠한 계기에 의해 발생한다. 즉 명절이나 전통놀이, 근래에 와서는 친목회나 회식 등도 이와 같은 역할을 수행하리라 생각된다. 이러한 계기를 통해 사람들은 의식적이든 무의식적이든 그동안 누적되어 온 부정적 정서를 배출하고 그로 인한 해소감과 활력 등을 얻는다.

신명의 중요한 특징이라 생각되는 감정의 전이와 약속된 무질서의 상태는 한을 비롯한 부정적인 정서들과 표출할 수 없었던 욕구들을 보다 쉽게 분출하고 배설할 수 있게 한다. 부정적 정서들이 배설된 후에 느껴지는 해방감과 생명력 등은, 누적된 한 등으로 인해 손상받았던 자기가치감을 회복시키며 또 다른 앞날을 살아갈 의지를 심어 주는 역할을 한다.

이것이 두 번째 유형의 신명이다. 이러한 유형의 신명은 특히 공동체에서의 '우리의식'을 바탕으로 가능했으리라 여겨진다. 역사·문화적으로 신명은 주로 명절이나 전통놀이의 현장에서 경험되었으며, 그 배경에는 전통적인 공동체가 존재해 왔다. 농경문화가 주를 이루었던 전통사회에서는 공동체의 안녕과 단합이 무엇보다 중요했는데, 명절이나 전통놀이와 같은 계기를 통해 공동체로서의 '우리의식'을 확인하는 과정에서 신명이 발생하였을 것이다. 이러한 신명경험의 체계는 전통적 의미의 공동체가 거의 사라진 현재에도 단합대회나 회식문화 등으로 이어진다고 볼 수 있다.

특히 이러한 유형의 신명에는 한(恨)의 간접적인 해소라는 과정이 뒤따른다. 즉 한의 해소 자체가 신명의 원인이 아니라, 신명을 먼저 경험하고 그 과정에서 한이 간접적으로 해소되는 것이다. 여기서 한은 '못 배우고 못 사는 한'이나 '누군가에게 당한 부당한 피해' 등의 구체적인 내용이 아니라 이전까지의 삶에서 누적되어 온 부정적인 정서를 통칭한다고 보는 편이 옳다고 생각된다.

한국인들은 신명을 통해 한으로 대표되는 일상의 부정적 정서들을 분출하고 새로운 나날을 살아갈 활력을 얻었던 것이다. 그러한 점에서 한국학, 민속학 분야에서 지금까지 주로 논의된 신명은 바로 이 유형의 신명을 의미한다고 생각할 수 있다.

신명의 세 번째 유형은 몰입(flow)경험과 공통적인 속성을 가질 것으로 생각되는 신명이다. 이러한 유형의 신명은 무아지경, 망아경 등의 그 상태를 묘사하는 표현과 신명경험을 위해서는 행위자의 기량이 전제된다는 점에서 몰입과 유사한 특성을 보인다. 하지만, 앞서

지적한 바와 같이 신명과 몰입은 각기 다른 문화적 배경에서 발달해
온 사람들의 심리를 설명하는 개념이기 때문에, 신명과 몰입은 그
원인과 과정 면에서 질적으로 다를 가능성이 있다.

그럼에도 불구하고, 어떤 부분에서는 몰입과 유사한 과정을 갖는
신명의 유형이 존재할 개연성은 충분하다. 전통예술에서 논의되는
신명이 그러한 신명이라면, 그것은 한(恨)과는 직접적인 관련이 있다
기보다는 어떠한 행위 자체에서 비롯되는 감정이며, '우리'라는 공동
체적 경험이라기보다는 행위자의 개인적 경험과 보다 가까울 것으로
생각된다. 그런 의미에서 경영관리 분야에서 논의되는 신명 역시 한
과 관련한 것이라기보다는 이와 같은 속성을 보다 많이 가지고 있을
것이다.

지금까지 논의한 신명의 세 가지 유형과 그 특징들을 정리하면
표 2와 같다.

표 2. 신명의 유형에 따른 공통점 및 차이점

	발 생	특 징	비 고
전환적 사건에 의한 신명	-전환적 사건의 발생 (ex. 해방, 상봉, 합격..)	-과거의 부정적 자기가치가 개입 -일회적 경험	-한(恨)의 직접적 소멸 -자기(혹은 집단)가치의 회복
우리의식에 의한 신명	-우리의식을 확인할 수 있는 계기 (ex. 명절 등에서의 공동체 행사)	-감정의 전이 및 공경험(共經驗) -부정적 정서의 해소체계	-한(恨)의 간접적 해소 -우리(집단)의 가치의 재확인
몰입(flow)과 유사한 특징을 갖는 신명	-예술 등 자기를 표현할 수 있는 계기 (ex. 예술행위)	-무아지경, 망아경 -표현행위 중에 경험	-개인적 경험에 초점

그러나 이러한 신명의 유형들이 서로 상호배타적 성격을 갖는 것
은 아닐 것이다. 어떠한 집단에 일어난 전환적 사건이 집단 구성원

들의 우리의식을 확인하게 하여 신명을 일으킬 수도 있고(예: 집단 목표의 달성 등), 그러한 신명상황에서 몰입(flow)과 유사한 과정이 나타날 수도 있다는 점에서 신명의 유형을 단순히 구분하는 것은 어렵다. 서로 다른 원인에 의해서 발생하는 신명이 어떠한 공통점 및 차이점을 가지며, 어떠한 과정에 의해 경험되는가에 대한 보다 명확한 설명은 이론적 연구에서 나아가 실제 신명을 경험하는 이들을 대상으로 하는 조사를 바탕으로 논의될 수 있을 것이다.

연구 1에서는 한국학과 민속학 등 다른 학문 분야에서 이루어졌던 신명에 대한 연구들을 문화심리학적인 관점에서 분석하고 논의를 진행하였다. 본 연구는 다음과 같은 점에서 기존의 연구들과는 차별되는 장점을 갖는다. 첫째, 여러 분야에서 이루어져 오던 신명에 대한 논의를 통합하였다는 점이다. 이제까지의 신명에 대한 논의는 연구자 자신이 초점을 두는 부분에서 파편적으로 이루어져 온 반면, 본 연구는 그러한 신명에 대한 논의들을 분석하고 재조합하여 신명에 대한 전체적인 틀을 제시하고자 하였다.

그러한 목적을 위해 신명경험을 원인과 상태, 그리고 기능의 세 가지 측면으로 나누어 논의를 진행시켰다. 그 결과 기존의 연구들에서 명확히 제시하지 못했던 신명의 공통적인 상태·기능적 속성들을 추출하여 정리하였고, 신명을 경험하게 되는 원인이 '한이 풀려서 신명이 된다'는 기존의 설명 이외에도 다양할 수 있음을 밝혔다.

둘째, 본 연구는 신명의 의미와 기능을 심리학적으로 분석함으로써, 신명에 대한 논의를 심리학으로 확대하였다는 데에 의의가 있다. 기존의 연구들이 한국의 역사와 문화에 대한 폭넓은 이해와 연구자의 깊이 있는 통찰을 근거로 한국인의 신명에 대해 많은 시사점을

제공해 왔지만, 반면에 현실 생활의 맥락에서 신명을 경험하고 살아
가는 일반인들의 심리에 대한 접근은 미흡했던 것이 사실이다.

본 연구는 기존 연구들에서 이야기하고 있는 신명의 문화적 의미
에서 나아가 실제로 신명을 경험하는 사람들에게 초점을 맞추고, 신
명경험의 여러 가지 원인 및 신명의 과정과 거기에 담긴 심리적 의
미를 분석함으로써, 신명이 한국의 언어적 관습이나 학자들의 이론
속에서만 존재하는 개념이 아니라 실제로 한국인들에게 경험되어 온
실체를 가진 심리학적 개념임을 강조하였고, 그러한 경험에 대한 체
계적 접근이 필요함을 주장하였다.

본 연구는 이제까지 이루어진 신명에 대한 논의를 바탕으로 기존
연구들에 대해 다음 몇 가지의 문제점을 제기하고자 한다. 첫째는
신명이 발생하는 구체적인 과정을 다루고 있지 않다는 점이다. 민속
학 및 한국학 분야의 기술에서는 억눌리고 맺혔던 한이 해소되면 신
명이 난다는 식의 설명을 하고 있으나, 한과 신명의 의미와 범위가
확실하지 않으며 더욱이 한에서 신명으로 이어지는 과정이 명확히
기술되지 않고 있다. 또한 전통예술 분야의 연구나 일반인들의 언어
습관에서 유추해 볼 때, 민속학 및 한국학 연구들의 입장과는 달리
한이 해소되어 발생하는 신명은 물론 한과 관계없이도 경험할 수 있
는 신명이 있을 가능성이 있으나 이에 대한 언급은 거의 이루어지지
않고 있다.

어떠한 문화적 현상은 초기의 감정이나 신념체계가 발생하는 특수
한 상황이 있을 수 있다. 그러나 특정한 상황을 설명하기 위해서 사
용되던 용어는 시간이 지남에 따라 차츰 일반적인 상황에서도 범용
되면서 본래의 기능이 아닌 문화적으로 변용되고 다듬어진 새로운

기능을 얻게 된다. 개념의 기능적 자동화 및 일반화가 이루어지는 것이다.

신명도 이와 같이 발전해 왔으리라는 추정이 가능하다. 예를 들면, 신명이라는 말이 최초에 종교적 체험으로 경험되던 맥락에서 사용되었을 수 있으나 후대로 갈수록 초기적 신명과 유사한 상황, 즉 실제로 한이 해소되어 신이 내린 것처럼 감격스럽고 즐거웠다든지, 전통놀이에서와 같이 여러 사람들이 모이고 떠들썩한 분위기에서 느끼는 즐거움 등을 신명이라 부르게 되었을 가능성이 있다. 즉 실제 한국인들이 신명을 경험하는 상황은 훨씬 더 다양할 수 있다는 점에서 한이 풀리면 신명이 난다는 기존의 설명은 보다 확대되거나 수정될 필요가 있다.

둘째는 신명이 발생한 후의 과정에 대한 설명이 미흡하다는 점이다. 신명의 중요한 상태적 특징으로 집단으로의 전이와 난장에서 이루어지는 감정과 행동의 표출 등이 있지만, 그 과정에 대한 설명이나 이론은 찾아보기 힘들다. 하지만 신명이라는 문화적 현상을 총체적으로 이해하기 위해 반드시 필요한 것은 신명이 발생하는 원인들과 더불어 신명이 일어나는 과정 및 여러 가지 긍정적 가치들을 이끌어내는 과정을 함께 이해하는 것이다.

셋째는 신명에 대한 기존의 연구들이 이론적, 개념적 수준에서 이루어졌기 때문에 신명의 정서나 상태에 대한 표현들이 실제 신명을 경험하는 일반인들의 언어와는 다르다는 점이다. 기존의 연구들에는 신명경험의 구체적인 상태에 대한 묘사가 누락되어 있을뿐더러, 비교적 자세한 기술이 포함된 연구들일지라도 신명을 기본적으로 종교체험과 유사한 경험으로 보고 있기 때문에 신명의 상태에 대한 묘사에 있어서 의미가 불분명한 면이 있다.

또한 신명경험에 대한 비교적 구체적인 묘사를 제공하는 전통예술 분야의 연구들 역시, 전문적인 무용수의 경험을 옮기고 있다는 점에서 일반인들이 실제로 경험하는 신명의 정서 및 상태와는 차이가 있을 수 있다. 따라서 신명이 현실을 반영하는 유용한 문화적 개념으로 기능하려면 다양한 맥락에서 실제로 신명을 경험하는 일반인들의 경험을 추출하여 이를 분석하는 것이 필수적이다. 따라서 이후의 연구에서는 문화심리학적 시각에 근거한 질적인 접근을 통해 일반인의 경험으로서의 신명을 개념화하고 구조화할 것이다.

III 연구 2
신명경험에 대한 사회적 표상

1. 예비연구

우선, 본격적인 연구에 앞서 일반인들의 신명경험 및 신명에 대한 기본적인 인식 등을 알아보기 위해 예비적인 조사를 실시하였다. 예비연구의 결과는 문헌연구를 바탕으로 한 이론적 논의와 함께 본격적인 연구를 위한 방향과 구체적인 지침으로 활용되었다.

1) 조사대상

서울 소재 K 대학교에서 심리학 수업을 수강하는 학생 84명(남 28, 여 55, 평균 연령 23.9세)과 서울에 거주하는 일반인 21명(남 9, 여 13, 평균 연령 43.6세) 등 총 105명을 대상으로 개방형 설문을 실시하였다.

2) 연구도구

사람들의 신명에 대한 일반적인 생각들을 알아보기 위해, 자신의 주위에서 일어난 신명의 예를 들고 그 경험과 관련하여 질문에 응답하도록 개방형 설문을 구성하였다. 설문은 총 8문항으로 이루어져 있으며 각각의 질문은 다음과 같다.

① 자신이 경험하거나 혹은 주변에서 목격한 신명경험의 예를 들어 보시오.
② 그 현상이 일어난 이유는 무엇입니까?
③ 그 현상에서 자신 혹은 사람들이 보인 행동들을 묘사하시오.
④ 그 현상에서 자신 혹은 사람들이 느낀 감정들을 묘사하시오.
⑤ 신명 경험 후의 변화는 무엇입니까?
⑥ '신난다'는 것과 '신명난다'의 차이점은 무엇입니까?
⑦ 신명을 보다 잘 느끼는 사람들이 있다고 생각합니까?
⑧ 한국문화에서 신명이 갖는 의미는 무엇입니까?

3) 결 과

(1) 신명 사건의 예

신명을 경험하는 상황은 상당히 다양한 사례가 나타났다. 본 연구에서는 응답에서 나타나는 신명상황들을 앞서 이론적 접근을 통해 구분한 ① 전환적 사건에 의한 경우, ② 우리의식에 의한 경우, ③

몰입(flow)경험의 특성을 가진 경우로 각각 분류하였다. 응답의 분류
는 연구자가 직접 실시하였고, 본 연구의 목적을 이해하고 있는 대
학원생이 분류의 타당성을 평가하였다. 분류의 결과는 표 3과 같다.

표 3. 신명경험의 유형과 빈도

유　　형	빈도 (%)	대표적 사례
① 전환적 사건에 의한 경우	16 (15.2)	대학합격, 월드컵 승리, 수상, 승소, 잘 안 되던 일이 잘 풀릴 때 등
② 우리의식에 의한 경우	58 (55.3)	월드컵 거리응원, 대학축제, 마을잔치, 동아리 공동작업, 파티 등
③ 몰입경험의 특성을 가진 경우	20 (19.0)	악기연주, 사물놀이, 음악회, 스포츠 댄스 등
④ 자의식이 개입된 경우	11 (10.5)	적성에 맞는 일을 할 때, 하는 일이 잘될 때, 하고 싶은 일을 할 때 등

　전환적 사건에 의한 경우는 대학에 합격한 일, 상을 받은 일, 소
송에서 승소한 일 등 사건 이전과 이후의 변화가 비교적 명백한 사
건을 보고한 사례들을 분류하였고, 우리의식에 의한 경우는 대학의
축제나, 마을잔치 등 소속감이나 동질감 등을 강조하기 위한 행사성
사건을 보고한 사례들을 선택하였다. 세 번째 유형인 몰입경험의 특
성을 가진 경우에는 해당 활동의 상태에 대한 묘사에서 몰입경험을
묘사하는 표현(예를 들어, '완전한 몰입', '무아지경', '시간왜곡' 등)
과 유사하거나 일치하는 표현이 나타난 사례들을 분류하였다.
　응답자들 중에는 월드컵 거리응원을 대표적인 신명경험으로 뽑은
사람들이 많았는데, 월드컵에서의 경험은 그 특성상 유형 1)과 2)의
특징을 모두 가진 것으로 생각된다. 월드컵 경험의 분류는 해당 사
건에서 신명이 발생한 원인을 묻는 질문에 대한 응답을 참조하여,

우리나라가 득점을 하거나 승리한 경우에 초점이 맞추어진 것은 1) 유형에, 국민들의 하나됨이나 함께함에 초점이 맞추어진 것은 2)유형으로 분류하였다.

한편, 분류기준으로 삼았던 세 가지로 분류하기 어려운 경우들을 살펴본 결과, 공통되는 특징이 나타났는데 그것은 '내가 하고 있는 일이 막힘없이 잘될 때'라든가, '내가 하고 싶은 일을 하고 있을 때' 등 사건 자체보다 자신의 관점이 특히 강조된다는 점이었다. 본 연구는 이러한 속성을 가진 경우들을 별도의 유형으로 분리하고 '자의식이 개입된 경우'라고 명명하였다.

(2) 신명경험의 원인, 상태적 특징, 기능 및 영향

유형의 분류에 이어서 각 유형에 따른 신명의 원인과 상태, 영향 등을 살펴보려 하였다. 그러나 질문 1에서 신명경험의 제한을 확실히 하지 않은 탓으로 한 응답자가 여러 가지의 신명상황을 예로 들었기 때문에, 신명의 원인, 상태 및 영향에 대한 이어지는 질문에 대한 응답들이 어떠한 신명상황에 대한 것인지 확실하지 않은 단점이 있었다. 이러한 문제점들 때문에 유형에 따른 신명의 원인과 상태, 영향에 대한 분석은 실시하지 않았다.

하지만 비교적 분류가 명확했던 몇몇 사례들에서 유추한 결과, 신명을 경험하게 되는 몇 가지의 서로 다른 경우가 있고, 각각의 경우에 따라 신명을 경험하는 이유와 과정, 그 결과 등이 상이할 수 있다는 판단을 할 수 있었다.

(3) '신난다'와 '신명난다'의 차이

같은 의미라는 응답이 19명(18.0%), 서로 다른 의미라는 응답이 85명(80.9%)이었다. 다른 의미라는 이들 중에서는, 신명나는 것은 과거의 경험이 연관되거나 기쁨과 슬픔을 함께 느끼는 등 신난다보다는 깊고 복합적인 감정이라는 응답이 42명(40.0%)이었으며, 신난다보다 훨씬 강렬하고 강도가 강하다는 응답이 23명(21.9%), 집단적으로 경험되거나 인간관계가 전제된다고 답한 사람들이 11명(10.5%)이었다. 기타의 응답(9명(8.6%))에는 신명나다가 보다 한국적이다, 보다 무의식적이다, 이후의 영향력이 있다 등이 포함되었다.

이러한 결과로 미루어 볼 때, 신명은 단순한 즐거움의 수준이 아니라 그보다 훨씬 강렬하고 복합적이며, 집단적으로 경험되기 쉬운 특성을 가진 정서를 의미한다고 생각된다.

(4) 신명을 보다 잘 느끼는 사람들이 있는가?

신명을 개인적인 성격적 특성이 아니라고 응답한 사람들이 12명(11.4%)인 데 비해, 다른 이들보다 신명을 잘 느끼는 사람이 있다는 응답이 93명(88.6%)으로 훨씬 많았다. 그러한 사람들의 성격특성은 매사에 긍정적이고 낙천적이며, 남과 잘 어울리고 자신의 감정에 솔직한 것으로 묘사되었다. 한편 신명을 더 잘 느끼는 사람이 없다고 응답한 이들은 신명이란 어떤 특정한 상황이 되면 누구나 느끼는 것이라 생각하는 것으로 나타났다.

(5) 한국문화에서 신명이 갖는 의미

한국문화에서 신명의 의미로는 **전통적인 즐거움 혹은 우리문화의 특징** 등이라 응답한 이들이 36명(34.3%)으로 가장 많았고, 그다음으로 **한풀이 혹은 일상의 부정적 감정의 승화**라는 측면이 25명(23.8%), **하나됨, 화합** 등이라 답한 이들이 17명(16.2%)으로 그 뒤를 이었다. **삶의 원동력 또는 에너지의 긍정적 발산**이라는 응답이 16명(15.2%)이었고, 기타(흥겨움, 신남, 유쾌, 신들림 등)의 응답도 11명(10.4%)이었다. 이는 대부분 신명의 기능적 측면이 중심이 된 것으로, 일반사람들이 신명이 한국문화에서 다양한 긍정적 기능을 해 왔다고 인식하고 있음을 알 수 있다.

4) 결론 및 논의

이상과 같은 결과에서 한국문화에서 나타나는 신명의 대략적인 양상과 신명에 대해 사람들이 가지고 있는 일반적인 생각들을 짐작해 볼 수 있었다. 요약하자면, 한국문화에서 경험되는 신명상황은 잠정적으로 네 가지 유형으로 분류할 수 있었고, 각 유형에 따라 신명을 발생시키는 서로 다른 심리적, 상황적 조건이 있을 것으로 추정할 수 있었다.

또한 신명에 대한 일반적인 인식으로는, 집단적으로 경험되기 쉬우며, 과거의 경험 및 여러 가지 감정과 관련된 복합적인 의미를 갖고 있고, 평소에 경험할 수 없는 강렬한 정서경험이라는 특징을 갖고 있다는 것 등이었으며, 특히 신명이 실생활의 다양한 측면에 있어서 긍정적인 기능을 하고 있다는 점이 확인되었다. 또한 신명이 긍정적이고 낙천적인 성격을 가진 사람들에 의해서 더 잘 경험된다는 인식은 신명이 특정한 사건을 통해서만이 아니라 개인 내적인 동기에 의해서도 경험될 수 있다는 것을 시사한다.

하지만, 이러한 결과로는 본 연구의 기본적 가정과 신명에 대한 일반적인 상식을 재확인하였다는 이상의 의미를 발견하기 힘들다. 즉 사람들이 신명을 느끼게 되는 심리적, 상황적인 이유와 신명이 발현하는 과정 등 본 연구에서 연구문제로 삼고 있는 주제들에 대한 해답을 얻기 위해서는 보다 발전되고 면밀한 자료수집과 분석이 필요하다. 따라서 본 연구는 예비조사에서 나타난 단점들을 보완하여 신명의 성격을 보다 구체적으로 드러내기 위한 연구절차를 고안하였다.

2. 신명경험에 대한 사회적 표상 연구

본 연구는 일반인들이 가지고 있는 신명에 대한 생각들로부터 신명의 성격을 규정하기 위해 다음과 같은 두 가지 방법을 사용하여 연구를 실시하였다. 첫째, 한국문화에서 보편적으로 신명으로 알려져 있는 현상에 대한 사람들의 생각들을 채취하기 위해 신명상황을 담은 동영상 자극을 이용하는 실험적 방법을 사용하였고, 둘째, 신명경험을 비롯한 여러 가지 긍정적 정서경험들과의 차이를 살펴보기 위해 다양한 긍정적 정서경험 상황을 그림으로 제시하고 그에 대한 반응을 얻는 방법을 사용하였다.

1) 실험 1 : 대표적 신명상황에 대한 인식

문화심리학에서 가능한 실험적 접근은 Tobin 등(Tobin, Wu & Davidson, 1989)에 의해 제안된 바 있다. 전통심리학에서 자극과 반응은 독립적인 것으로 받아들인다. 그러나 문화심리학에서는 자극과 반응을 반드시 독립적인 개념으로 규정하지는 않는다. 자극의 성격은 이미 자극에 대한 반응의 주체인 개인의 자극 경험과 자극 구성에 의해 규정되며, 동시에 자극에 대한 반응도 자극 자체라기보다는 삶의 과정 속에서 자극과 관련하여 축적된 경험양식과 반응의 구성양식에 밀접히 관련된다. 즉 문화심리학에서는 '자극에 대한' 반응이라기보다는 '자극과 관련된' 반응인 경험과 마음을 연구의 대상으로 삼는다.

Tobin 등은 미국, 일본, 중국의 아동교육에 대한 문화비교 연구에서 주된 비교 대상이 되는 활동을 비디오로 촬영한 영상을 피험자들에게 제시하여 그들이 해석한 영상물의 내용과 의미를 수집하였다. 이 방법은 문화와 심리가 복합적으로 관여되는 실제의 사건 현장에 대한 영상물을 시청하게 한 다음, 그러한 사건이 나타나게 된 원인과 과정, 그 사건에 개입된 사람들의 감정표현과 행동 등에 대한 이유, 해석, 의미 등에 대한 설명을 그 사건에 개입된 당사자의 입장에서 연구자에게 말하도록 하고 그 내용을 문화심리적 시각에서 분석하는 것이다(최상진, 한규석, 2000).

본 연구는 일반인들이 대표적인 신명경험에 대해서 어떠한 생각을 갖고 의미를 부여하고 있는지 확인하기 위한 목적에서 이러한 실험법을 채택하였다.

(1) 조사대상

서울 소재의 K 대학교에서 심리학 방법론 수업을 듣는 120명의 학생들을 대상으로 실험자원자를 모집하였다. 총 38명(남 18명, 여 20명)의 학생들이 실험에 지원하였고, 이들에 대해 3일간에 걸쳐서 실험을 실시하였다. 실험소요 시간은 약 60분이었으며 실험에 참가한 학생들에게는 소정의 대가를 제공하였다.

(2) 연구도구

문화적으로 잘 알려진 신명상황에 대한 일반인들의 생각들을 알아보기 위해, 가장 대표적으로 신명현상이라고 생각되는 여섯 가지의 상황을 2분 정도의 동영상으로 제시하고, 그 원인과 과정, 인물들의 감정상태, 해당 사건의 영향력과 의미 등을 설명하도록 하였다. 선택된 대표적 신명상황은 문헌연구 및 예비조사에서 추출된 것들로 그 종류와 질문은 다음과 같다.

동영상 자극

a. 마을굿(풍물놀이)

b. 2002년 월드컵 응원

c. 노래방에서 즐기는 가족

d. 대학 정기전

e. 서편제 (진도아리랑)

f. 서편제 (재회)

영상 자극에 대한 개방형 질문

① 지금 이 사람(들)이 느끼고 있는 기분이나 느낌, 감정은 어떠할 것 같습니까? 구체적으로 묘사해 주십시오.

② 이 사건 이전에는 어떠한 일들이 있었을지 상상하여 그 내용을 적어 보십시오.

③ 이 사람(들)은 왜 그러한 기분을 느끼게 되었을지 설명을 해 보십시오.

④ 이 사건 이후로 사람들은 어떤 기분을 느끼고 어떻게 행동할 것 같습니까?

(3) 결　과

① 응답의 분류와 범주화

우선, 6개의 동영상 자극에 대한 반응들을 '신명 이전의 사건', '신명을 경험하게 된 이유', '신명경험의 상태', '신명의 기능, 영향' 등의 4가지로 분류하였다. 그리고 분류에 따른 응답들을 그 성격에 따라 범주화시킨 뒤 범주의 이름을 붙였다. 이 과정은 Strauss와 Corbin(1998)이 개방코딩(open coding)으로 설명하고 있는 단계로서, 개방코딩이란 자료를 해체하여 비교, 검토를 통해 비슷한 특질을 가진 것들끼리 모아 분류하고 범주화하는 과정을 뜻한다(Glaser & Strauss, 1967; Strauss & Corbin, 1998). 개방코딩의 결과는 표 4~표 9과 같이 정리하였다.[28]

---

28) 개방코딩의 분석절차는 수집된 자료를 한 줄씩 분석해 나가면서 의미 있는 단어, 구절, 문장 등에 밑줄을 긋고 메모하는 줄 단위 분석에서 시작된다. 이렇게 추출된 개념들을 유사한 속성을 갖는 것들끼리 분류하여 상위범주를 만들고, 이론적인 배경 및 원자료와의 비교 검토를 거

표 4. 영상 자극 '마을굿'에 대한 응답 분석

		내　　　　용	범　주
이전 사건		답답한 일상, 스트레스, 어려운 현실, 좋지 않은 일에 대한 기억.	부정적 사건
		축하할 일이 있었을 것.	긍정적 사건
원 인		평소의 내가 아니라는 느낌, 매일 있는 날이 아닌 특별한 축제.	일탈감
		일상의 고민을 벗어던짐, 스트레스를 날려버릴 기회.	표출, 발산
		함께한다는 느낌, 소속감과 일체감을 확인하기 위해.	소속감, 일체감
		즐거움을 공감함, 남과 흥겨움을 공유, 마음이 열려 있음, 사람들의 솔직한 느낌을 알게 됨, 모두가 즐길 수 있는 공감대가 형성.	공감
		음악과 술.	외부적 조건
신 명 경 험 의 상 태	감 정	즐겁다, 신난다, 신명난다, 기쁘다, 흥겹다, 흥분된다, 감정의 최고조이다.	즐겁고 신남
		주위 사람들과의 공감, 하나 되는 느낌, 하나가 됨, 함께하고 있다는 사실만으로 신남.	공감
		공동체 안에서 자신이라는 틀에서 벗어남, 일상의 근심에서 벗어남, 답답한 가슴이 풀림, 참아 왔던 감정을 마음껏 분출하여 가슴이 뻥 뚫림, 쌓인 스트레스를 한번에 풀어내는 듯한 시원함, 현실에서 벗어난 듯한 초월감.	해방감
	행 동	누구도 의식하지 않음, 잠재되어 있던 흥겨움을 표출, 맘껏 신남.	표출
		무아지경, 자신의 감정에 솔직, 자아도취, 홀린 듯 그 상황에 빠져 있음, 몰입, 분위기에 취함.	심취, 몰입
기능 및 역할		홀가분해짐, 스트레스 해소, 후련함, 시원함.	해소
		넉넉해진 마음, 배려, 밝고 활기참, 활력, 힘든 날들을 참고 견디게 됨, 용기, 적극적 마음.	긍정적 마음, 에너지
		동질감, 친근감의 증대, 정이 쌓임, 밀접한 관계, 화합, 공동체 의식 생성.	소속감, 애착
		추억하고 그리워함, 가끔 흥을 찾게 됨.	회상 / 동기화

처 범주의 체계를 구성하게 된다. 본 연구에서 이후로 제시되는 개방코딩 결과표들은 모두 이러한 절차를 따라 작성된 것이다.

표 5. 영상 자극 '월드컵'에 대한 응답 분석

		내　　　　　용	범　주
이전 사건		한국축구의 좋지 못한 성적, 부정적인 한국의 이미지 등.	부정적 사건
원 인		예상외의 선전, 경기의 승리, 극적인 승리.	사건의 발생
		평소에 오기 힘든 감정을 드러낼 수 있는 기회.	일탈감
		한국 사람이기 때문에, 대리만족, 공동의 목표, 소속감.	일체감
		뜻을 공유하고 같은 행동을 함, 함께할 수 있음, 다른 사람들과 이 순간을 나눈다는 느낌, 공유한다는 사실 자체, 자신과 남의 경계를 잊음, 서로의 감정이 전이 됨, 감정의 증폭, 모두가 한마음으로 승리를 염원함.	공감
		음악, 노래, 많은 사람들.	외부적 조건
신 명 경 험 의 상 태	감 정	열정, 각성, 고조된 기분, 격앙, 전율, 환희, 광분.	격정적 흥분
		단합, 소속감, 동지의식, 동질감, 애국심.	소속감
		하나가 된 느낌, 함께 있다는 것에 열광, 선수들과 하나가 된 느낌.	공감
		응원에서 느끼는 감정의 분출, 억눌린 부정적 정서의 해소로 인한 쾌감.	해방감
		해냈다는 마음, 자랑스러움, 뿌듯함.	성취감, 자부심
	행 동	감정표현의 제한이 없음, 자신의 감정을 해소, 소리 지름, 모르는 사람과 포옹, 노래, 눈물, 웃음.	표출
기능 및 역할		스트레스의 해소(개인적).	해소
		적극적이 됨, 긍정적인 면을 보게 됨, 마음이 열림, 포용력, 국가를 위해 노력, 개인적 자신감, 당당함.	긍정적 마음, 에너지
		유대감 높아짐, 정체감이 생김, 단결, 애국심 향상, 나라에 대한 자랑스러움.	소속감, 애착
		다시 그런 경험을 하고 싶다는 욕구, 그때의 감정들을 또 느끼고 싶어 한다, 비슷한 상황에서 비슷한 반응을 보일 것.	회상 / 동기화

표 6. 영상 자극 '노래방'에 대한 응답 분석

		내　　　　용	범　주
이전 사건		가족에게 좋지 않은 일이 있었을 것, 가족의 문제, 체면 때문에 감정표현이 부자유스러움, 친하지 않음.	부정적 사건
		가족에게 좋은 일이 있었을 것, 축하할 일.	긍정적 사건
원 인		노래방이 주는 긴장의 완화, 말을 대신해 다른 행동들을 할 기회가 발생, 일상의 자기 모습에서 벗어남, 일탈의 짜릿함, 평소와 다름.	일탈감
		마음이 통한다는 사실, 서로의 호응에 상호작용, 솔직하고 허물없는 모습에 공감, 서로의 감정을 확인, 재미있게 놀 수 있다는 공감대, 가족의 문제를 해결해야 한다는 공감대.	공감
		노래, 술.	외부적 조건
신 명 경 험 의 상 태	감 정	즐거움, 들뜸, 흥겨움, 기분 좋음, 행복함.	즐겁고 신남
		함께한다는 느낌, 이해한다는 느낌.	공감
		답답했던 마음이 시원하게 뚫림, 스트레스 해소.	해방감
	행 동	억제되었던 흥겨움을 분출, 뭔가를 풀어내려는 듯함, 감정을 자유롭게 표출, 어떤 것들을 털어내고 있는 듯, 한, 미움 등을 쏟아냄, 스스로 발산하여 스스로 기분이 좋아짐, 평소 표현하지 못했던 감정표현에 따른 카타르시스.	표출
		무아지경, 아무 생각이 없다, 자기 몰입, 분위기에 빠져든다, 자신의 느낌에 몰두, 상황에 몰두.	심취, 몰입
기능 및 역할		응어리를 풀어냄, 쌓였던 나쁜 감정의 해소, 시원함, 후련함.	해소
		삶의 활력소, 생활의 에너지, 또 다른 문제도 원만하게 해결할 수 있음.	긍정적 마음, 에너지
		가족에 대한 애정을 확인, 뿌듯함, 서로에 솔직해짐, 친밀해짐.	소속감, 애착
		같은 계기를 원함, 자주 모임, 종종 함께 노래하고 춤추며 기분을 전환하거나 오해를 풀 것.	회상 / 동기화

표 7. 영상 자극 '대학 간 정기전'에 대한 응답 분석

	내　　　　용	범　주
이전 사건	지루한 일상.	부정적 사건
원 인	젊음을 발산, 자신을 드러내고 싶은 욕망, 개인적 스트레스의 해소.	표출, 발산
	공인된 노는 날, 축제라는 특별한 상황, 일상에서 벗어난 느낌, 평소에 하지 못하는 것들을 할 수 있음(감정의 표출).	일탈감, 계기의 발생
	함께한다는 느낌, 일체감, 많은 사람들이 한곳에서 한목소리를 내는 것, 같은 것을 바라고 있음.	공감, 일체감
	자부심, 긍지, 동질감, 학교에 대한 애정, 자긍심.	집단에 대한 자부심
	음악, 율동.	외부적 조건
신 명 경 험 의 상 태	**감정** 흥분, 재미, 짜릿함, 흥겨움, 열광, 희열.	즐겁고 신남
	소속감, 동지의식, 친근감.	소속감
	함께한다는 느낌, 하나 되는 느낌, 어우러짐, 모르는 사람들과 하나가 됨, 사람들과 어울림.	공감
	뿌듯함, 자신감, 자부심, 구별되는 느낌.	자부심
	개운함, 후련함, 스트레스 해소.	해방감
	행동 갇혀 있던 정신적, 육체적 에너지의 발산, 억눌렸던 감정을 폭발, 자부심의 표출.	표출
	응원 자체의 즐거움에 도취, 상황에 빠져듦, 응원 자체에 도취, 분위기에 도취.	심취, 몰입
기능 및 역할	욕구를 분출한 데서 오는 만족감, 스트레스의 해소.	해소
	발전할 수 있는 계기가 됨, 단결된 힘을 발산할 수 있는 목표를 찾게 됨.	긍정적 마음, 에너지
	유대감 강화, 관계 돈독, 애교심, 단결, 친밀해짐, 소속되었다는 사실에 대한 자부심.	소속감, 애착
	좋은 기억으로 간직함, 비슷한 기회를 만들려고 함, 기회 있을 때마다 참여.	회상 / 동기화

표 8. 영상 자극 '서편제(진도아리랑)'에 대한 응답 분석

		내　　　용	범　주
이전 사건		유랑의 고단함, 저마다의 사연, 힘들고 어려운 지난 날.	부정적 사건
원 인		감정을 드러낼 기회가 없으므로, 자기가 좋아하는 것을 한다는 기쁨, 부정적 감정을 승화시키기 위해, 자신의 실력을 마음껏 펼쳐 보일 수 있으므로, 스트레스, 한을 풀기 위해, 자신의 감정, 존재감을 표출.	표출, 발산
		뜻밖에 느껴지는 즐거움.	일탈감
		서로의 뜻을 알아주고 북돋워 줌, 서로의 안 좋은 일들을 공유, 서로의 호흡이 맞았기 때문에, 감정의 전이, 증폭.	공감
		자신의 역할에 집중했기 때문, 나만 존재한다는 느낌, 다른 생각을 안 해도 되므로, 그 순간만큼은 솔직하게 즐길 수 있으므로, 초인감.	심취, 몰입
		음악, 노래, 장단.	외부적 조건
신 명 경 험 의 상 태	감 정	흥겨움, 신명남, 신남, 기쁨, 흥분, 열정.	즐겁고 신남
		같은 뜻, 같은 마음을 느낌, 공동의 목표의식, 이심전심, 소리가 조화를 이룬다는 느낌.	공감
		성취감, 이루어냈다는 마음, 자신이 하고 있는 일이 멋진 일이라는 생각.	성취감, 자부심
		상쾌함, 홀가분함, 자유로움, 삶의 고단함을 벗어 놓음, 지루한 일상에서 찾아낸 즐거움.	해방감
	행 동	감정을 마음껏 드러냄, 각자의 기교를 있는 대로 부림, 자신의 재능을 마음껏 펼침.	표출
		자신의 역할에 집중, 세 사람만의 세계에 도취, 남의 시선에 상관없이 열중, 시간이 정지한 느낌.	심취, 몰입
기능 및 역할		고민과 걱정을 잊는다, 안 좋은 것들을 털어버림, 나쁜 감정의 해소, 자신의 감정을 표현함으로써 그 문제로부터 자유로워짐.	해소
		몸과 마음이 상쾌해짐, 나아갈 힘, 고난을 이길 힘, 다시 회복되는 느낌, 활력소, 희망을 찾음, 여유 있는 삶.	긍정적 마음, 에너지
		가족에 대한 사랑이 커짐, 서로에 대한 만족감, 친밀해짐, 감정의 교류가 회복.	소속감, 애착
		같은 계기를 찾음, 이후에도 경험하고 싶어 함.	회상 / 동기화

표 9. 영상 자극 '서편제(재회)'에 대한 응답 분석

		내 용	범 주
이전 사건		힘들고 어려운 일, 갈등, 한 많은 과거, 고난.	부정적 사건
원 인		한을 승화했기 때문, 슬픔을 예술로 승화시켰기 때문.	표출, 발산
		예상치 못한 때와 장소에서의 재회.	사건의 발생
		서로의 마음을 잘 알고 위로함, 이해하고 느낌, 서로의 마음이 통했기 때문, 서로의 아픔을 이해, 감정의 증폭.	공감
		판소리에 몰두하고 빠져버리게 되어, 노래에 심취하여, 노래 속 주인공에게 감정이입.	심취, 몰입
		노래와 장단.	외부적 조건
신 명 경 험 의 상 태	감 정	서로의 마음을 느끼며 이해, 교감, 창자와 고수의 감정적 교류.	공감
		이루었다는 희열, 자신이 마음먹은 대로 표현되었기 때문, 경지에 이르렀다는 기쁨.	성취감, 자부심
		기쁨과 슬픔이 뒤섞인 감정, 슬픔과 희열.	복합적인 감정
		후련함, 가슴이 뻥 뚫리는 기분, 응어리가 풀린 기분.	해방감
	행 동	슬픔이나 한을 풀어내려는 듯, 한을 토해내는 기분, 감춰 왔던 감정들을 승화시킬 때의 후련함, 슬픔을 온전히 쏟아냄.	표출
		노래에 푹 빠진 듯, 열정적으로 노래에 몰두, 노래의 감정에 심취, 높은 집중력, 점점 빨려 들어가는 느낌, 노래에 혼연일치.	심취, 몰입
기능 및 역할		홀가분함, 감정의 분출, 쌓였던 감정의 해소, 가벼운 마음.	해소
		해냈다는 긍지, 만족감, 삶의 에너지가 됨.	긍정적 마음, 에너지
		정이 깊어짐, 서로에 대한 감사, 감정의 교류, 동지애.	소속감, 애착
		노래로 한을 푼다, 그 기분을 다시 느끼고 싶어 한다.	회상 / 동기화

② 대표적 신명상황에 대한 일반인들의 인식

ㄱ. 신명 이전의 상황

자극으로 제시된 6가지의 신명상황에서 공통적으로 나타나는 신명 이전의 상황은 '**부정적 사건**'이라는 범주로 분류할 수 있었다. 그것은 '답답한 일상'이나 '스트레스', '지루한 일상' 등의 무미건조한 일상에서부터, '힘들고 어려운 지난 날', '한 많은 과거', '해결해야 할 문제', '어려운 현실', '좋지 못한 일에 대한 기억' 등 부정적인 과거사를 포함한다. 다만 영상 자극 '마을굿'과 '노래방'은 '축하할 일이 있었을 것', '좋은 일이 있었을 것' 등의 '긍정적 사건'이 함께 나타났다.

ㄴ. 신명을 느끼게 되는 원인

신명을 경험하게 되는 원인은 '**일탈감**', '**소속감 혹은 일체감**', '**공감**', '**사건의 발생**', '**표출 혹은 발산**', '**집단에 대한 자부심**', '**심취 및 몰입**', '**외부적 조건**' 등의 8가지 범주로 나타났다. 이러한 원인들은 사건의 종류에 따라 약간씩 차이가 있는 것으로 나타났다(표 10).

표 10. 신명경험의 원인

	마을굿	월드컵	노래방	대학정기전	서편제(진도아리랑)	서편제(재회)
사건의 발생		○				○
일탈감	○	○	○	○	○	
일체감	○	○		○		
공감	○	○	○	○	○	○
표출 / 발산	○			○	○	○
심취 / 몰입					○	○
집단에 대한 자부심				○		
외부적조건	○	○	○	○	○	○

　표 10에 따르면, 현재의 감정을 주위의 사람들과 공감, 공유한다는 '공감', 그리고 외부적 조건으로 '노래나 음악'의 세 범주는 6가지의 경우에 모두 나타났으며, 평소에 표현하기 힘든 감정을 표현할 수 있는 계기라는 '일탈감'은 영상 자극 '서편제(재회)'를 제외한 5가지의 경우에서 발견되었다. 또한 '소속감 혹은 일체감'은 영상 자극 '마을굿'과 '월드컵' 그리고 '대학 간 정기전'의 세 경우에 나타났다. 어떤 부정적 감정이나 에너지 등을 발산한다는 '표출 혹은 발산'은 영상 자극 '마을굿', '대학 간 정기전', '서편제(진도아리랑)', '서편제(재회)'의 네 경우에서 나타났고, 어떤 행위나 상황에 빠져든다는 '심취 및 몰입'은 영상 자극 '서편제(진도아리랑)', '서편제(재회)'에서 각각 발견되었다. 그리고 '집단에 대한 자부심'은 영상 자극 '대학정기전'에서 나타났다.

　이러한 결과는 예비연구에서 나타난 신명경험의 유형과 관련이 있는 것으로 나타났다. 즉 전환적 사건으로 인한 신명의 예는 '월드컵'이라 할 수 있으며 그 사건에서만 추출되는 범주는 '사건의 발생'이다. 우리의식으로 인한 신명의 예는 '마을굿', '노래방', '대학 간 정기전'이며, 이 경우에서만 발견되는 범주들은 '소속감 혹은 일체감'이었다. 세 번째로 몰입과 유사한 경험으로서의 신명에 해당하는 예는 '서편제(진도아리랑)'과 '서편제(재회)'이며, 이 경우에서만 나타나는 범주는 '심취 및 몰입'이었다. 사건의 성격에 따라 공통적으로 나타나는 범주들은, 한국문화에서 대표적인 신명상황으로 인식되는 여러 가지 상황들이 어느 한 가지의 원인에서가 아닌 복합적인 이유에 의해 발생하고 있음을 의미한다.

ㄷ. 신명경험의 상태

신명경험의 상태는 크게 감정, 즉 정서적인 부분과 행동적인 부분으로 분류되었고 '즐겁고 신남', '격정적 흥분', '복합적인 감정', '일체감', '공감', '성취감 및 자부심', '해방감', '표출', '심취 및 몰입' 등의 9개 범주가 도출되었다. 신명 상태의 감정과 행동 역시 사건의 성격에 따라 약간의 차이가 있었으나, 대체적으로는 유사한 경험이라 생각된다(표 11).

표 11. 신명경험의 상태

	마을굿	월드컵	노래방	대학정기전	서편제(진도아리랑)	서편제(재회)
즐겁고 신남	○		○	○	○	
격정적 흥분		○				
복합적인 감정						○
소속감		○		○		
공감	○	○	○	○	○	○
성취감 / 자부심		○			○	○
해방감	○	○	○	○	○	○
표출	○	○	○	○	○	○
심취 / 몰입	○		○	○	○	○

주위 사람들과 함께 느끼고 경험한다는 '공감'과 부정적이고 답답한 감정이 해소되는 데에서 오는 '해방감', 억눌리거나 잠재된 감정을 표출한다는 '표출'은 6개의 사건에 모두 공통적으로 나타났으며, 그 상황과 자신의 감정에 심취하고 몰입해 있다는 '심취 및 몰입'은 '월드컵'을 제외한 5개 사건에서 나타났다.

또한 즐겁고, 기쁘고, 흥분되는 '즐겁고 신남'은 '월드컵'과 '서편제(재회)'를 제외한 네 경우에서 공통적으로 나타났다. 신명경험에서는 강렬한 긍정적 정서의 경험이 일반적인데, '월드컵'에서는 보다

열정적이고 격정적인 감정들로 나타났고('**격정적 흥분**'), '서편제(재
회)'에서는 기쁨과 슬픔, 한과 신명이 뒤섞인 '**복합적 감정**'으로 나
타났다. 한편 '월드컵'과 '서편제(진도아리랑)', '서편제(재회)'에서는
해냈다는 성취감 및 뿌듯함을 의미하는 '**성취감 혹은 자부심**'이라는
범주가, '월드컵'과 '대학 간 정기전'에서는 집단에 대한 '**소속감**'이
라는 범주가 공통적으로 도출되었다.

ㄹ 신명의 기능 및 역할

표 12. 신명의 기능 및 역할

	마을굿	월드컵	노래방	대학정기전	서편제(진도아리랑)	서편제(재회)
해소	○	○	○	○		○
긍정적 마음 / 에너지	○	○	○	○	○	○
소속감 / 애착	○	○	○	○	○	○
회상 / 동기화	○	○	○	○		○

신명의 기능 및 역할은 크게 네 개의 범주가 공통적으로 발견되었다.
즉 부정적 감정의 해소로 인한 '**해소**'와 긍정적이고 적극적인 마음과
새로운 힘이 솟는다는 '**긍정적 마음 및 에너지**', 그리고 친밀감과 소
속감 및 유대감이 커진다는 '**소속감 및 애착**'과 신명났던 때를 추억
하고, 간혹 같은 경험을 하기 바라게 된다는 '**회상 및 동기화**'가 그
것이다.

한편, 아무런 변화가 없거나 허무, 허탈감을 느낄 것이라는 응답
이 간혹 나타났는데, 이들은 신명경험의 직접적인 영향이라기보다는
신명경험 중의 상호작용이나 기타의 원인에 의한 것이라 판단하여
분석에서 제외하였다.

(4) 결 론

　대표적 신명상황에 대한 일반인들의 응답들을 분석함으로써, 사람들이 어떠한 경우를 신명이라 인식하고 있는가를 알 수 있었다. 즉 신명경험 이전의 정서경험으로는 주로 '부정적 정서'가 주를 이루는 것으로 나타났고, 신명을 경험하게 되는 이유로서는 공통적으로 '공감'과 음악 등의 '외부적 조건'이, 신명경험의 상태에서는 '공감', '해방감', '표출'이 나타났으며, 기능 및 역할에서는 '해소', '긍정적 마음 및 에너지', '소속감 및 애착', '회상 및 동기화'가 공통범주임이 확인되었다.

　따라서 공통범주 분석을 통해 드러난 일반인들의 신명에 대한 생각은 다음과 같다. 신명을 경험하게 되는 원인은 몇 가지의 종류가 있을 수 있으나 그들의 공통점은 주위 사람들과의 '공감'을 느낄 때라는 것이고, 신명난 상태에서는 '공감'과 '해방감'을 느끼며, 감정을 발산하는 '표출'행동을 하게 된다. 또한 신명을 경험한 뒤에는 부정적 정서 등이 '해소'됨을 느끼고, 활력이 차오르고 적극적이 되는 등 '긍정적 마음 및 에너지'를 갖게 되며, 함께 신명을 경험한 이들에 대해 '소속감 및 애착'이 강화될 뿐 아니라 때때로 신명경험을 떠올리고 다시 그 같은 경험을 하기를 바란다는 것이다.

　신명을 경험하게 되는 원인으로는 특별한 사건이 발생하는 경우와 집단의 이해 등 우리의식에 의한 경우, 그리고 예술적인 상황 혹은 몰입경험과 관련 있는 경우 등이 있을 수 있지만, 신명이 발현하는 과정에서의 정서나 행동, 그리고 기능적 측면은 유사함을 알 수 있었다.

2) 실험 2 : 신명과 기타 긍정적 정서경험의 비교

신명을 '즐겁다', '기쁘다' 등의 정서를 유발하는 긍정적 정서경험
들과 어떻게 구분할 수 있는지 알아보기 위해서 실험 2에서는 주제
통각검사(TAT) 방식의 접근법을 적용하였다. 주제통각검사(TAT)란
Morgan과 Murray(1960)에 의해 제안된 심리검사 방식으로서 주로
인물이 등장하는 그림(20~30매)을 보여서 자유로운 이야기를 만들
게 하고, 이야기의 특성이나 전개방법 또는 표현방법을 분석함으로
써 본인이 뚜렷하게 의식하지 못하는 무의식적 욕구 등을 진단하는
방법이다.

이러한 검사는 본래, 모호한 자극에 대한 자유로운 반응을 분석함
으로써 개인의 숨겨진 무의식적 욕구 등을 살펴보기 위해 고안된 것
이다. 하지만 본 연구는 일반인들에게 있어서 신명경험이 여타의 긍
정적 정서경험과 어떻게 다르게 인식되고 있는지를 일정한 틀에서
비교하기 위해, 자극에 대한 자유기술의 방식을 취하지 않고, 자극을
보고 미리 만들어진 몇 가지의 질문에 응답하도록 하는 방식을 선택
하였다.

(1) 조사대상

서울소재 M 대학교에서 심리학 관련 수업을 듣는 학생 46명(남
15명, 여 31명, 평균 연령 21.4세)을 대상으로 조사를 실시하였다.
표본은 긍정적 정서경험이 있는 사람들이라면 누구나 연구의 대상이
될 수 있을 것이라 판단하여, 양적 연구에서의 표집과 같이 성별,
연령이나 지역의 동질성은 고려하지 않았다.

(2) 연구도구

신명의 대표적인 상황 외에 즐겁고 긍정적인 감정경험에 대한 일
반인들의 반응을 알아보기 위해 여러 가지 긍정적 감정경험을 묘사
한 그림들을 제시하고, 그 원인과 과정, 인물들의 감정상태, 해당 사
건의 영향력과 의미 등을 설명하도록 하였다(개방형 질문 4문항).

자극으로 제시할 그림들의 상황은 예비연구에서 추출한 신명상황
들 중에서 선정하였으며, 총 20장의 자극을 제작하였다. 이후, 소수
표본을 대상으로 한 예비조사의 결과, 응답자들의 상황인식을 방해
하거나 부적절한 응답이 나오는 몇몇 자극을 제거하고, 응답자들의
반응시간 및 검사시간을 고려하여 최종적으로 다음과 같은 7개의 자
극을 선정하였다.

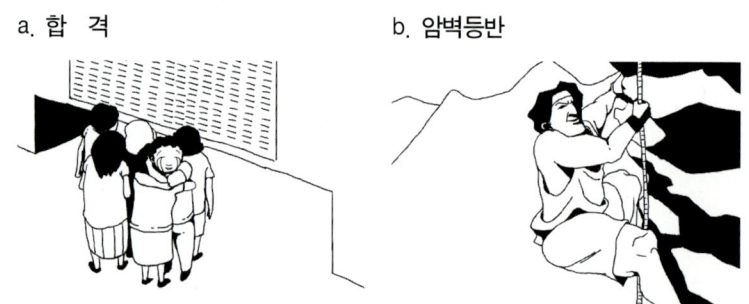

a. 합 격   b. 암벽등반

c. 춤

d. 동아리 공동작업

e. 공 작

f. 놀이공원

g. 데이트

이 중에서 a(전환적 사건), d(우리의식), c(예술 혹은 몰입)는 신명의 상황을 묘사하는 것이고, b, e는 몰입경험의 즐거움을 묘사하기 위해, f와 g는 일상적인 즐거움을 나타내기 위해 만들어졌다. 예비연구의 결과에서 상정한 '자의식이 개입된 신명'의 경우는 적절한 예를 찾기 어려워 자극으로 제작하지 못하였다.

그림 자극에 대한 질문

① 지금 이 사람(들)이 느끼고 있는 기분이나 느낌, 감정은 어떠할 것 같습니까? 구체적으로 묘사해 주십시오.
② 이 사건 이전에는 어떠한 일들이 있었을지 상상하여 그 내용을 적어 보십시오.
③ 이 사람(들)은 왜 그러한 기분을 느끼게 되었을지 설명을 해 보십시오.
④ 이 사건 이후로 사람들은 어떤 기분을 느끼고 어떻게 행동할 것 같습니까?

(3) 결   과

① 응답의 분류와 범주화

우선, 7개의 그림 자극에 대한 반응들을 '긍정적 정서경험 이전의 사건', '긍정적 정서를 경험하게 된 이유', '긍정적 정서경험의 상태', '긍정적 정서경험의 기능, 영향' 등의 4가지로 분류하였다. 그리고 유형에 따라 수집한 자료와 이론적 논의를 토대로 추출된 개념을 명명하고, 그들을 보다 추상적인 차원으로 범주화하였다(개방코딩 : Strauss & Corbin, 1998). 개방코딩의 결과는 표 13~표 19와 같이 정리하였다.

표 13. 그림 자극 '합격'에 대한 응답 분석

		내　　용	범　주
이전 사건		어려운 집안 형편에 힘들게 공부, 마음고생을 함, 어려움을 많이 겪음, 결과를 기다리며 초조해 함.	부정적 사건
원 인		시험(대입, 고시, 검정고시)에 합격.	사건의 발생
		합격을 위해 노력했기 때문, 하고 싶은 일들을 참고 열심히 공부함, 대학 다니는 친구들에 대한 부러움.	힘든 과거
		그동안의 노력이 보상받은 느낌, 인정받았다는 느낌, 자존심의 회복, 부모님께 떳떳함.	인정, 보상감
		해소감, 속 시원함, 개운함, 후련함, 대학생활에 대한 기대, 홀가분함.	해방감
경험의 상 태	감 정	기쁜 나머지 울음이 난다, 그동안의 고된 생활과 노력이 떠올라 감정이 북받친다, 힘들었던 과거가 지나감.	복합적 감정
		뿌듯함, 행복함, 자랑스러움, 자존심 회복, 인정받음, 해냈다는 성취감, 벅참, 해냈다는 생각.	뿌듯함, 성취감
		홀가분함, 상쾌함, 마음이 가벼움, 떨어진다는 불안에서 벗어남, 막혀 있던 것이 쑥 내려감.	해방감
	행 동	웃음, 눈물, 소리를 지른다, 가족이나 친지, 친구들에게 기쁜 소식을 알린다, 가족과 껴안는다.	표출
기능 및 역할		마음의 짐을 내려놓음, 가슴이 시원해짐, 홀가분함, 긴장을 풀고 편하게 즐긴다, 하고 싶었던 일들을 함.	해소
		더욱 열심히 살아간다, 고난을 이겨낼 힘이 된다, 자신감이 생긴다, 자부심, 자신감, 긍정적 사고.	긍정적 마음, 에너지
		힘들 때 이때를 생각하며 힘을 낸다.	회상

표 14. 그림 자극 '암벽등반'에 대한 응답 분석

		내 용	범 주
이전 사건		거듭된 실패로 스스로 실망함, 힘든 일을 겪음, 힘들어서 포기하려고 함, 각박한 일상.	부정적 사건
		자신의 능력을 과시하려고, 다른 사람은 하지 못하는 일이므로, 도전할 만한 일이라는 생각, 자신의 한계를 이기기 위해, 자신과의 싸움.	긍정적 사건
원 인		자신과의 싸움에서 이겼다는 생각, 극한 상황을 극복하고 있음에 뿌듯해 함, 의지의 확인, 한계를 극복했다는 생각, 자신과의 싸움에서 이겼다는 생각, 자신이 좋아하는 일을 하기 때문, 자신감, 하고 싶은 일을 하고 있어서, 자기 과시욕구, 자신의 실력을 드러냄.	자의식의 표현 성취감
		집중, 자기도취.	심취, 몰입
경험의 상태	감정	정상까지 가겠다는 의지, 해내고 있다는 성취감, 투지.	성취욕
		도전에 대한 희열.	즐겁고 신남
		짜릿함, 긴장감, 스릴.	긴장감
	행동	자기도취, 집중.	심취, 몰입
기능 및 역할		상쾌함과 해방감.	해소
		자신감, 무엇이든 할 수 있다는 마음, 정신력 강화, 열심히 살게 됨, 적극적이 됨.	긍정적 마음, 에너지
		또 다른 산을 찾는다, 보다 높은 산을 오른다, 더 극한 상황에 도전한다.	회상 / 동기화

표 15. 그림 자극 '춤'에 대한 응답 분석

		내　　　　용	범　주
이전 사건		과중한 업무에 시달림, 스트레스, 긴장 속에서 대기함.	부정적 사건
		자신들의 실력을 보여주기 위해 연습, 발표회를 위한 연습.	긍정적 사건
원 인		자신이 만족할 수 있는 일을 함, 자기의 만족 때문에, 가장 하고 싶은 일을 하고 있기 때문, 하면서 즐겁고 행복한 일을 하고 있으므로, 내면의 고통과 괴로움을 분출, 해소, 자유롭게 행동함.	자의식의 표현, 자아의 개입
		일상에서 벗어난다는 느낌.	일탈감
		사람들의 시선이 자신에게 향해 있다는 사실, 관중의 존재, 관객 반응에 더 열심히 함, 파트너와의 호흡.	공감
		최선을 다해 춤을 춤, 춤에 빠져 있다는 느낌.	심취, 몰입
		음악, 리듬.	외부적 조건
신 명 경 험 의 상 태	감 정	신남, 흥겨움, 즐거움.	즐겁고 신남
		호흡이 맞을 때의 짜릿함, 쾌감.	공감
		살아 있다는 느낌, 나를 표현한다는 느낌.	자의식
		홀가분함, 지친 일상에서 벗어남, 자유로움, 상쾌함, 개운함, 스트레스 해소.	해방감
	행 동	자유롭게 표현함, 내면의 고통과 괴로움을 분출.	표출
		무아의 경지, 모든 것을 잊음.	심취, 몰입
기능 및 역할		스트레스의 해소, 개운함, 상쾌함.	해소
		삶의 활력소, 힘내서 살게 됨.	긍정적 마음, 에너지
		다시 춤출 때를 생각하며 희망과 활력을 얻음.	회상 / 동기화

표 16. 그림 자극 '동아리 공동작업'에 대한 응답 분석

		내용	범주
이전 사건		힘든 공부에 지친 몸과 마음, 지루한 일상.	부정적 사건
		동아리의 실력을 인정하여 작업을 요청, 발표회를 준비함, 행사를 계획하고 역할을 나누어 함께 준비함.	긍정적 사건
원인		하고 싶은 일을 하니까, 자신들의 작품을 평가받는 데 대한 기대, 인정받겠다는 마음.	자의식의 표현
		좋아하는 일을 취미가 비슷한 다른 사람들과 함께함, 협력하여 하나의 목표를 위해 노력, 함께 이루어 간다는 느낌.	공감, 일체감
경험의 상태	감정	즐거움, 재미있음, 신남.	즐겁고 신남
		혼자가 아니라는 기분, 함께 해낼 수 있다는 기분, 함께라는 생각, 함께한다는 사실이 행복함.	공감
		작품을 만들어가는 보람, 뿌듯함, 성취감.	성취감
기능 및 역할		성취감, 자신감, 자부심, 더 열심히 활동하게 됨.	긍정적 마음, 에너지
		소속감, 일체감 향상, 친밀해짐, 인간적으로 가까워짐, 관계가 돈독해짐, 서로를 격려함, 정이 두터워짐.	소속감, 애착
		결과물을 볼 때마다 즐거워짐.	회상 / 동기화

표 17. 그림 자극 '공작'에 대한 응답 분석

		내　　　용	범　주
이전 사건		일이 잘 안 풀려서, 실업상태이지만 적성에 맞는 일을 찾는다.	부정적 사건
		대회에 출전하기 위해 준비, 회사에서 능력을 인정받아 신차디자인을 요청받음, 집을 장식할 물건을 직접 만들고 싶어서.	긍정적 사건
원 인		자신의 계획대로 일이 진행되기 때문, 자신의 힘으로 뭔가 만들 수 있다는 성취감, 입상을 통해 상도 받고 자신의 실력도 향상시키려고, 그 일을 할 때가 가장 즐거움, 자신의 적성에 맞음, 도전하고 있다는 느낌, 뭔가를 만들어 간다는 느낌.	자의식의 표현
		자신이 좋아하는 일에 빠져드는 즐거움, 그 속에서 모든 것을 잊고 지금 이 시간에 만족함.	심취, 몰입
경험의 상태	감정	재미, 흥분, 즐거움.	즐겁고 신남
		보람, 자신의 실력에 대한 자부심.	자부심
	행동	집중, 심혈을 기울임, 시간 가는 줄 모름.	심취, 몰입
기능 및 역할		자부심, 뿌듯함, 열심히 살게 됨, 성취감.	긍정적 마음, 에너지
		더 나은 작품을 위해 노력함, 더 만들 것을 찾음, 계속 도전함.	회상 / 동기화

표 18. 그림 자극 '놀이공원'에 대한 응답 분석

		내 용	범 주
이전 사건		지루한 일상, 순서를 기다림, 설렘과 긴장.	부정적 사건
원 인		스트레스가 풀린다.	해소
		현실에서 잠시 벗어남, 오랜만에 즐겁게 놀 수 있어서, 평소에 할 수 없는 경험.	일탈감
		놀이기구의 특성, 높이와 속도에서 오는 짜릿함.	생리적 흥분
경험의 상태	감정	스릴, 흥분, 짜릿함, 재미있음, 즐거움.	즐겁고 신남
기능 및 역할		스트레스 해소, 상쾌해짐.	해소
		다시 타러 간다.	회상 / 동기화

표 19. 그림 자극 '데이트'에 대한 응답 분석

		내 용	범 주
이전 사건		만나고 싶었지만 각자의 일 때문에 자주 보지 못함, 한참 동안 만나지 못함, 오랫동안 애태우다가 얼마 전에 사귀게 됨.	부정적 사건
원 인		좋아하는 사람과 함께 있을 수 있어서, 사랑하는 사람과 있기 때문에, 서로에 대한 믿음과 사랑.	공감, 일체감
		평소에 자주 볼 수 없어서.	예외성
경험의 상태	감정	사랑스러움, 설렘, 즐거움, 함께 있고 싶음.	즐겁고 신남
		연인 사이에 통하는 느낌.	공감
기능 및 역할		서로의 소중함을 확인.	일체감
		계속 만나고 잘 지낸다.	회상 / 동기화

② 응답의 재분류

우선 7가지의 그림 자극들에 대한 응답들을 각각 신명상황(합격, 동아리 공동작업, 춤), 몰입상황(암벽등반, 공작), 그리고 일상적인 즐거움(놀이공원, 데이트)으로 재분류하였다.

ㄱ. 신명상황

가. 신명 이전의 상황

자극으로 제시된 3가지의 신명상황에서 공통적으로 나타나는 신명 이전의 상황은 '**부정적 사건**'이라는 범주로 분류할 수 있었다. '어려운 집안 형편에 힘들게 공부'하거나 '마음고생'이 많고 '어려움을 많이 겪은' 과거나 '과중한 업무'와 '힘든 공부에 지친 몸과 마음', '지루한 일상' 등이 그것이다. 한편, '동아리 공동작업'과 '춤'에서는 '실력을 인정받아 작업 요청'이 들어오거나, '발표회를 위해 연습 혹은 준비'를 하는 상대적으로 '긍정적인 사건'들도 나타났다.

나. 신명경험의 원인

여러 가지 원인이 복합된 문화적 자극인 동영상들과는 달리 단일한 사건을 묘사하고 있는 그림 자극에 대한 응답들에서는 영상 자극에 대한 응답들과는 달리 범주들이 상대적으로 명확히 구분되었다. **전환적 사건의 예로 사용된 그림 자극 '합격'**에서는 힘들었던 과거를 떠올리는 '**힘든 과거에 대한 회상**'과 그간의 노력이 보상받았다는 '**인정 및 보상감**', 마음속의 부담을 떨쳐버린 데 대한 '**해방감**'이 신명경험의 원인이라 파악되었다. 한편 **우리의식에 의한 신명의 예인 '동아리 공동작업'**에서는 협력하여 하나의 목표를 위해 노력하며, 함께 이루어 간다는 '**공감 및 일체감**'과 자신들이 하고 싶은 일

을 해서 혹은 자신들의 실력을 인정받겠다는 마음을 의미하는 **'집단
적 자의식의 표현'**이 신명경험의 원인으로 추출되었다. 또한 몰입과
유사한 신명의 예인 **'춤'**에서는 자신의 만족 때문에, 가장 하고 싶은
일을 하기 때문에 등을 뜻하는 **'자의식의 표현'**, 일상에서 벗어난다
는 **'일탈감'**, 관객이나 파트너와의 교감을 의미하는 **'공감'**, 최선을
다해 춤에 빠져 있다는 **'심취 및 몰입'**, 음악이나 리듬 등의 **'외부적
조건'**이 나타났다.

다. 신명경험의 상태
  '합격'의 경우에는 기쁨과 힘들었던 나날들에 대한 감회가 섞인
'복합적 감정'과 해냈다는 **'성취감'**, 불합격의 불안에서 벗어난 데 대
한 **'해방감'**과 그러한 감정을 드러내는 **'표출'**이 있었고, **'동아리 공
동작업'**에서는 즐거운 감정인 **'즐겁고 신남'**과 여럿이 함께한다는 기
분인 **'공감'**, 작품을 만들어 간다는 **'성취감'** 등의 범주가 나타났다.
마지막으로 **'춤'**의 경우에는 즐겁고 흥겨운 **'즐겁고 신남'**과 파트너와
호흡이 맞을 때를 뜻하는 **'공감'**, 나를 표현한다는 느낌인 **'자의식의
표현'**, 일상에서 벗어나 자유로운 **'해방감'**이 있었고, 자유롭게 자신
을 표현하고 내면의 고통과 괴로움을 분출하는 **'표출'**과 모든 것을
잊고 춤에 몰두하는 **'심취 및 몰입'** 등의 범주가 도출되었다.

라. 신명의 기능 및 역할
  '합격'과 **'춤'**에서 **'해소'**와 **'긍정적 마음 및 에너지'**, 그리고 **'회상
혹은 동기화'**의 세 가지 범주가 공통적으로 나타났고, 그중 **'긍정적
마음 및 에너지'**와 **'회상 혹은 동기화'**는 세 가지 경우에서 모두 발
견되었다. **'소속감 및 애착'**은 **'동아리 공동작업'**에서만 나타났다.

ㄴ. 몰입경험

가. 이전상황

몰입경험의 대표적인 예로 제시한 **‘암벽등반’**과 **‘공작’**에서는 긍정적 정서경험의 이전상황에 대한 응답으로 **‘부정적 사건’**과 **‘긍정적 사건’**이 함께 나타났다. 부정적 사건은 ‘힘든 일을 겪었’거나 ‘각박한 일상’, ‘힘들어서 포기하려고 함’, ‘일이 잘 안 풀림’ 등이 있었고, 긍정적 사건으로는 ‘능력을 인정받음’, ‘자신의 능력을 과시’하거나 ‘도전할 만한 일이라는 생각’ 등이 있었다.

나. 긍정적 정서경험의 원인

‘암벽등반’과 **‘공작’** 모두에서 **‘심취 및 몰입’**과 **‘자의식의 표현, 성취감’**이라는 범주가 공통적으로 나타났다. 다만 몰입경험에 대한 기술이 행위 자체를 즐기는 것에 초점이 맞추어져 있다면, 본 연구의 그림 자극에 대한 응답에서는 상대적으로 자의식(self consciousness)이 많이 개입된 특성을 보였다. 물론 그 일에 집중하고 있으며 그 속에서 모든 것을 잊고 그 일에 **빠져** 있다는 **‘심취 및 몰입’**이라는 면이 분명히 나타났으나, 몰입경험의 핵심적 특징이라 할 수 있는 ‘자아의 몰입’, ‘자아 망실’, ‘자의식의 상실’ 등으로 이해할 만한 범주들은 발견되지 않았다.

다. 긍정적 정서경험의 상태

‘암벽등반’에서는 **‘성취욕’**, **‘긴장감’**, **‘심취 및 몰입’**이, ‘공작’에서는 **‘즐겁고 신남’**, **‘자부심’**, **‘심취 및 몰입’**이 나타났다. 공통되는 범주로는 ‘심취 및 몰입’이 있었다.

라. 긍정적 정서경험의 기능 및 역할

공통적으로 **‘긍정적 마음 및 에너지’**와 **‘회상 및 동기화’**가 나타났다. ‘공작’과는 달리 ‘암벽등반’에서는 상쾌함과 해방감을 느낀다는 **‘해소’**라는 측면이 있었다.

ㄷ. 일상의 긍정정서경험

가. 이전상황

공통적으로 **‘부정적 상황’**으로 이해할 수 있는 상황들이 나타났다. 즉 ‘지루한 일상’이나 ‘자주 만나지 못함’ 등이 있었다.

나. 긍정적 정서경험의 원인

‘놀이공원’의 경우에는 스트레스가 풀린다는 **‘해소’**와 현실에서 잠시 벗어날 수 있다는 **‘일탈감’**, 그리고 놀이기구가 주는 **‘생리적 흥분’**이 긍정적 정서를 유도하였고, **‘데이트’**의 경우에는 사랑하는 사람과 있게 되어서라는 **‘공감 혹은 일체감’**과 평소에 자주 볼 수 없다는 **‘예외성’**이 이유였다.

다. 긍정적 정서경험의 상태

공통적으로 **‘즐겁고 신나는’** 감정을 경험하는 것으로 나타났으며, ‘데이트’의 경우에는 연인 사이에서만 느껴지는 **‘공감’**의 감정이 있었다.

라. 긍정적 정서경험의 기능

‘놀이공원’은 스트레스의 **‘해소’**의 측면이, ‘데이트’에서는 서로의 소중함을 확인하는 **‘일체감’**이 강조되었고, 공통적으로 **‘회상 및 동**

기화'가 나타났다.

③ 신명과 기타 긍정적 정서경험들 사이의 차이

신명과 다른 긍정적 정서경험들의 차이를 알아보기 위해 개방형 코딩으로 추출한 범주들을 비교 분석하였다(표 20).

ㄱ. 이전상황

자극으로 제시된 7가지의 신명을 포함한 긍정적 정서경험에서 공통적으로 나타나는 긍정정서경험 이전은 **'부정적 상황'**인 것으로 나타났다. 물론 '긍정적 상황'도 나타났으나 부정적 상황에 대한 응답이 더 많고 다양했다. 이러한 경향은 앞서 실시한 동영상 실험의 결과와도 일치하는데, 동영상 자극과는 달리 선후 맥락을 짐작할 수 없는 단일한 그림 자극에도 이와 같은 경향이 나타났다는 사실은 일반적으로 한국인들은 긍정적 정서경험의 이전에는 부정적 상황이 있으리라는 도식을 갖고 있다는 추정을 가능하게 한다.

ㄴ. 긍정정서경험의 원인

그림 자극에 대한 응답들에서 추출한 긍정정서경험의 원인들은 **'사건의 발생', '힘든 과거', '인정, 보상감', '해방감', '자의식의 표현', '심취 및 몰입', '일탈감', '공감', '외부적 조건', '해소', '생리적 흥분', '예외성'** 등 13개 범주가 나타났다.

사건의 종류에 따라 해당 사건에서 긍정적인 정서를 경험하게 되는 원인들을 분석해 보니 그 결과는 다음과 같았다(표 20).

표 20. 긍정적 정서경험의 원인

	신 명			몰입경험		일상적인 긍정정서경험	
	합격	동아리 공동작업	춤	암벽등반	공작	놀이공원	데이트
사건의 발생	○						
힘든 과거	○						
인정 / 보상감	○						
해방감	○						
자의식의 표현		○	○	○	○		
심취 / 몰입			○	○	○		
일탈감			○				
공감		○	○				○
외부적 조건			○				
해소						○	
생리적 흥분						○	
예외성							○

긍정적 정서경험을 하는 이유는 사건의 종류에 따라서 차이를 보였다. 그러나 자신이 원하는 일을 한다거나, 자신이 뭔가를 이루어 간다는 느낌이 들 때를 의미하는 '자의식의 표현'은 '동아리 공동작업'과 '춤', 그리고 '암벽등반'과 '공작'에서 공통적으로 나타났으며, 이 중 '춤', '암벽등반', '공작'에서는 '심취 및 몰입' 역시 공통범주인 것으로 드러났다. '공감' 역시 '동아리 공동작업'과 '춤', 그리고 '데이트'에서 공통적으로 나타났다.

ㄷ. 긍정정서경험의 상태

상태에 대한 범주들은 '복합적 감정', '즐겁고 신남', '성취감', '해방감', '표출', '성취욕', '긴장감', '공감', '심취, 몰입', '자의식', '자부심'의 11개 범주로 나타났다. 사건의 종류에 따라 해당 사건에서 긍정적인 정서를 경험하는 상태에 관한 범주들을 분석해 보니 그 결과는 다음과 같았다(표 21).

우선, 모든 자극에서 공통적으로 긍정적인 정서가 발견되었다(합격은 기쁨과 눈물이 섞인 복합적 감정). '공감'은 '동아리 공동작업'과 '춤', '데이트'에서 나타났으며, '해방감'과 '표출'은 '합격'과 '춤'에서, '심취 및 몰입'은 '춤', '암벽등반', '공작'에서 공통적으로 보였다.

표 21. 긍정적 정서경험의 상태

	신 명			몰입경험		일상적인 긍정정서경험	
	합격	동아리 공동작업	춤	암벽등반	공작	놀이공원	데이트
복합적 감정	○						
즐겁고 신남		○	○	○	○	○	○
성취감	○	○					
자의식			○				
자부심					○		
성취욕				○			
긴장감				○			
공감		○	○				○
해방감	○		○				
심취 / 몰입			○	○	○		
표출	○		○				

한편, '성취감'은 '합격'과 '동아리 공동작업'에서, 살아 있다는 느낌, 나를 표현한다는 느낌을 의미하는 '자의식'은 '춤'에서, '자부심'

은 '공작'에서, '성취욕'은 '암벽등반'에서 각각 나타났으나, '성취감', '자의식', '자부심', '성취욕'은 어떤 일을 이루어 가거나 이루었을 때 느끼는 감정과 관련 있는 것으로, 서로 비슷한 성격을 갖는다고 생각된다. 따라서 이러한 감정이 느껴지지 않는 '놀이공원'이나 '데이트' 등의 일상적인 긍정정서경험은 다른 종류의 경험과는 질적으로 다르다는 판단이 가능하다.

또한 긍정정서경험의 상태에서 추출한 범주들 간의 비교에서 신명 상황과 몰입경험, 그리고 일상적 긍정정서경험에 대한 차이를 발견할 수 있었다. 그림 자극들 중, **신명상황으로 상정된 '합격', '동아리 공동작업', '춤'의 경우에는 '공감'이나 '해방감', '표출' 등이 공통적으로 나타났으며, 몰입경험으로 상정된 '암벽등반'과 '공작'에서는 '심취 및 몰입'이 공통범주로 나타났다.** 일상적인 신나는 경험의 예인 '놀이공원'과 '데이트'의 경우에서는 '성취감', '자의식', '자부심', '성취욕' 등 자기 자신과 관련되는 감정들이 나타나지 않았다.

ㄹ. 긍정정서경험의 기능 및 역할

기능 및 역할에 대한 범주들은 **'해소', '긍정적 마음 및 에너지', '회상 및 동기화', '소속감 및 애착'** 등의 네 가지로 나타났다. 사건의 종류에 따라 해당 사건에서 긍정적인 정서를 경험한 후의 결과에 대한 범주들을 분석해 보니 그 결과는 다음과 같았다(표 22).

우선, '회상 및 동기화'는 모든 경우에 공통적으로 나타났고, '긍정적 마음 및 에너지'는 '놀이공원'과 '데이트'를 제외한 모든 사건에서 나타났다. 그리고 '해소'는 '합격'과 '춤', '암벽등반'과 '놀이공원'에서, '소속감 및 애착'은 '동아리 공동작업'과 '데이트'에서 나타났다.

긍정정서경험의 기능 및 역할에 대한 비교에서도 각 사건들의 차이가 드러났는데, 일상적 긍정정서경험의 구분은 상대적으로 뚜렷한 차이를 보였으나 신명상황과 몰입경험의 경우에는 별다른 차이를 보이지 않았다. 이는 본 연구에서 제시한 그림 자극의 한계 때문인 것으로 생각된다.

표 22. 긍정적 정서경험의 기능 및 역할

	신 명			몰입경험		일상적인 긍정정서경험	
	합격	동아리 공동작업	춤	암벽등반	공작	놀이공원	데이트
해소	○		○	○		○	
긍정적 마음/ 에너지	○	○	○	○	○		
소속감 / 애착		○					○
회상 / 동기화	○	○	○	○	○	○	○

즉 한 장의 그림으로는 어떠한 일에 집중하고 있는 상태를 의미하는 몰입경험을 제대로 표현하기에 무리가 있을 수밖에 없기 때문이다. 또한 본 연구는 그림으로 제시된 다른 사람의 경험에 대한 반응을 알아보는 것으로 응답자가 몰입을 실제로 경험하고 반응한 것과는 차이가 있을 수 있다.

그럼에도 신명상황과 몰입경험으로 제시한 그림 자극들에 대한 응답들이 많은 부분에서 유사성을 보였다는 사실은, 사람들이 그러한 긍정적 정서경험에 대해 가지고 있는 도식이 유사하다는 것을 의미하며, 신명과 몰입경험이 어떠한 측면에서는 비슷한 특징을 갖는다는 것을 짐작케 한다. 또한 실험에 대한 반응에서 나타난 신명과 몰

입경험의 두드러진 차이점은, 그 상태를 기술함에 있어서 신명경험
에서는 '공감', '해방감', '표출' 등의 범주가 나타난다는 것이다.

(4) 결 론

실험 2에서 얻어진 결과들을 요약하면, 사람들이 신명경험과 기타
긍정적인 정서경험을 설명하는 방식에 차이가 있다는 사실이다. 특
히 신명은 일상적인 의미의 긍정적 정서경험과는 많은 차이를 보이
는 것으로 드러났는데, 긍정적 정서를 경험하게 되는 이유에 있어서
신명의 경우에는 여러 가지의 복합적인 이유가 제시된 데 반해, 일
상적인 긍정 정서는 일탈로 인한 해소나 생리적인 흥분 등의 직접적
이고 단일한 원인들이 제시되었다.

또한 상태적인 특징에서도 신명경험은 특히 자부심, 성취감 등
'자의식이 개입된' 정서와 몰입 및 표출행동 등의 범주가 나타난 데
반해, 일상적인 긍정정서 경험에서는 그러한 범주들을 찾아볼 수 없
었다. 마지막으로 결과적인 측면에 있어서도 신명경험에서는 여러
가지 긍정적인 효과들을 의미하는 범주가 나타나는 반면에 일상적
긍정정서경험에서는 그러한 범주가 나타나지 않았다. 이와 같은 결
과들로 미루어, 신명은 일상적인 긍정적 정서경험과는 확연히 다른
경험임을 알 수 있다.

또 다른 긍정적 정서경험으로 제시한 몰입경험의 경우도 신명과
구분되는 특징이 나타났다. 그중 하나는 신명의 상태적인 측면에서
공감과 해방감, 표출 등이 중요한 범주로 나타나는 반면, 몰입경험에
서는 그러한 범주가 나타나지 않았다는 점이다. 이는 공감과 해방감,
표출 등이 신명을 정의하는 데 중요한 역할을 한다는 뜻으로 이해할

수 있다. 하지만 일상적인 긍정정서경험들과는 달리 몰입경험은 신명과 유사한 특성도 많이 가지고 있는 것으로 나타났는데, 원인적 측면에서의 자의식의 표현이라는 점이나 상태적 측면에서의 자의식적 감정들, 그리고 결과적 측면에서 나타나는 긍정적 효과 등의 부분이 그것이다.

그렇지만 이러한 결과만으로 신명과 몰입경험이 유사한 성격을 갖는다고 결론짓는 것은 무리가 있다. 그것은 본 실험에서 제시한 자극이 갖는 한계에서 기인한다. 본 실험은 그림으로 제시된 다른 사람의 경험에 대해 반응하게 한 것으로 실제 응답자의 몰입경험과는 차이가 있다. 따라서 응답자들은 자신이 갖고 있는 긍정적 정서경험의 도식에 따라 응답한 것이지 제시된 그림의 주인공이 경험을 반영한 것은 아니다. 따라서 신명과 몰입경험을 보다 정교하게 비교하기 위해서는 실제 신명과 몰입경험이 있는 이들에 대한 면접과 같은 방식의 조사가 뒤따라야 할 것이다.

그러나 본 실험은 신명과 몰입경험을 비교하는 데 목적이 있는 것이 아닌 만큼, 일반적인 신명과 다른 종류의 긍정적 정서경험에 대한 비교로서 의미를 갖는다고 할 수 있을 것이다.

3. 논 의

연구 2에서는 실험 1과 실험 2를 통해 신명에 대한 일반인들의 사회적 표상을 알아보았다. 실험 1은 참가자들에게 한국문화에서 대표적인 신명상황으로 알려진 6가지의 상황을 동영상으로 제시하고, 그러한 상황이 발생하기 전부터 발생 후의 진행상황과 그 후의 과정까지를 설명하도록 구성되었다. 실험 후, 참가자들의 응답을 근거이론의 절차에 따라 범주화하였고, 범주화된 하위개념들을 각각 비교함으로써 신명상황에서 공통적으로 발견되는 과정을 발견하여 신명의 성격을 규명하고자 하였다.

그 결과, 신명을 경험하게 되는 원인으로서는 주위 사람들과 함께 느끼고 호흡하는 '공감'이, 신명 상태에서는 신명의 원인과 마찬가지로 '공감'과 억눌림에서 벗어나 자유롭다는 '해방감'이 공통범주로 도출되었으며, 신명의 결과로는 부정적 정서의 해소를 뜻하는 '해소'와 자신감 등이 생기고 활력이 넘치게 되는 '긍정적 에너지', 그리고 함께 신명을 경험한 이들에 대해 '소속감 및 애착', 마지막으로 때때로 신명경험을 떠올리고 다시 그 같은 경험을 하기를 바란다는 '회고 및 동기화'가 공통적으로 나타났다.

실험 2는 신명이 다른 긍정적 정서경험들과 어떻게 구분되는지 알아보기 위한 실험으로써, 참가자들에게 신명상황과 기타 긍정적 정서경험의 상황 7가지를 그림으로 제시하고, 그림의 주인공의 정서경험 과정을 설명하도록 하였다. 수집된 자료의 분석절차는 실험 1과 같은 방식을 따랐다. 참가자들의 응답을 근거이론의 절차에 따라 범주화하고 범주화된 하위개념들을 사건별로 비교함으로써, 여러 가지 긍정적 정서경험의 과정에서 어떠한 차이가 나타나는가를 확인하였다.

그 결과, 신명은 그 발현과정에서의 자의식적 정서들과 표출행동 등의 범주가 다른 긍정정서경험들과 구분되는 중요한 특징으로 나타 났다. 또한 신명의 원인이 일반적 긍정정서경험에 비해 복합적이라 든가, 신명경험 후의 긍정적 효과 부분이 다른 경험들에 비해 강조 된다는 등의 특징 역시 발견되었다.

즉 신명이란 주위 사람들과의 공감이 큰 의미를 가지며, 신명을 경험하고 있는 이들에게 해방감을 제공하고, 함께 신명을 경험한 이 들에 대한 소속감과 애착을 형성하며, 생활에 활력 및 긍정적인 에 너지를 채워주는 복합적이고 문화적인 정서경험이며, 일상생활에서 경험할 수 있는 일반적인 긍정적인 정서경험과는 그 원인과 과정, 효과 면에서 뚜렷이 구분되는 특징을 갖는다.

한편, 연구 2는 동영상과 그림이라는 방식으로 일반인들이 신명을 경험하는 상황을 제시하고 그에 대한 반응을 수집함으로써, 일반인 들이 갖는 신명에 대한 표상을 추출하여 신명이라는 현상의 성격과 특징들을 구체화하였다는 의의를 갖는다. 하지만 실험에서 자극으로 제시된 동영상 및 그림 자극은 일반인들의 경험에서 추출한 것들로, 이러한 사건들은 많은 심리적, 상황적 요인들이 함축된 문화적 자극 이라는 특징이 있다.

즉 그러한 문화적 자극을 사용한 실험적 방법은 한국인들이 표상 하고 있는 일반적인 신명경험의 성격과 특징을 추출하는 데는 유용 한 방식이었으나, 신명경험의 구체적인 과정과 감정 및 정서의 변화 등을 설명하기에는 무리가 따른다. 따라서 신명경험의 전체적인 과 정을 보다 구체적으로 탐색하기 위해서는 신명을 경험한 개인들에 대한 조사가 필요하다는 결론에 도달하였다.

연구 3
신명경험의 개념화 및 구조화

연구 3의 목적은 이론적 논의에서 나아가 일반인들이 경험하는 신명을 심리학적으로 개념화하는 데 있다. 연구 1과 2에서 도출한 결론에 따라 연구 3에서는 사람들이 신명을 경험하는 원인에 따른 신명의 세 유형을 가정하고, 각 유형에 따른 신명경험의 질과 그 과정을 구체화할 것이다.

1. 연구방법 및 절차

일반인들의 신명경험을 수집하는 방법으로는 개방형 설문과 면접법을 채택하였다. 자기보고식 개방형 설문은 개인의 경험이나 정서를 추출해 내기 위해 많이 사용하는 방법으로써, 본 연구에서는 일반인들이 경험하는 신명경험의 대략적인 구조를 추출하기 위해 선택

하였다. 또한 개방형 설문만으로는 신명을 경험하는 구체적인 과정
에 대한 자료를 얻기 힘들다는 판단에서 개방형 설문에서 수집된 응
답들 중 보다 현저한 신명경험을 기술한 사람이나 구체적인 과정에
대한 묘사를 남긴 이들을 선정하여 면접을 실시하였다.

면접은 사람들의 경험의 의미를 연구하고, 경험에 대해 자신들이
이해하고 있는 바를 기술하거나, 그들 자신의 삶 또는 특정한 사건
에 대한 관점 등을 알아보고자 할 때 적합한 방법이다(Kvale, 1996).
이러한 면접에는 묻고자 하는 질문이나 질문방법, 질문의 절차 등을
표준화하여 실시하는 구조화 면접과, 어떤 제한도 없이 피험자의 자
유로운 반응을 알아보는 비구조화 면접, 그리고 중심 개념의 비교
등을 목적으로 그를 위한 최소한의 이론적 틀을 가정하고 실시하는
반구조화 면접이 있다(Mason, 김두섭 역, 1999).

본 연구에서 사용한 면접의 방식은, 신명경험을 파악하기 위한 대
략적인 틀(원인, 상태, 영향)을 가정하였고, 개방형 질문에 대한 응답
에서 나타나기 힘든 신명경험에 있어서의 심리적 과정들을 구체적으
로 알아보기 위해 면접이라는 방법을 선택하였으므로, 반구조적 면
접에 해당한다고 볼 수 있다.

1) 조사대상

일반적으로 근거이론의 표집은 이론적 표집(theoretical sampling)방
법을 따른다. 이론적 표집이란 양적 연구의 무선적 확률표집과는 달
리 연구자가 연구목적에 적절하다고 판단되는 표본을 의도적으로 선
택하는 것이며, 그 대상은 연구가 관심을 가지고 있는 전형적 특징

을 보유한 것으로 판단되는 사례들이다(Glaser & Corbin, 1967). 본 연구의 경우, 신명경험이 있거나 신명이라는 문화적 현상을 이해하고 있는 사람들이라면 누구나 연구의 대상이 될 수 있을 것이라 판단하였다.

개방형 설문은 크게 두 가지 경로로 실시되었는데, 우선 서울 소재 K 대학교에서 심리학 수업을 수강하는 68명의 대학생(남 28명, 여 40명, 평균 연령 22.3세)들과 서울 및 충남 공주에 거주하는 일반인 19명(남 5명, 여 14명, 평균 연령 36.8세)을 대상으로 개방형 설문을 실시하였다. 또한 두 번째로, 개인적 신명경험에서 예상되는 연령에 따른 편차를 방지하기 위해 리서치 기관(www.embrain.com)에 의뢰하여 연령대별(20대 35명, 30대 33명, 40대 34명, 50대 이상 31명) 총 133명(남 65명, 여 68명)에 대해 온라인 조사를 실시하였다.

한편, 온라인 조사의 결과가 온라인 조사라는 특성상 응답자를 추적하여 추가 면접을 실시하는 것이 곤란하다는 점을 감안하여, 면접의 대상자는 온라인 조사의 응답자들이 아닌 K 대학교 학생들과 일반인들 중에서 선정하였으며, 총 17명(남 8명, 여 9명)이 면접에 참여하였다.

2) 연구도구

자신이 경험한 신명에 대한 반응을 알아보기 위해, 자신이 경험한 신명상황과 그 원인 및 과정, 당시의 감정상태와 행동, 해당 사건의 영향력 등을 묻는 자기 보고 방식의 설문과 반구조화 면접을 실시하였다.

(1) 자기보고식 개방형 설문

참가자들은 개방형 설문에 앞서 다음과 같은 지시문을 읽고 이후의 질문에 응답하였다. 개방형 설문에 사용한 지시문과 문항들은 다음과 같다.

여러분은 **"신명"**이라는 말을 들어보신 적이 있으실 겁니다. 보통 풍물놀이나 탈춤 등 전통예술의 현장 혹은 지난 2002년 월드컵의 거리응원의 모습도 **"신명"**이라는 말로 표현할 수 있을 것입니다.

그 외에도 우리는 어떠한 순간, 어떠한 상황이 되면 **"신명"**이라는 말을 떠올립니다. 여러분들도 그러한 경험을 해 보신 일이 있으실 것입니다. 여러분이 **"신명난다"**는 느낌을 받으셨던 때는 언제였습니까?

지금부터 **"신명나는"** 경험을 했었던 당시를 **떠올려 보십시오**. 그리고 그때를 떠올리면서 이어지는 질문에 응답해 주시기 바랍니다.

① 그 경험은 어떤 것이었습니까?(가장 인상 깊었던 한 가지만 적어 주십시오.)
② 그때, 당신이 느꼈던 기분, 감정, 느낌은 어떠했습니까?
③ 당신은 왜 그러한 감정을 느끼게 되었습니까? 그런 기분을 느끼게 된 마음의 과정을 되짚어 생각해 보시고 적어 주십시오.
④ 그때, 당신은 어떠한 행동을 했습니까? 구체적으로 묘사해 주십시오.
⑤ 당신은 왜 그러한 행동을 했다고 생각하십니까?
⑥ 그 사건은 당신의 마음이나 생활에 어떠한 영향을 주었습니까?

(2) 반구조화 면접

면접의 절차와 단계는 Mason(김두섭 역, 1999)이 제시한 것을 따랐다. 하지만 질문의 순서는 미리 정하지 않았으며, 새롭게 나타나는 정보나 개념에 주의를 기울였다. Spradley(1979)가 제안한, 대조적 질

문하기, 비대칭적 방향 바꾸기, 내용 요약하기, 관심 표현하기, 인터
뷰 대상의 언어로 다시 말하기, 가설적 상황 창조하기 등의 기법을
적용하여 면접을 실시하였으며, 현상에 관련된 추적질문과 이미 도
출된 개념 및 사례와 비교하기 위한 대조질문 역시 활용하였다.

　면접의 과정은 참여자의 허락을 얻어 MP3에 기록하였으며, 면접
의 목적과 관련하여 더 이상 다른 의견이 나오지 않는 포화시점에
도달하면 종료하였다. 소요된 평균적인 시간은 30~40분 정도로 일
반적인 근거이론 연구에서의 면접시간보다 다소 짧았는데, 그 이유
는 연구의 대상 현상인 신명이 상대적으로 단기간의 경험인데다가,
이미 실시한 개방형 질문으로부터 대략적인 사전 정보가 있는 상태
에서 세부적이고 구체적인 내용을 확인하는 데 본 면접의 목적이 있
었기 때문이다. 자료의 수집도구는 휴대용 MP3와 면접자가 사전에
실시한 개방형 질문지와 면접지침, 메모노트 등이었다. 본 연구에서
사용한 면접의 과정은 표 23과 같다.

표 23. 면접 단계와 구체적 주제

주요 항목과 단계	구체적 주제와 화제
소개 및 설명	
↓	
자신의 신명경험에 대한 진술	개방형 질문의 응답에 대한 상기
↓	
신명경험 이전의 개인적 경험	신명경험 이전의 상황(심리적, 상황적)
↓	
구체적 질문들	신명을 유발한 계기나 조건, 신명상황에서의 특정 국면에 대한 질문 신명의 진행과정 및 결과에 대한 질문

주요 항목과 단계	구체적 주제와 화제
⬇ 자신의 경험이 아닌 신명과의 비교 ⬇ 추가적 질문들	타 유형의 신명경험이 있는지 확인하여, 그 경험에 대한 추가적 질문 기타 긍정적 정서경험에 대한 질문

2. 분석방법

1) 근거이론(Grounded theory)

본 연구는 그와 같은 목적을 달성하기 위해 근거이론의 분석틀을 차용하였다. 근거이론은 Glaser와 Strauss(1967)에 의해 제안되어 주로 간호학과 보건학을 중심으로 발전되어 온 질적 연구방법으로서, 일반인들이 그들의 경험을 어떻게 구조화하고 그것에 어떠한 의미를 부여하는지를 이해하기 위한 목적에서 개발되고 발전하여 왔다(Charmaz, 2000). 이러한 근거이론의 주된 목표는 가설의 실증적인 검증이 아니라 일반인들의 생활 경험에 근거한 일반인들의 주관적인 설명에 의해 이론을 만들어 내는 것이다(Bowers, 1990).

본 연구가 자료 분석의 방법으로 근거이론을 채택한 이유는 다음 두 가지이다. 첫째, 신명은 이제까지 한국문화에 대해 해박한 지식을 갖고 있는 문화전문가들에 의해 통찰적이고 직관적인 수준에서 연구가 이루어져 왔다. 즉 일반인들의 경험에 근거해 신명이 어떠한 현상이고, 언제 발생하게 되며, 그 의미는 무엇인가에 대해 밝힌 연구는 전무한 실정이었다. 따라서 신명을 실제로 경험하는 사람들의 반응과 경험, 상호작용 등의 다양한 과정을 내부자적 관점에서 이해하기 위해서는, 일반인들의 경험적 자료에 근거를 두고 이론을 개발하는 근거이론의 분석틀을 채택하는 것이 효과적이라고 판단하였다.

둘째, 신명의 총체적인 과정에 있어서 신명을 경험하는 주체가 되는 이들에게 영향을 미치는 여러 가지 변인들에 대한 선행연구가 부족하기 때문이다. 현재로서는 신명이 어떠한 원인과 과정에 의해 발생하고 사람들에게 영향을 미치는지 체계적으로 이론화된 바가 없기 때문에 신명에 영향을 미치는 선행변인들이나 신명과 관련 있다고 생각되는 또 다른 변인들과의 관계 등을 탐색하기가 어렵다. 근거이론은 이러한 선행연구들의 부족을 극복하고 개념과 변인들을 발견하고 그 관계에 대한 가설적 진술을 함으로써 신명이라는 개념에 대한 가설적 이론의 틀을 제공할 수 있다.

2) 분석절차

근거이론의 분석절차는 크게 세 단계로 이루어진다. 자료를 해체하여 비교, 검토를 통해 비슷한 특질을 가진 것들끼리 모아 분류하고 범주화하는 **개방코딩**과 개방코딩에서 드러난 범주들 사이에 서로 의미 있는 연합관계를 형성하는 **축코딩**, 그리고 범주들의 관계에서 핵심적인 범주를 밝히고 이 핵심범주를 중심으로 다른 모든 범주를 통합시키고 정교화하는 **선택코딩**이 그것이다.

근거이론의 분석절차는 그 외에도 세부적인 여러 가지 과정과 절차를 포함하는데 본 연구는 근거이론의 전반적인 분석절차를 따랐으나 연구의 특성상 몇 가지의 세부절차를 변형하거나 생략하였다.

그 첫 번째 이유는 본 연구가 이론연구→질적 개념화연구→양적 타당화연구라는 짜임을 갖는다는 데에 있다. 본 연구는 기존 연구들을 토대로 신명에 대한 이론적 틀을 구성하였고, 구성된 틀에 따라 실질적인 신명경험을 연구하는 질적 연구를 계획하였다. 따라서 수집된 응답자들의 자료는 이론연구에서 가정한 틀에 의해 우선적으로 재구성되었다.

본 연구가 근거이론의 분석절차를 그대로 따를 수 없었던 두 번째 이유는 신명경험의 성격에 있다. 연구과정 전반에서 알 수 있었던 신명경험의 특징은 신명이 일상적인 용어로 설명하기 곤란한 특수한 경험이라는 것이다. 기존연구(김인회 외, 1982)는 물론, 면접의 사례들('아무 생각 없이 주변에 대한 느낌이나 감정 없이, 오로지 나만 보이고 나만 생각하고 세상에서 나만 존재하는 느낌(사례 33)', '붕 뜬 것 같고, 활력이 넘치는 기분이었다. 다른 것들은 생각나지 않고 오직 한 가지만 생각하게 되었다(사례 62) 등')에서 드러났듯이, 신명의 상황은 무아지경, 이 세상에 있는 것 같지 않은 기분, 상태이다. 실제로 예비면접 단계의 일부 응답자들은 신명경험에 대해 설명하는 것을 곤란해 했으며 신명상황에서의 다양한 감정과 행동들을 분리하는 것에 어려움을 토로하였다.

따라서 일반인들에게서 그들의 신명경험을 효과적으로 추출해 내기 위해서 최소한의 자료수집의 틀을 상정할 수밖에 없었는데, 그러한 조치가 응답자들의 신명경험을 감정과 행동, 그리고 그러한 감정과 행동에 대한 이유와 신명경험의 영향 등의 항목으로 구분하여 질문한 것이다. 이러한 구분은 이론연구에서 신명을 상태적 측면과 기능적 측면으로 나눈 것과 같다.

본 연구는 근거이론의 분석절차들을 이와 같은 연구의 특수성에 적합하도록 조정하여 분석을 실시하였으며, 조정된 분석절차는 다음과 같다.

(1) 개방코딩

개방코딩(open coding)이란 자료를 해체하여 비교, 검토를 통해 비슷한 특질을 가진 것들끼리 모아 분류하고 범주29)화하는 과정을 뜻한다(Glaser & Strauss, 1967; Strauss & Corbin, 1998). 개방코딩의 분석절차는 수집된 자료를 한 줄씩 분석해 나가면서 의미 있는 단어, 구절, 문장 등에 밑줄을 긋고 메모하는 줄 단위 분석에서 시작된다. 이렇게 추출된 개념들을 유사한 속성을 갖는 것들끼리 분류하여 상위범주를 만들고, 이론적인 배경 및 원자료와의 비교 검토를 거쳐 범주의 체계를 구성하게 된다.

그러나 본 연구에서는 앞서 언급한 이유로 이론적 가정에 근거하여 범주의 체계를 구성하였다. 우선 자료를 신명의 서로 다른 세 유형으로 분류하였으며, 각 유형의 자료는 신명경험을 구분한 질문들, 즉 신명의 원인과 감정 및 그러한 감정을 느끼게 된 이유, 행동과 그러한 행동을 하게 된 이유, 그리고 신명경험의 영향력 등의 상위범주 내에서 하위범주를 발견하고 명명하는 순서로 개방코딩을 실시하였다.

---

29) 범주(Categories) : 자료의 비교, 검토를 통해 비슷한 특징을 가진 내용들을 대표하는 단위.

(2) 축코딩

축코딩(axial coding)이란 개방코딩 후에 새로운 방식으로 자료를 다시 조합하는 일련의 과정을 말하며, 개방코딩에서 드러난 범주들 사이에 서로 의미 있는 연합관계를 형성하는 것이다(Glaser & Strauss, 1967; Strauss & Corbin, 1998). 축코딩은 개방코딩의 결과를 토대로 연구가 다루고자 하는 중심현상과 현상에 영향을 미치는 여러 가지 조건들을 추출하고 그들의 관계를 분석하는 '패러다임에 의한 범주 분석'과, 시간의 경과에 따라 그러한 조건들이 현상에 영향을 미치고 결과에 도달하는 과정을 확인하는 '과정 분석'으로 이루어져 있다.

본 연구에서는 먼저 이론적으로 가정한 신명의 유형에 따라 패러다임에 의한 범주 분석을 실시하였고, 그 결과 신명의 각 유형에서 나타나는 범주들의 성격이 유사함을 발견하였다. 따라서 신명을 보다 총체적으로 이해하기 위한 목적에서 이론적으로 가정하였던 유형을 다시 통합하는 과정이 이루어졌다.

이후의 절차인 과정 분석은 연구의 특성상 생략하였다. 즉 본 연구에서 다루고 있는 신명은 근거이론의 틀로써 연구되어 온 이혼 후의 적응이나 불임문제의 해결, 암환자의 삶의 질 변화 등과 같은 사건들과는 달리 상대적으로 단시간에 일어나는 경험이므로, 이를 시간의 흐름에 따른 단계에 맞추어 기술하는 데에는 무리가 있다고 판단하였다.

(3) 선택코딩

선택코딩(selective coding)은 핵심범주를 밝히고 이 핵심범주를 중심으로 다른 모든 범주를 통합시키고 정교화하는 과정이다(Strauss & Corbin, 1998). 선택코딩의 절차는 현상의 전체적인 과정에서 가장 두드러진 기능을 하는 핵심범주를 발견하는 '핵심범주의 발견'과, 축코딩의 결과를 바탕으로 이 핵심범주에 다른 범주들을 연결시켜 서술적 문장으로 이야기의 구조를 만드는 '이야기 윤곽', 본격적으로 이론을 개발하기 위하여 핵심범주와 다른 범주들 사이의 가설적 관계를 정형화하고 이를 진술하는 '가설적 정형화 및 관계진술' 등의 절차로 이루어져 있다.

　본 연구에서는 핵심범주를 선택하고, 핵심범주와 다른 범주들 사이의 관계를 규명하여 신명경험의 구조를 서술하는 이야기 윤곽의 전개까지는 근거이론의 절차를 따랐고, 가설적 정형화 및 관계진술은 양적 방법을 이용한 구조모형 검증연구의 가설설정 단계에서 실시하였다.

3. 결　과

1) 응답의 분류

　분석에 들어가기 전, 수집된 자료를 개방형 설문의 첫 번째 문항(사람들이 신명을 경험하게 되는 경우)에 대한 응답에 근거하여 분류하였다. 본 연구는 연구 1에서 도출된 신명의 유형에 따라 경험하는 감정 및 정서의 원인과 질, 심리적인 과정 등이 다를 것이라 판단하여, 각각의 신명 유형에 따라 별도의 분석을 실시하고자 하였다. 그 첫 번째 단계로, 개방형 설문 및 반구조화 면접을 통해 얻은 총 220명의 응답들 중, 응답이 불성실한 사례들을 제외한 187명의 사례를 세 가지의 유형으로 분류한 결과, 연구 1에서의 분류와는 다른 양상이 발견되었다.

즉 이론적으로 가정하였던 몰입경험의 특징을 갖는 신명이라 볼 수 있는, 몰입경험이 중요한 비중을 차지하는 사례는 거의 나타나지 않았다. 그 이유는 개인의 신명경험을 직접적으로 진술하도록 했기 때문인 것으로 생각된다. 신명상황을 묘사한 기술 중에서 몰입경험의 특징과 유사한 부분은 발견할 수 있었으나, 전체적인 신명경험이라는 측면에서 그러한 몰입경험의 특징은 중요한 의미를 갖지 않는다고 판단할 수 있었다.

따라서 몰입과 유사한 특성을 갖는 신명의 유형은, 그러한 신명을 경험하게 되는 사건이 주로 자신의 능력이나 가치를 표현하는 성격을 갖는다는 점에 착안하여, '자기표현에 의한 신명'으로 정정하였다. 따라서 개방형 설문에 대한 응답에서 최종적으로 도출한 신명경험의 유형은, ① 전환적 사건에 의한 신명, ② 우리의식에 의한 신명, ③ 자기표현에 의한 신명의 세 가지이다.

응답의 분류작업은 연구자 자신과 본 연구의 목적을 이해하고 있는 석사과정 대학원생 2인(여; 25, 26세)에 의해 이루어졌다. 분류는 신명을 경험하게 된 사건의 성격에 따라, 즉 오랫동안 바라 왔던 일이 일어났다든지, 그 사건으로 응답자의 삶의 국면이 크게 변화한 종류는 전환적 사건에 의한 신명으로, 신명을 경험하게 된 이유가 함께 있는 이들과의 교감 및 소속감에 의한 것일 때에는 우리의식에 의한 신명으로, 그리고 응답자 자신의 능력이나 가치를 표현하는 경

우일 때에는 자기표현에 의한 신명으로 분류한다는 원칙으로 이루어
졌다. 평가자 3인의 평정자 간 일치도(Cochran's Q)[30]는 3.714(p
=.156)로 평가자들이 분류한 신명 유형은 대체로 일치하는 것으로
나타났다.

유형 분류에서 도출되었던 문제점은 일반인들이 경험하는 신명경
험 중에서 하나의 독립적인 유형으로 보기 어려운 것들이 적지 않았
다는 것이다. 예를 들면 2002년 월드컵이나 공연 혹은 악기연주와
같은 사건에서 비롯되는 신명이 그러한데, 이에 해당하는 사례들은
다음과 같은 기준으로 분류하였다.

우선, 연령을 불문하고 많은 사람들이 신명경험으로 꼽은 2002년
월드컵은 전환적 사건에 의한 신명이면서 또한 우리의식에 의한 신
명의 특성을 갖는다. 즉 한국의 극적 승리나 4강 진출에 초점을 맞
출 경우에는 전환적 사건이라는 측면이 강조되고, 온 국민이 함께했
던 거리응원에 초점이 두어질 경우에는 대한민국 국민이라는 우리의
식이 두드러진다. 이런 경우에는 신명을 경험한 당사자의 진술에서
그 자신이 2002년 월드컵의 어떤 측면을 보다 중요시하고 있었는지
를 판단하여 신명의 유형을 분류하였다. 그리고 실제로, 분류의 과정
에서 당사자의 초점에 따라 진술하고 있는 신명의 감정 혹은 심리적
과정에 차이를 발견할 수 있었다.

또한 공연에서 연기를 하거나 악기를 연주하는 경우는 자기표현에
의한 신명과 우리의식에 의한 신명의 특성을 공유하는 사례가 있었

---

30) 평정자 간 일치도는 연구자가 분류한 유형을 1로 코딩하고, 평정자 2인
이 분류한 유형은 연구자가 분류한 유형과 일치하면 1로, 일치하지 않
으면 2로 코딩하여 Cochran's Q 검증을 실시하였다. Cochran's Q 검증
의 유의도가 유의수준보다 크다는 것은 평정자들이 분류한 유형이 그
만큼 일치한다는 것을 의미한다.

는데, 이는 그러한 행위가 자기 자신에게 초점이 맞추어져 있을 때
는 자기표현의 과정이 강조되고, 연기나 연주를 함께하는 이들(동료
배우나 연주자들)에게 초점이 맞추어질 때는 우리의식의 측면이 강
조되기 때문이라 생각된다. 이러한 사례들에서도 마찬가지로, 신명을
경험한 당사자의 진술에 근거하여 자신이 보다 중요하게 생각하는
유형으로 분류하였다.
　이러한 모든 과정을 거쳐 분류한 신명경험의 유형은 표 24에 제
시하였다.

표 24. 신명경험의 유형과 빈도

유 형	빈도(%)	대표적 사례
전환적 사건에 의한 신명	71(32.7)	한국의 월드컵 4강 진출, 운동경기에서의 역전승, 복권당첨, 대학합격, 승진, 2세의 탄생, 대회에서의 입상, 취업, 자격시험 합격, 자녀의 합격 / 취업 / 승진 등
우리의식에 의한 신명	73(33.1)	월드컵 거리 응원, 운동경기 응원, 대학 축제, 마을잔치, 풍물놀이, 가정의 좋은 일, 공동노동, 친구들과의 파티, 친구 혹은 가족과의 여행, 동창회 등
자기표현에 의한 신명	43(19.5)	작품 전시회, 연극공연, 악기 연주할 때, 혼자 한 여행, 춤출 때, 연등행사 참여, 등산, 마라톤 풀코스 완주, 행사사회를 볼 때, 자신이 기획한 프로젝트가 잘 진행될 때 등

2) 개방코딩

　다음으로 유형별로 분류한 자료를 바탕으로 개방코딩을 실시하였
다. 본 연구에서는 개방형 설문과 반구조화 면접에서 사용한 6개의
기본 질문들을 바탕으로 개방코딩의 결과는 다음과 같이 4개의 상위

범주로 정리하였다. 즉 신명을 경험한 사건을 묻는 질문(1번 문항)은 '신명경험의 원인'으로, 그때의 감정과 느낌, 그리고 그러한 감정을 느끼게 된 과정(2, 3번 문항)을 '신명상태의 감정 및 정서'로 명명하였으며, 그때 한 행동 및 그러한 행동을 한 이유(4, 5번 문항)를 '신명상태의 행동'으로, 그 사건이 이후의 마음상태와 생활에 미친 영향(6번 문항)을 '신명경험의 기능 및 결과'로 명명하였다.

신명경험의 원인과 감정, 행동과 결과에 해당하는 네 개의 상위범주는 신명경험의 세 종류 유형에 따른 하위범주들을 포함하며, 유형에 따른 하위범주들의 명칭은 표 25와 같다. 하위범주에 속하는 세부적인 자료의 예는 부록 2에 첨부하였다.

표 25. 신명경험의 유형에 따른 상위범주와 하위범주

	전환적 사건에 의한 신명	우리의식에 의한 신명	자기표현에 의한 신명
신명경험의 원인	−전환적 사건의 발생 (의외성),	−계기적 사건의 발생 −사건이 주는 일탈감 −외부적 조건	−자기표현을 인정받는 사건 −자기표현의 인정 혹은 자각(의외성) −외부적 조건
신명상태의 감정 및 정서	−1차적 쾌감 −자기개입적 쾌감	−1차적 쾌감 −우리 개입적 쾌감	−1차적 쾌감 −자기개입적 쾌감
신명상태의 행동	−자기가치감 확인하기 −남들에게 인정받기 −자기(혹은 집단)가치감의 분출 및 몰입	−집단 가치감 확인하기 −감정의 분출 −몰입 및 심취하기	−감정 공유하기 −자기표현 극대화 −자기표현 조절하기 −몰입 및 심취하기
신명경험의 기능 및 결과	−해소 −자기가치감의 회복 −활력 및 긍정적 에너지 −회상 및 동기화	−해소 −집단에 대한 애착형성 −활력 및 긍정적 에너지 −회상 및 동기화	−해소 −자기가치감의 확인 −활력 및 긍정적 에너지 −회상 및 동기화

3) 축코딩

개방코딩의 결과를 바탕으로 축코딩을 실시하였다. 우선, 신명경험의 중심현상을 신명상황에서 경험되는 쾌감으로 보고, 신명의 쾌감에 영향을 미치고, 조절하는 여러 가지 조건들을 추출하는 패러다임에 의한 범주 분석을 실시하였다.

(1) 패러다임에 의한 범주 분석

패러다임에 의한 범주 분석이란 개방코딩에서 도출한 범주들의 의미와 관계를 밝혀서, 연구가 다루고자 하는 중심현상(phenomenon)과 현상에 영향을 미치고 현상을 조절하는 여러 가지 조건(인과적 조건(causal conditions), 맥락적 조건(contextual conditions), 중재적 조건(intervening conditions), 작용 / 상호작용 전략(action / interaction), 결과(consequence))들을 추출하고 그들의 관계를 분석하는 것이다(Strauss & Corbin, 1998). 본 연구는 그러한 목적을 위해 먼저 신명의 유형에 따른 각 조건들을 추출하여 그 속성31)과 차원32)을 밝혔다.

① 인과적 조건

인과적 조건(causal conditions)은 어떤 현상이 발생하거나 발전하도록 이끄는 사건이나 일들로 구성되며, '왜 그 현상이 발생하였는가' 라는 질문에 대한 답이다(Strauss & Corbin, 1998). 신명의 유형에 따른 인과적 조건은 다음과 같이 도출되었다(표 26).

---

31) 속성(Properties) : 범주가 가진 특징.
32) 차원(Dimensions) : 범주의 일반적 속성이 변화하는 범위.

표 26. 인과적 조건의 속성과 차원

유 형	인과적 조건	속 성	차 원
전환적 사건에 의한 신명	전환적 사건의 발생	자기가치감의 회복	적다--크다
		전환적 사건의 의외성	적다--크다
우리의식에 의한 신명	계기적 사건의 발생	우리의식의 재확인	적다--크다
		계기적 사건의 의외성	적다--크다
자기표현에 의한 신명	자기표현을 하게 되는 사건	자기표현의 인정 혹은 자각	적다--크다
		시점의 의외성	적다--크다

　전환적 사건에 의한 신명에서는 사건 전후의 삶의 질이 크게 변화하는 '전환적 사건의 발생'이 인과적 조건으로 나타났다. 전환적 사건의 예로는 오랫동안 준비한 시험에의 합격(사례 132, 174, 194 등)하거나 복권당첨(사례 175), 월드컵 4강 진출(사례 41, 207) 등이 있었다. 이러한 전환적 사건들은 응답자들의 '예상도 못하고 있었는데(사례 132)', '누구도 예상치 못했던(사례 207)' 등의 표현과 같이 '의외적'으로 일어나며, 그 사건으로 인해 개인(혹은 집단)의 손상받았던 '자기(혹은 집단)가치감이 회복('실력이 확인된 것에 대한 자랑스러움이나 뿌듯함')(사례 45)', '피곤한 삶의 일부를 자식의 합격을 통해 보상받았다(사례 213)')'된다는 속성을 지닌다.

　우리의식에 의한 신명에서는 환갑잔치(사례 77)나 가족여행(사례 86), 대학 축제(사례 18 외 다수), 거리응원(사례 170 외 다수) 등의 '계기적 사건의 발생'이 인과적 조건으로 나타났다. 이러한 계기적 사건은 '평소에 그렇게 들고 뛰면서 즐길 만한 일이 없기 때문에(사례 6)', '오늘 하루밖에 못하니까 그동안 기쁨과 만족을 충분히 만끽하고 싶었다(사례 53)' 등의 표현과 같이 평소에 경험하지 못하는 '의외성'을 가지며, '어떤 단체에 소속되어 있다는 느낌(사례 59)', '내가 집단의 일원이라는 사실에, 소속감 때문에(사례 61)', '가족이라는 사람들이 다정하게 느껴지고(사례 224)' 등과 같이 '우리의식을 재확인'하는 과정이 따른다.

마지막으로 자기표현에 의한 신명에서는 공연이나 발표회(사례 26, 37, 69) 혹은 자신의 일을 열심히 할 때(사례 144, 210) 등과 같이 '자기표현을 하게 되는 사건'이 신명의 감정을 유발하는 인과조건이 되며, 특히 '자기표현을 인정받거나(심사위원 아저씨가 1학년 때보다 많이 나아졌구나 할 때도 좋았고, 남들이 인정해 줄 때죠(사례 26)', '자기의 가치를 자각('아, 내 느낌이 이런 거였구나' 하면서 작가와 일치감을 느낄 때(사례 56))'하는 순간에 신명 감정을 경험하게 되며, 그러한 시점은 '의외적으로(갑자기 예상치 못했다가 갑자기 닥쳐오는 그 느낌, 환희 그런 거요. 기대를 안 하면 더 크게 와 닿는 그런 거 있잖아요(사례 26))' 찾아오게 된다는 것을 알 수 있었다.

② 현 상

현상(phenomena)은 '여기서 무엇이 진행되고 있는가'를 나타내는 것으로, 일련의 작용 / 상호작용 전략에 의해 조절되는 중심적인 사건이다(Strauss & Corbin, 1998). 신명의 중심 현상은 즐겁고, 가슴 벅찬 신명의 쾌감이라 할 수 있다. 현상의 속성과 차원은 표 27에 제시하였다.

표 27. 현상의 속성과 차원

유 형	현 상	속 성	차 원
전환적 사건에 의한 신명	신명의 쾌감	1차적 쾌감	약함--강함
		자기개입적 쾌감	약함--강함
우리의식에 의한 신명	신명의 쾌감	1차적 쾌감	약함--강함
		우리개입적 쾌감	약함--강함
자기표현에 의한 신명	신명의 쾌감	1차적 쾌감	약함--강함
		자기개입적 쾌감	약함--강함

이러한 쾌감은 신명의 유형에 관계없이 유사한 특징을 보였다. 즉 기분 좋음, 즐거움, 유쾌함 등의 1차적 쾌감과, 뿌듯함, 가슴 벅참, 자랑스러움 등 자기 자신 혹은 '우리'가 개입되는 2차적 쾌감이 그 것이다.

③ 맥락적 조건

맥락적 조건(contextual conditions)은 어떤 현상에 대한 인과적 조건들의 영향을 강화 혹은 약화시키는 조건들로, 작용 / 상호작용 전략에 영향을 미쳐서 '왜 현상이 지속되는가'를 설명하는 데 도움이 된다(Strauss & Corbin, 1998). 자료에서 도출한 신명의 맥락적 조건들은 표 28과 같다.

유형에 따라 세부적인 차이는 있지만, '신명경험 이전의 어렵고 힘들었던 과거의 자기에 대한 인식'이 주로 신명 발생 이전의 맥락적 조건이라 할 수 있었다. 신명의 특성상 신명을 경험하는 사람들이 이러한 것들을 명확히 인식하는 것은 아니었기 때문에, 신명의 감정과 행동의 이유에 대한 응답을 분석함으로써 맥락적 조건을 도출하였다.

표 28. 맥락적 조건의 속성과 차원

유 형	맥락적 조건	속 성	차 원
전환적 사건에 의한 신명	과거의 부정적 자기 인식	과거의 어려웠던 경험	적다――크다
		상처받은 자기가치감	적다――크다
우리의식에 의한 신명	과거의 부정적 자기(혹은 집단) 인식	힘들고 지루했던 일상	약함――강함
		억눌러 온 자기	약함――강함
		소원해진 관계	적다――크다
	외부적 조건	상황이 주는 일탈감	약함――강함
자기표현에 의한 신명	과거의 부정적 자기 인식	준비과정의 어려움	적다――크다
		자기표현의 욕구	약함――강함
	외부적 조건	조건의 적합성	적다――크다

즉 전환적 사건에 의한 신명의 감정에는 힘들고 어려웠던 과거에 대한 회상적 감정((1년 동안 공부했던 것에 대한 보상을 받는다는 느낌(사례 45))이 포함된다는 사실과, 우리의식에 의한 신명에서의 '스트레스가 해소됨, 신경 쓰고 있었던 고민들이 잊혀짐(사례 5)'과 같은 예에서, 그리고 자기표현에 의한 신명의 경우에도 준비과정의 어려움(연습을 방학 때 되게 힘들게 땀 흘리면서 했거든요(사례 26), 저희는 (공연준비에) 방학 2달을 다 바치잖아요? 그래서 저희 는 연주회 한번이 되게 의미가 큰 거예요(사례 37)) 등의 예에서 '과거의 부정적 자기인식'이라는 맥락적 조건을 도출할 수 있었다.

한편, 우리의식에 의한 신명과 자기표현에 의한 신명의 경우에는 '외부적 조건'이라는 범주('불(달집태우기)에 취하는 느낌이 들었고, 가락과 북소리가 내가 가진 감정, 느낌, 심박수와 동조되는 느낌이 들었다(사례 57)', '다른 사람들이 흥분해서 지르는 고함소리와 노래 소리에 기분이 들떴다. 사람들과 어울려 소리를 지르고 뛰며 응원하 다 보니 제정신이 아닐 정도로 신이 나 있었다(사례 62)', '음악이 마음을 설레게 한다. 몸이 들썩거리고 자연스럽게 몸을 흔들게 되고 음악과 물아일체가 된다(사례 133)'가 나타났는데, 이는 음악이나 소음, 조명 등의 신명을 경험하는 상황의 분위기와 같은 조건들이 신명을 느끼는 데 영향을 줄 수 있다는 것을 뜻한다.

④ 작용 / 상호작용 전략

작용 / 상호작용 전략(action / interaction)은 현상을 다루고 조절하는 데 쓰인다. 즉 현상에 대처하거나 현상을 조절하기 위해 취해지는 의도적인 행위이다(Strauss & Corbin, 1998). 신명에서 작용 / 상호작용 전략은 신명의 중심 현상, 즉 신명나는 감정을 조절하기 위한 전략을 의미하며, 표 29와 같이 나타낼 수 있다.

표 29. 작용 / 상호작용 전략의 속성과 차원

유　　형	작용 / 상호작용 전략	속　　성	차　원
전환적 사건에 의한 신명	분출 및 발산행동	자기(혹은 집단) 가치감의 분출	적다――크다
		부정적 정서의 배설	적다――크다
		몰입 및 심취하기	약함――강함
우리의식에 의한 신명	분출 및 발산행동	집단 가치감의 분출	적다――크다
		부정적 정서의 배설	적다――크다
		몰입 및 심취하기	약함――강함
자기표현에 의한 신명	자기표현 극대화	자기표현 조절하기	적다――크다
		몰입 및 심취하기	약함――강함

작용 / 상호작용 전략 역시, 신명을 경험하게 되는 이유와는 관계 없이 유사한 성격을 보였는데, 그것은 '분출 및 발산행동'으로 요약 할 수 있었다. 자기표현에 의한 신명에서도 '자기표현 극대화'란 궁

극적으로 분출 혹은 발산의 행위라 생각할 수 있다.

즉 신명을 경험하는 사람은 신명의 감정을 표현하기 위해 여러 가지 분출행동들(소리를 지르거나 펄쩍펄쩍 뛰는 등의 각종 표출행동)을 하게 되며, 그런 행동들을 함으로써 자기 자신과 타인들의 반응을 통해 자신(혹은 집단)의 가치를 확인하고, 부정적 정서 등을 배출한다.

전환적 사건에 의한 신명에서의 분출행동은 다음과 같은 예에서 확인할 수 있다. '아버지께 승진했다고 전화를 드렸는데 목이 메어 말을 잇지 못했다. 차 안에서 음악을 크게 틀어 놓고 크게 소리 내어 울었다(사례 75)', '차에 올라가 소리를 외치는 등 여러 가지 인간 세상에서 볼 수 없는 미친 짓들을 가지가지 했다. 그 누가 나를 막을 수 있을까(사례 172)' 또한 우리의식에 의한 신명에서는 '고함을 지르고 모르는 사람과 포옹하고 크게 웃고 춤도 추고 몸을 가만두지 못하고(사례 107)', '기쁨, 자랑스러움 등을 표출하는 등(사례 43)' 평소에 할 수 없었던 대담한 행동들을(사례 5) 하게 된다.

한편, 자기표현에 의한 신명의 경우에도 평소에는 하지 못했던, 표현행동을 극대화('평소에 발성이 제가 많이는 안 돼서 끝까지 목소리 올려서 발성을 한다거나, 표정을 더 풍부하게 한다거나, 애드립을 넣거나 하는 것들(사례 26)')하는 등의 분출행동이 나타난다. 이 경우에는 그러한 분출행동이 허용하는 범위에서 이루어지며, 그러한 표현행위의 통제에는 행위자의 숙련과 기술이 요구될 것으로 생각된다.

이러한 분출 또는 발산행위를 통해 누적되어 왔던 부정적인 정서들과 욕구들이 해소되는데, 신명의 감정과 더불어 부정적 정서와 욕구의 배설로 얻게 되는 강렬한 해소감('신나게 몸을 흔들고 소리를 지르면서 그동안 쌓였던 스트레스가 한번에 날아갔고(사례 53)') 때문에, 사람들은 그 순간의 감정과 행동에 한층 몰입 및 심취하게 된다. 신명경험 중의 이러한 몰입은 다음과 같은 사례들에서 유추할 수 있었다.

'현재의 감정에만 충실했고, 평소의 역할에 얽매이지 않고, 눈치를 보지 않는다. 아무 것에도 구속받지 않고 현재에만 충실하게, 느끼는 대로, 무엇이든 할 수 있을 것 같은 느낌(사례 35)', '붕 뜬 것 같고, 활력이 넘치는 기분이었다. 다른 것들은 생각나지 않고 오직 한 가지만 생각하게 되었다(사례 62)', '아무 생각 없이 주변에 대한 느낌이나 감정 없이, 오로지 나만 보이고 나만 생각하고 세상에서 나만 존재하는 느낌(사례 33)'

기존 연구에서 나타나는 신명이 무아지경 혹은 황홀경의 경험이라는 설명은 바로 이러한 몰입 및 심취의 상태를 설명한다고 할 수 있으며, 이러한 점에서 몰입(flow)과의 유사성을 확인할 수 있을 것이다.

⑤ 중재적 조건

중재적 조건(intervening conditions)은 주어진 상황 또는 맥락적 조건에서 취해지는 작용 / 상호작용의 전략을 조절하는 작용을 한다(Strauss & Corbin, 1998). 신명에서 중재적 조건이란 신명을 강화하기 위한 전략, 즉 몰입 및 심취하기와 감정의 분출 및 발산에 영향을 미치는 조건들을 의미하며, 표 30과 같이 나타낼 수 있다.

중재적 조건 역시 신명의 유형과 관계없이 유사한 성격을 갖는 것으로 나타났는데, 그것은 '자기(혹은 집단)가치감을 확인'하는 것이고, 그것은 주로 다른 이들과 '감정을 공유'함으로써 이루어진다는 속성을 지닌다.

표 30. 중재적 조건의 속성과 차원

유 형	중재적 조건	속 성	차 원
전환적 사건에 의한 신명	자기가치감 확인하기	어려웠던 과거의 회상 남들에게 인정받기	적다――크다 적다――크다
우리의식에 의한 신명	집단 가치감 확인하기	소속감 확인하기 감정 공유하기	적다――크다 적다――크다
자기표현에 의한 신명	자기가치감 확인하기	감정 공유하기	적다――크다

　　특히 중요한 과정은 '감정 공유하기'인데, 전환적 사건에 의한 신명에서는 타인들에게 자신의 가치가 회복된 것을 인정받음으로써('환호를 했고, 옆에 있는 사람과 같이 기뻐하고, 아는 사람들에게 문자를 보냈다(사례 13)', '하느님께 먼저 감사했고 기도드렸습니다. 그 후 직장 동료들에게 알리고 아버님께 알렸습니다(사례 208)'), 우리의식에 의한 신명에서는 '우리'와 함께 신명을 '공경험'함으로써('혼자가 아니라 그런 감정을 공유할 수 있는 사람들이 많아서(사례 1)', '주위의 모든 함께하는 사람들이 서로 감정을 공유하고 있다는 느낌이 들었고, 내가 자유롭게 행동하여도 모두 용인될 것 같았다(사례 57)'), 자기표현에 의한 신명에서는 표현행위를 통해 자신의 가치를 자각하고 타인들에게 인정받음으로써('그때 앞쪽에 앉은 관객들 반응이 제가 느끼는 감정하고 비슷하게 울거나 슬픈 반응을 보일 때 그때 내가 전달하려고 하는 게 이 사람들한테 갔구나. 느꼈죠. 공감한다는 느낌. 그럴 때 더 좋죠(사례 26)'), 신명상황에 더욱 더 몰입하게 되고, 감정 및 행동의 표출이 적극적이 되는 경향을 보였다.

⑥ 결   과

결과(consequences)는 어떤 현상에 대처하거나 그 현상을 다루기 위하여 취해진 작용 / 상호작용 전략에 따라 의도적이거나 자연발생적으로 나타나는 것이다(Strauss & Corbin, 1998). '신명의 기능 및 결과'란 신명경험의 전체적인 과정을 통해 얻어지는 영향력과 효과 등을 포괄하며, 표 31과 같이 제시할 수 있다.

신명경험의 결과 역시, 신명의 유형에 관계없이 유사한 성격을 갖는 것을 알 수 있었다. 즉 누적된 부정적 정서의 해소로 인한 '해소감('가슴에 돌덩이 하나 얹어 놓고 사는 그런 기분인데, 그게 확 걷혀지는 그런 기분(사례 45)', '뻥 뚫리는 것 같은, 스트레스가 해소되는 느낌(사례 29)', '연습기간 마지막을 마무리 짓는 거라는 생각에 전의 나쁜 감정이 확 풀어지는 느낌을 받았어요(사례 69)')'과, '자기(혹은 집단)가치감의 회복 및 확인('마음이 너무 가벼워졌고 생활하는 것이 너무나 즐겁고 행복했다. 어떤 것을 하든지 자신감이 생겼다(사례 113)', '그 공동체에 소속되어 있다는 느낌을 받았고, 계속 그곳에 남고 싶다는 느낌을 받았다(사례 36)', '나도 할 수 있고, 남들에게 뒤처지지 않으며, 무엇이든 열심히 할 수 있다는 생각이 들었다(사례 110)')', 활력 혹은 적극적인 생활태도 등을 의미하는 '긍정적 에너지의 획득('늘 긍정적이고 노력하려는 자세와 마음을 갖게 해 주었죠. 또한 일단 도전해 보는 습관도 생기고, 가능성을 기대하는 마음으로 누리게 됩니다(사례 167)', '삶에 대한 긍정적인 시각이 강해지고 상대적으로 부정적인 생각이나 경험을 내려놓게 해 주었다(사례 148)')', 그리고 '신명경험을 회상하고 다시 신명을 경험하기 위해 동기화되는 과정('영원히 잊을 수 없는 좋은 기억을 준 것으로 생각됩니다. 이렇게 또 생각나는 거 보면(사례 128)', '축제

나, 거리응원이 있다고 하면, 멀리서 보기만 해도 기분이 좋아지게
되었다(사례 62)', '힘들고 슬플 때 피아노를 통해 풀게 되었다(사례
69)')' 등이 신명경험의 결과라 할 수 있다.

표 31. 결과의 속성과 차원

유 형	결 과	속 성	차 원
전환적 사건에 의한 신명	신명경험의 기능 및 결과	해소감	약함――강함
		자기가치감의 회복	적다――크다
		긍정적 에너지의 획득	적다――크다
		회상 및 동기화	적다――많다
우리의식에 의한 신명	신명경험의 기능 및 결과	해소감	약함――강함
		집단 가치감의 확인	적다――크다
		긍정적 에너지의 획득	적다――크다
		회상 및 동기화	적다――크다
자기표현에 의한 신명	신명경험의 기능 및 결과	해소감	약함――강함
		자기가치감의 확인	적다――크다
		긍정적 에너지의 획득	적다――크다
		회상 및 동기화	적다――크다

(2) 신명 유형의 통합

패러다임에 의한 범주 분석 결과, 각 유형의 세부적인 속성에서는
차이가 있었지만 세 유형의 신명은 기본적으로 공통적인 심리적 과
정을 따르며 유사한 감정의 질을 갖는다는 사실이 드러났다.

유형에 따른 인과적 조건은 각각 '전환적 사건의 발생', '계기적
사건의 발생', '자기표현을 하게 되는 사건'으로 나타났지만, 그러한
사건들이 자기(혹은 집단)의 가치를 회복 혹은 확인한다는 공통점을

보였고, 현상은 유형과 관계없이 유사한 쾌감을 의미한다는 것이 밝혀졌다. 맥락적 조건 역시 '과거의 부정적인 자기(혹은 집단)에 대한 인식' 및 '외부적 조건'으로 동일하였고, 작용 / 상호작용 전략도 '분출 및 발산행동'으로 공통적인 속성을 지니는 것으로 나타났으며, 중재적 조건에 있어서도 '자기(혹은 집단)가치감 확인'을 위해 감정을 공유하려는 공통적 특징을 보였다. 마지막으로 신명의 기능 및 결과 역시 유형과 관계없이 동일한 속성을 나타냈다.

따라서 본 연구는 다양한 양상으로 나타나는 신명을 포괄하는 이론을 구축하려는 연구 본연의 목적에 충실하기 위해서 신명의 유형들을 통합하기로 하였다. 우선, 세 유형의 신명이 동일한 메커니즘으로 구성된 경험이라는 전제하에 유형에 따라 구분되었던 범주들을 각각의 속성을 포괄하는 상위범주로 통합하였다.

신명의 인과조건에 해당하는 '자기(혹은 집단)가치의 회복(전환적 사건에 의한 신명)', '우리의식의 재확인(우리의식에 의한 신명)', '자기표현의 인정 및 자각(자기표현에 의한 신명)'은 '자기(혹은 집단)가치의 재발견'이라는 이름으로 다시 명명하였고, 맥락적 조건은 '과거의 부정적 자기(혹은 집단) 인식'과 '외부적 조건'으로, 작용 / 상호작용 전략은 '자기(혹은 집단)가치의 분출 및 발산'으로 통합하였다.

한편, 유형에 관계없이 공통적인 범주를 나타냈던 현상, 중재적 조건 및 결과는 각각 '신명의 쾌감', '감정공유 및 공경험', '신명경험의 기능 및 결과'라는 기존 범주명을 유지하였다.

이와 같이 패러다임의 범주와 속성을 포괄하는 통합과정을 거친 후, 통합적인 신명경험의 패러다임 모형을 그림 4와 같이 제시하였다.

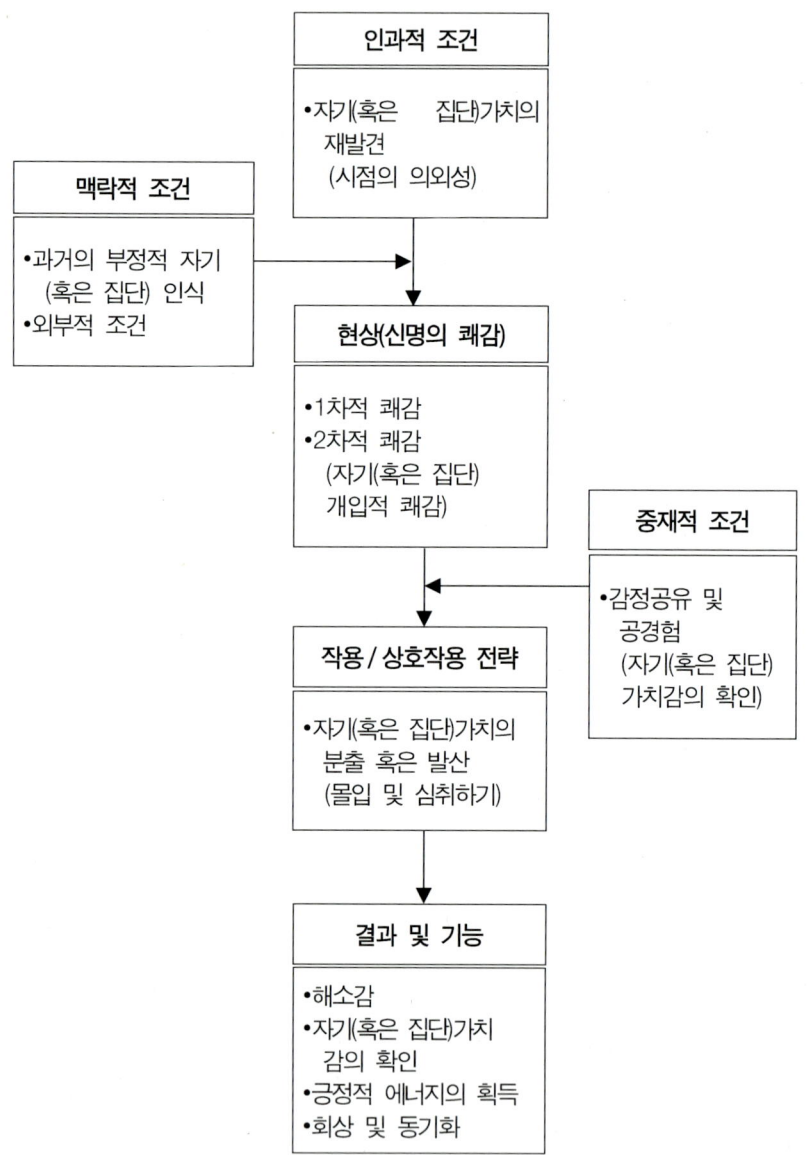

그림 4. 신명경험의 패러다임 모형

4) 선택코딩

선택코딩은 핵심범주를 밝히고 이 핵심범주를 중심으로 다른 모든 범주를 통합시키고 정교화하는 과정이다(Strauss & Corbin, 1998).

(1) 핵심범주 : 자기(혹은 집단)가치의 재발견

본 연구에서는 일반인들의 신명경험을 분석한 결과, 신명경험의 전 과정에서 가장 중요한 의미를 갖는 것은 '자기(혹은 집단)가치의 재발견'이라는 결론에 도달하였다. 이것은 전환적 사건에 의한 신명에서 전환적 사건의 발생을 기점으로 손상된 상태였던 자신(혹은 집단)의 가치감이 회복되는 것을 의미하는 '자기(집단)가치감의 회복'과 우리의식에 의한 신명에서는 어떠한 계기에 의해 한자리에 모인 사람들이 '우리'라는 집단의 존재와 소중함을 다시금 깨닫는 '우리의식의 재확인', 마지막으로 자기표현에 의한 신명에서 표현 행위 중 자신(혹은 집단)의 가치를 새롭게 발견하는 '자기표현의 인정 및 자각'의 의미를 포괄적으로 드러낸 것이다.

요약하자면, 사람들은 자신을 둘러싼 상황이 부정적인 국면에서 긍정적인 국면으로 전환할 때 신명을 경험하며, 그러한 전환은 자기(혹은 집단)가치감과 밀접한 관련이 있다는 것이다. 즉 자신이나 자신이 속한 집단이 부정적이거나 최소한 긍정적이지 않은 상황에 처해 있을 때 사람들은 심리적인 불편감을 느낀다. 자기가치감의 손상을 의미하는 한(恨)은 그 대표적인 부정적 정서이다.

그러다가 어떠한 원인에 의해 그러한 상황이 긍정적인 방향으로 변화하면 부정적 상태에 있던 자기(혹은 집단)가치감이 회복되거나 재확인되면서 강렬한 쾌감이 발생하는데 그것이 바로 신명이며, 이때 부정적인 상황에서 긍정적인 상황으로 전환하게 되는 몇 가지의 경우가 신명의 유형에 해당한다고 볼 수 있다.

이론연구로부터 도출된 신명의 유형 세 가지는 '전환적 사건에 의한 신명'과 '우리의식에 의한 신명', 그리고 '자기표현에 의한 신명'이며, 이들 각각은 자기(혹은 집단)가치감이 회복되거나 자신 혹은 타인들에 의해 확인되는 경우를 의미한다.

(2) 이야기 윤곽(Story Line)의 전개

자기(혹은 집단)가치의 재발견이 신명경험의 핵심범주이긴 하지만 신명경험이 자기가치의 재발견이라는 과정만으로 이루어지는 것은 아니다. 총체적인 신명경험의 과정을 이해하기 위해서, 핵심범주를 다른 범주들에 체계적으로 연관시키고 그들과의 관련성을 확인하여 전체적인 이야기의 형태를 서술하는 이야기 윤곽(Strauss & Corbin, 1998)을 전개할 필요가 있다.

본 연구에서는 핵심범주를 중심으로 패러다임의 각 범주들, 즉 인과적 조건, 현상, 맥락적 조건, 작용/상호작용 전략, 중재적 조건, 결과 사이의 관계를 서술적 문장으로 정리하였다.

신명경험 이전의 상황은 전반적으로 **고통스럽고 힘든 나날 혹은 지루한 일상**으로 묘사된다(**맥락조건**). 오랫동안 자신을 괴롭혀 왔던 문제나 다람쥐 쳇바퀴 돌 듯 단조로운 일상, 삶의 무게 등으로 힘든 상황을 의미한다. 개인적으로 겪게 되는 스트레스나 괴로움 등이 누적되어 왔을 수도 있고, 어떤 집단은 집단 자체의 문제를 갖고 있을 수 있으며, 구성원들 사이의 갈등으로 인해 서로 간의 관계가 소원

해져 있을 수도 있다. 이러한 부정적 상황이 오래 지속될수록 사람들은 자기 자신이나 자신이 속한 집단에 대한 **자기(혹은 집단)가치감에 부정적인 영향**을 받게 된다.

그러한 부정적 상태가 계속되던 중에 **신명을 유발하는 사건이 발생한다(인과조건).** 그것은 **부정적인 자기(집단)가치감을 일거에 회복시키거나, 자기(혹은 집단)가치감을 긍정적으로 확인해 줄 수 있는 사건**들이다. 그러한 사건으로 인해 **유쾌함과 즐거움의 감정인 신명의 쾌감이 발생하게 된다(현상).** 이전의 상태가 부정적이었을수록 이 때 느끼는 쾌감은 크며, 경우에 따라서는 **외부적인 조건(맥락적 조건)**의 작용에 따라 그러한 쾌감이 강화될 수도 있다.

신명이 발생하게 되면 사람들은 우선 기쁨, 즐거움, 신남, 유쾌함 등의 1차적 쾌감을 경험하게 된다. 그리고 **어렵고 힘들었던 과거를 회상하거나, 자신 혹은 집단의 의미와 가치를 반복해서 재확인(중재적 조건)**하면서 **자랑스러움, 뿌듯함 등의 2차적인 쾌감**을 느낀다. 이러한 쾌감은 특히 **주변에 있는 사람들과 공유의 과정(중재적 조건)을 통해서 증폭·극대화**되는데, 이러한 상황은 **감정이나 행동의 표현(작용 / 상호작용 전략)을 자유롭게** 한다.

감정공유의 과정을 통해 감정과 행동의 표현이 자유로워진 상황에서 사람들은 자신의 극대화된 감정들을 표출하기 위해 **고함, 춤, 노래, 도약, 표현행동 등의 분출행동(작용 / 상호작용 전략)**을 하게 된다. 또한 **신명의 쾌감을 보다 강화하고 지속시키기 위해서 사람들은 최대한 그 상황에 몰입 및 심취**하며, 이러한 **감정의 분출의 결과는 다시금 신명의 쾌감을 강화할 것**이라 생각된다.

이러한 분출 혹은 발산의 과정은 신명을 경험하게 되는 원인 및 기타 조건에 따라 명확하게 나타날 수도 있고, 잘 드러나지 않을 수도 있다. 보통 신명을 경험하는 주체가 개인이 아닌 집단인 경우에, 그리고 남들의 시선에 신경 쓰지 않아도 되는 일탈적 조건이 확보되는 경우에 보다 명확히 드러나며, 특히 축제나 놀이 등 일탈적인 상황을 마련하게 되는 우리의식에 의한 신명일 때에는 이 단계는 보다 중요한 의미를 갖는다. 한편, 자기표현에 의한 신명의 경우에는 이러한 분출행동은 표현행위에서 허용하는 범위를 벗어나지 않는 선에서 절제된 형태로 나타난다.

앞서 설명한 여러 조건들의 상호작용의 결과(結果)로 사람들은 **부정적 감정의 배설로 인한 해소감** 외에도 **자기(집단)가치감의 회복 및 확인으로 인한 긍정적 자기가치감 및 또 다른 나날을 살아갈 활력과 삶에 대한 적극적인 태도** 등의 긍정적 효과를 얻는다. 이러한 긍정적인 효과들은 신명상황에서 **거의 동시적으로 경험**되는 것처럼 보이는데, 다만 **회상 및 동기화**의 과정은 신명경험의 사후에 일어난다. 신명경험 이후의 어느 시점에서 과거에 경험한 신명에 대해 회상하는 것은 그 사람의 삶에 다시 활력과 긍정적인 영향을 줄 수 있고, 또한 사람들은 그러한 긍정적 영향을 주었던 신명을 다시 경험하기 위해서 여러 가지의 노력을 기울일 것이다.

4. 연구결과의 평가기준

Glasser와 Strauss(1966)는 질적 연구의 평가기준은 양적 연구의 그것과는 달라야 한다고 주장하였다. 이후, 여러 연구자들에 의해 질적

연구를 평가하는 다양한 기준들이 제안된 바 있지만(Goetz &
Lecompte, 1984; Eisner, 1991; Lather, 1993; Wolcott, 1994), 근거이
론의 접근법을 따르는 연구에서는 Lincoln과 Guba(1985)이 제시한
사실적 가치, 적용성, 일관성, 중립성의 4가지 기준을 평가의 준거로
삼고 있다. 본 연구 역시 그러한 4가지 기준에 의거하여 연구의 전
과정을 관리하였다.

　우선, 사실적 가치란 양적 연구의 내적 타당도에 해당하는 것으로
서 연구의 발견이 얼마나 실제를 반영하고 있느냐에 관한 것이다.
본 연구는 사실적 가치를 확보하기 위해 주제와 관련 있는 최대한의
기존 자료들을 검토하였으며, 다양한 연령 및 배경을 포괄하는 표본
에서 다양한 방법을 이용하여 자료를 수집하였다. 또한 자료의 분석
과정에서 연구자의 주관이 개입되는 것을 방지하기 위하여, 자료의
녹취 및 분류과정에서 연구 보조자들의 조정을 거쳤다.

　두 번째, 적용성은 연구결과가 연구가 이루어진 상황 외에서도 적
용가능한가에 관한 것으로서, 양적 연구의 외적 타당도에 해당한다
고 볼 수 있다. 본 연구는 적용성 확보를 위해 통제된 조건과 규격
화된 자극 및 질문을 사용하여 참여자들의 일관적인 반응을 유도하
였으며, 규격화되고 이론적인 표집방법을 사용하는 리서치기관에 표
집을 위탁함으로써, 표집과정에서 발생할 수 있는 편차를 최대한 억
제하였다.

　세 번째는 일관성으로 자료수집과 분석, 그리고 분석 결과에 일관
성이 존재하는가에 대한 문제로, 양적 연구의 신뢰도에 해당한다. 본
연구가 채택한 규격화된 질문지 및 면접형식과 자료표집 방법은 연
구과정 및 결과의 일관성을 담보하기에 충분하다고 생각된다. 또한
여러 학문 분야의 다양한 질적 연구자들의 견해와 연구를 참조하여

연구를 설계하였고, 연구의 전 과정을 최대한 구체적으로 기술하였다.

마지막으로, 중립성이란 연구과정 및 결과에서 연구자의 편견이 배제되어야 함을 뜻한다. 즉 연구자가 특정 시각을 증명하려 한다거나 미리 결정된 결론에 도달하기 위해 자료를 조작해서는 안 된다는 것이다. 본 연구는 자료 수집 및 분석의 모든 과정에서 연구 보조자들이 개입하여 연구자의 주관 및 편견을 배제한 참여자들의 경험을 그대로 반영하고자 하였고, 자료에 충실하게 연구를 수행하였다.

5. 논 의

연구 3에서는 근거이론의 절차(Strauss & Corbin, 1998)에 의거하여 신명경험의 심리적 과정과 역할을 살펴보았다. 수집된 자료들에 대한 분석을 통해, 두 가지의 중요한 결과를 도출하였다. 그 첫 번째는 일반인들의 신명경험이 실제로는 다양한 차원에서 발생할 수 있음을 밝힌 것이다.

본 연구는 일반인들의 실제 신명경험을 이론화하는 과정에서 사람들이 적어도 세 차원, 즉 ① 전환적 사건에 의한 자기(혹은 집단)가치의 회복, ② 공감과 공경험을 통한 우리의식의 재확인, 그리고 ③ 자기표현 행위에서의 자기가치의 확인 등에 의해 신명을 경험한다는 것을 알아냈다.

이러한 결과는 '한이 풀리면 신명이 난다'는 식의 모호한 설명에서 나아가 사람들이 실제로 신명을 경험하는 방식을 체계적이고 규격화된 방법으로 규명했다는 데 일차적인 의의가 있으며, 신명이 다양한 차원에서 발생할 수 있음을 밝혀 이제까지의 신명에 대한 논의가 왜 서로 이질적인 분야들에서 이루어져 왔는가에 대한 설명을 제공하였다는 데에서 또한 의의를 찾을 수 있다. 신명을 경험하는 차원이 다양하다는 사실은, 앞으로 다양한 분야에서 신명이라는 개념이 활용될 수 있음을 의미한다.

두 번째는 신명경험의 구조화하였다는 점이다. 본 연구는 자료를 분석하는 과정을 통해서 신명경험의 전반적인 구조와 세부적인 조건들 및 그 역할들을 밝혔다. 요약하자면, 신명경험은 자신(혹은 집단)의 가치를 다시 발견하는 데에서 기인하는 쾌감에서 비롯되며, 그러한 쾌감은 신명 이전의 상황이 부정적이었을수록, 또는 신명상황의 외부적 조건에 의해서 조절된다. 신명의 쾌감은 다른 이들과의 감정공유를 통해 한층 증폭되며, 이러한 감정들을 조절하기 위해 분출 및 발산행동에 몰입하게 되고, 그러한 과정이 신명의 쾌감을 다시 강화하게 된다. 또한 신명경험은 부정적 정서의 해소 및 자기가치감의 고양 등의 긍정적인 결과를 초래하는 것으로 나타났다.

이러한 신명경험의 과정들 중에서 특히 중요한 것은 다음의 세 가지이다. 첫 번째는 '자기(혹은 집단)가치의 재발견'으로 신명경험을 구성하는 가장 중요한 핵심범주에 해당한다. 이것은 전환적 사건의 신명에서 전환적 사건의 발생을 기점으로 손상된 상태였던 자신(혹은 집단)의 가치감이 회복되는 순간이고, 우리의식에 의한 신명에서는 한자리에 모인 사람들이 '우리'라는 이름 아래 서로의 존재와 소중함을 다시금 깨닫는 순간이며, 자기표현에 의한 신명의 경우에서는 표현의 행위 중에서 자신(혹은 집단)의 가치를 새롭게 발견하는 시점을 의미한다.

'자기(혹은 집단)가치의 재발견'의 의미는 그것이 신명의 성격을 결정한다는 데 있다. 즉 신명은 자기(혹은 집단)의 가치와 관련한 경험이다. 다시 말해서, 자신 혹은 자신이 속한 집단의 가치가 개입되지 않은 쾌감(예를 들어, 놀이기구를 탔을 때 느끼는 생리적 쾌감 등)만으로는 그것을 신명이라 부를 수 없다는 것이다. 이와 같은 관점에서 한국문화에서 신명이 자주 한(恨)과 관련해서 언급되어 왔다는 점을 이해할 수 있다.

두 번째는 '공감 및 공경험'이다. 이것은 전환적 사건의 신명에서 전환적 사건의 발생을 기점으로 회복된 자신의 가치감을 자신을 비롯한 주변인들에게 확인하는 과정이고, 우리의식에 의한 신명에서는 재확인한 우리라는 집단의 가치와 그 기쁨을 서로 나누고 함께 경험하는 과정이며, 자기표현에 의한 신명의 경우에서는 확인된 자신의 가치를 다른 이들로부터 인정받고, 표현하고자 하는 것들을 다른 이들과 공감하고 공유하는 과정을 뜻한다. 이러한 공감 및 공경험은 신명경험의 중요한 특징 중 하나인 감정의 전이를 설명하며, 신명상황에서 이루어지는 발산 및 분출행동이 보다 쉽게 일어나기 위한 전제조건에 해당한다.

신명경험에 있어서 또 하나의 중요한 심리적 과정은 '자기(혹은 집단)가치의 분출 혹은 발산'이다. 이는 전환적 사건의 신명에서 과거의 어려운 시절을 회상하며 눈물을 흘리고, 기쁨을 만끽하기 위해 펄쩍펄쩍 뛰고 고함을 치는 등의 행동을 하는 때이며, 우리의식에 의한 신명에서는 합창 혹은 군무(群舞)로 집단적인 기쁨을 발산함과 동시에 서로 간의 갈등이나 개인적인 부정적 감정들의 찌꺼기를 배설하는 과정이고, 자기표현에 의한 신명의 경우에는 자신이 표현하고 있는 행위에 자신의 모든 에너지를 담아 표출해 내는 순간이다.

여기서 중요한 의미를 갖는 행위는 '발산'이다. 어떠한 유형을 막론하고 신명상황에서 사람들은 모두 무언가를 격렬하게 분출한다. 소리를 지르고, 웃고, 울고, 눈물을 흘리고, 펄쩍펄쩍 뛰거나 팔다리를 휘젓는다. 사람들이 분출하는 것은 일차적으로 신명에 이르게 된 기쁨이다. 전환적 사건으로 인한 자기가치의 회복, '우리는 하나'임을 확인하는 기쁨, '내 것'을 표현하고 있다는 즐거움 등이 그것이다.

이 과정에서 그러한 기쁨을 더욱 강화하기 위한 노력을 기울이게 되는데, '몰입 및 심취하기'로 나타낼 수 있는 이러한 노력은 신명의 기쁨을 한층 강화하고, 그간에 쌓였던 부정적 정서와 표출되지 못했던 에너지를 발산하는 것을 돕는다. 공감 및 공경험을 통해 형성된 너와 내가 구분되지 않는 분위기는 평소에 사회적 지위나 체면 때문에 표현할 수 없었던 개인적인 감정의 표출을 보다 자유롭게 해 준다.

연구 3의 의의는 일반인 개개인의 신명 경험을 토대로 신명 경험의 과정과 구조를 파악했다는 데 있다. 과거의 신명에 대한 논의가 연구자들의 한국문화에 대한 통찰에 근거하여 이루어져 왔다면, 본 연구는 신명을 개인의 경험으로 보고 일반인들로부터 수집한 자료를 근거로 하여 신명경험의 과정과 구조 및 그 의미를 재구성하였다.

연구 4
신명척도의 개발 및 타당화

　연구 4에서는 연구 3을 통해 구조화된 신명경험을 실증적으로 검증하기 위해 신명경험을 구성하는 여러 변인들을 척도화하여 신명경험의 구조를 밝히고, 신명과 관련 있다고 생각되는 여러 변인들과의 관계를 살펴봄으로써 신명을 개념적으로 타당화하고, 신명개념의 앞으로의 활용가능성을 논의할 것이다.

　그러한 목적을 위해 연구 4는 세 단계로 구성되었다. 첫 단계는 신명경험을 측정할 척도를 개발하는 부분이고, 두 번째 단계에서는 개발한 척도를 이용하여 신명경험을 구조화할 것이며, 마지막으로 신명경험과 기타 긍정적 지표를 나타내는 변인들과의 관계를 살펴볼 것이다.

1. 신명척도의 개발

1) 신명경험 검증모형의 구성

신명경험을 측정하는 척도를 개발하기 전에, 우선 신명경험의 구조를 실증적으로 검증할 수 있는 모형을 구성하였다. 모형은 연구 3에서 도출한 구조를 기본으로 신명경험의 특성과 연구의 목적에 적합하도록 수정을 거쳐 구성하였는데, 질적 연구에서의 이론적 모형을 수정한 구체적인 이유는 다음과 같다.

첫 번째는 본 연구의 궁극적인 목적이 통합적인 신명경험의 모형을 구축하는 데 있었기 때문이다. 일반인들은 다양한 원인에 의해서 신명을 경험하는 것으로 나타났고, 그 원인에 따라 신명을 세 개의 유형으로 구분할 수 있었다. 그러나 분석 결과, 서로 다른 유형이라고는 해도 모든 신명경험은 공통적인 경험의 구조로 이루어져 있음이 확인되었고, 신명을 총체적으로 이해하기 위해서는 서로 다른 유형을 통합하는 편이 낫다고 판단하였다. 따라서 신명의 유형에 따라 세분화되는 패러다임의 각 범주들을 각각의 속성을 포괄적으로 반영하는 상위범주로 통합하여 패러다임 모형을 재구성한 것이 113쪽의 통합모형(그림 4)이다.

이러한 가설적 모형을 실증적으로 검증하기 위해서는 각 조건들을 측정하는 문항을 제작해야 하는데, 여기에서 가설적 모형을 수정해야 할 첫 번째 필요가 제기되었다. 예를 들면, 통합모형에서의 중재적 조건인 '감정공유 및 공경험'은 신명의 세 유형의 중재적 조건들을 공통적으로 나타나는 속성으로 통합한 것으로, 주위 사람들과의 감정공유라는 성격을 갖지만 그 구체적 양상은 신명의 유형에 따라 약간씩 다르다. 전환적 사건에 의한 신명에서의 감정공유는 회복된 자기(혹은 집단)의 가치를 타인들에게 확인받으려는 성격이 두드러지는 데 비해, 우리의식에 의한 신명의 경우에는 집단구성원들과의 공경험이 강조된다. 그리고 자기표현에 의한 신명에서의 감정공유는 자신의 표현을 받아들이는 타인들과의 상호작용이라는 성격이 강하다.

즉 본 연구에서 검증해야 하는 신명경험의 가설적 모형은 유형을 통합한 통합모형이기 때문에 모형을 구성하는 각 범주들은 일반적이고 추상적인 문항으로 측정될 필요가 있다.

두 번째 이유는 신명경험의 특성에 기인한다. 연구 3에서 신명경험을 구성하는 여러 조건들을 추출하고 그 구조를 이론화하였지만, 근본적으로 신명은 문화적으로 습득된 경험체계에 의해 무의식적으로 경험되기 때문에 신명을 경험하는 사람에 의해서 그러한 조건들과 구조가 명확하게 인식되지는 않는다.

예를 들면, 연구 3에서 추출한 조건들 중에 맥락적 조건에서의 '과거의 부정적 자기(혹은 집단) 인식'이라든지, 중재적 조건인 '감정의 공유 및 공경험' 등은 신명을 경험하는 이들이 목적의식을 갖고 의식적으로 취하는 행동이라고는 볼 수 없다. 따라서 신명경험을 측정하기 위한 척도에 질적 연구의 결과 구성된 이론적 모형을 그대로 반영하는 것은 무리가 따른다.

이러한 이유로 본 연구는 연구 3에서 도출한 이론적 모형을 수정하여 그림 5와 같은 검증모형을 구성하였다.

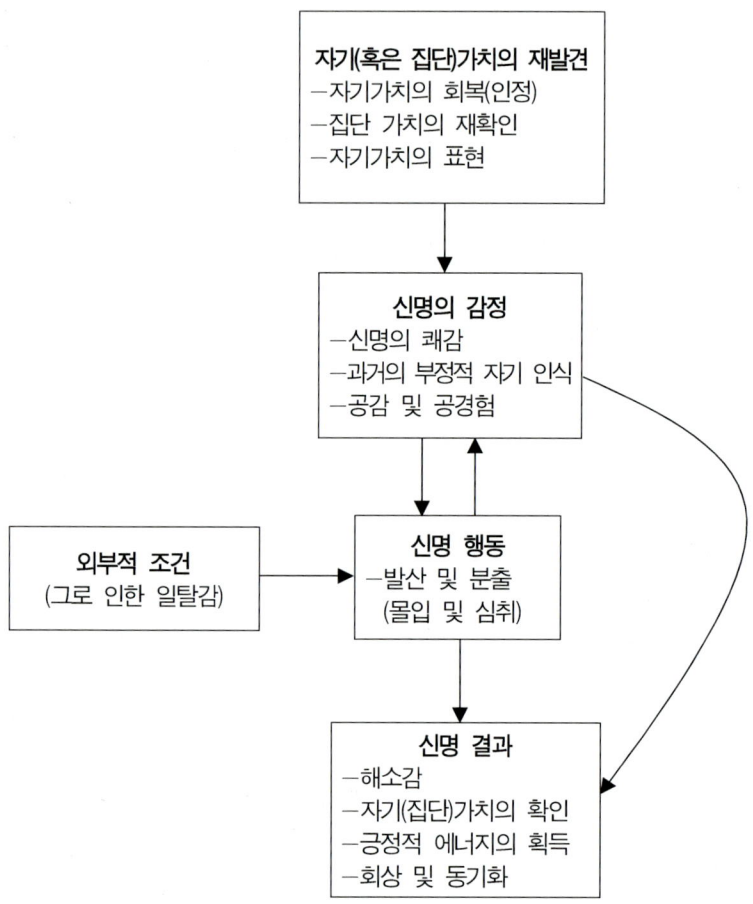

그림 5. 신명경험의 검증모형

　그림 5에 따르면 연구 3의 가설적 모형이 다음과 같이 수정되었음을 알 수 있다. 맥락적 조건의 '과거의 부정적 자기 인식'과 중재적 조건인 '공감 및 공경험'을 넓은 의미의 신명의 감정으로 포함시켰고, 맥락적 조건의 하나인 외부적 조건은 신명의 행동에 영향을 미칠 것으로 보았다. 또한 자료 분석 과정에서 드러난 신명경험의

특성상, 신명의 감정과 행동이 서로에게 영향을 미칠 것으로 가정하였고, 신명 행동뿐 아니라 신명의 감정도 신명 결과에 영향을 줄 것으로 보아 전체적인 모형을 구성하였다.

2) 연구방법 및 절차

(1) 조사대상

척도의 개발과 타당화를 위해 온라인 리서치 기관(엠브레인 : www.embrain.com)에 표본수집을 의뢰하여 685명을 대상으로 조사를 실시하였다. 그중에서 전체 응답자의 평균 반응시간에 훨씬 못 미치거나 불성실한 응답자를 걸러내기 위한 3개의 문항에 잘못 응답한 122명의 자료를 제외한 총 563명의 자료를 분석에 사용하였으며, 이 중 333(59.1%)명은 척도개발을 위해, 나머지 230(40.9%)명의 자료는 구조화 및 타당화 연구에 사용하였다.

분할한 표본들은 교차 분석을 통해 동질성을 파악하였으며, 그 결과 성차(χ^2=.001, p=.978)와 연령대(χ^2=2.363, p=.501) 및 직업(χ^2=2.329, p=.676)에 있어서 동질한 집단임이 확인되었다. 척도구성에 사용한 표본의 인구통계적 특성은 다음과 같다(표 32).

표 32. 조사 대상자들의 인구통계학적 특성(척도개발 표본)

구 분		사례 수	백분율(%)
성 별	남	164	49.2
	여	169	50.8
연령대 M=39.3 SD=11.3	20대	83	24.9
	30대	75	22.5
	40대	93	27.9
	50대	82	24.6
직 업	학생	40	12.0
	회사원	127	38.1
	자영업	39	11.7
	주부	80	24.0
	기타	47	14.1

(2) 예비문항의 작성

우선, 그림 5의 신명경험 모형을 하위요인으로 분류한 뒤 각각에 대한 예비문항을 제작하였다. 예비문항들은 연구 3의 질적 자료 분석과정에서 나타난 일반인들의 신명경험에 근거하여 작성되었으며, 하위요인의 구조와 명칭은 수정한 신명경험 모형을 따랐다.

신명의 인과조건에 해당하는 '자기(혹은 집단)가치의 재발견'은, '자기가치의 인정' 9문항, '집단 가치의 재발견' 10문항, '자기가치의 표현' 16문항 등 총 35문항을 제작하였고, 맥락적 조건 중 하나인 '외부적 조건'은 외부적 조건의 존재와 관련되는 5문항과 외부적 조건으로 인한 일탈감 7문항의 12문항을 제작하였다.

'신명의 감정'은 신명의 쾌감에 해당하는 15문항(1차적 쾌감 8문항, 자기관여적 쾌감 7문항)과 '공감 및 공경험'의 감정 8문항, '과거의 부정적 자기 인식'과 관련한 회상적 감정 7문항 등 총 30문항이

었으며, '신명의 행동'은 '분출행동' 8문항과 '몰입 및 심취' 10문항
의 18문항이었다. 마지막으로 '신명의 결과'는 '해소감' 10문항, '자
기(혹은 집단)가치감의 확인' 및 '긍정적 에너지의 획득'에 해당하는
'친밀감 및 동질감'과 '활력 및 능력감'이 15문항, '회상 및 동기화'
6문항 등 총 31문항을 제작하였다.

　다음으로 제작된 예비문항 126문항을 석, 박사과정 대학원생 3명
(박사과정 1인(남, 33세), 석사과정 2인(여, 28세, 24세))에게 평가하
도록 하여 모호한 표현이나 부적절한 차원 등을 수정하였고, 하위요
인의 종류에 관계없이 순서대로 배열하여 설문지를 구성하였다. 각
문항은 '전혀 그렇지 않다'에서 '매우 그렇다'까지 Likert 5점 척도로
평가하도록 하였으며, 불성실한 응답을 막기 위한 문항 3개를 문항
들 사이에 삽입하였다.

3) 결　과

　본 연구는 다음과 같은 준거를 사용하여 각 하위차원에 해당하는
문항들을 선정하였다. 첫째, 당 하위차원에서의 문항-총점 간 상관이 .30
이상 .85 미만인 문항을 선별하였으며, 둘째, 주축요인분석(Principal
axis analysis)의 사각회전(Direc Oblimin) 결과 이론적으로 예상되는
차원에 부하하면서 요인 부하량(factor loading)이 .30 이상인 문항을
선정하였다. 세 번째로, 요인 분석의 결과와 실제 문항을 대조하여
의미가 중복되는 문항들은 제외하였다.

(1) 신명 인과조건 : 자기(혹은 집단)가치의 재발견

총 35개의 문항 중, 최종적으로 16개의 문항이 선정되었으며 그 결과는 표 33과 같다.

표 33. 신명 인과조건 문항의 pattern matrix

문 항	M (SD)	요인 1	요인 2	요인 3
내가 한 일을 남들에게 인정받을 때	4.25 (.72)	.884		
나의 진정한 가치를 남들이 알아줄 때	4.28 (.76)	.885		
나의 능력(실력, 가치)이 남들을 감동시켰을 때	4.30 (.75)	.588		
나의 실력을 좋게 평가받았을 때	4.16 (.73)	.768		
내가 하려고 했던 바를 남들이 이해해 줄 때	4.00 (.78)	.581		
우리는 하나라는 느낌이 들 때	3.37 (.96)		.723	
어떤 집단에 속했다는 사실이 자랑스러울 때	3.49 (.89)		.754	
모두가 함께 느끼고 함께 경험한다는 느낌이 들 때	3.52 (.89)		.889	
나의 마음을 남들이 알아준다는 느낌을 받을 때	4.01 (.78)		.466	
어떤 집단이나 단체와 자신을 완전히 동일시할 때	3.34 (.92)		.765	
말을 하지 않아도 다른 사람들의 마음을 알 수 있을 것 같을 때	3.48 (.85)		.571	
나의 능력(실력, 가치)이 새로운 경지에 도달했을 때	4.31 (.72)			.559
나의 능력(실력, 가치)을 남들에게 최대한 보여줄 때	4.32 (.74)			.602
내가 진정으로 바라는 일을 할 때	4.52 (.67)			.878
내가 하고 싶은 일을 마음껏 할 때	4.20 (.79)			.581
내 힘으로는 불가능하리라고 생각했던 것을 해냈을 때	4.45 (.73)			.698
고유치(eigen value)		5.677	4.505	5.007
설명변량(%)		42.16	11.56	4.24
Cronbach' s α		.85	.86	.90
요인평균(표준편차)		4.20 (.63)	3.54 (.69)	4.36 (.58)

*요인 1 : 자기가치의 인정,   요인 2 : 우리의식의 확인,   요인 3 : 자기가치의 표현

표 33에서 알 수 있듯이, 신명 인과조건은 세 가지 요인으로 구성되어 있었으며 총 설명변량은 57.96%였다. 전체 변량 중에서 1요인은 42.16%를, 2요인은 11.56%를, 3요인은 4.24%를 설명하였으며, 신뢰도 분석 결과 각 요인들의 내적 일치도(Cronbach'α)는 .85에서 .90으로 수용할 만한 수준이었다.

1요인(5문항)은 자신의 능력이나 남들에게 인정받는 경우를 의미하여 '자기가치의 인정'이라 명명하였고, 2요인(6문항)은 '우리'라는 집단과 자신을 동일시하고 그들과 함께한다는 감정이 드는 경우에 해당하여 '우리의식의 확인'이라 명명하였다. 세 번째 3요인(5문항)은 자신의 새로운 능력을 발견하거나 표현하는 경우를 뜻하여 '자기가치의 표현'이라 명명하였다.

(2) 신명 맥락조건 : 외부적 조건

맥락조건은 예비문항 12문항 중 9문항이 선정되었고, 그 결과는 표 34와 같다.

표 34. 신명 맥락조건 문항의 pattern matrix

문　　　　　항	M (SD)	요인 1	요인 2
일상에서 벗어난다는 느낌을 받을 때	3.61 (.92)	.671	
평소에 하지 못하던 일들을 할 수 있을 때	3.86 (.84)	.751	
무슨 일을 해도 허용될 수 있다는 느낌이 들 때	3.57 (.95)	.768	
체면치레를 하지 않아도 될 때	3.36 (.96)	.698	
남들의 눈치를 보지 않아도 될 때	3.53 (1.00)	.603	
많은 사람들이 모여 있을 때	2.84 (.96)		−.542
큰 소리의 음악이 들려올 때	3.06 (1.05)		−.870
흥분되는 반복적인 리듬이 계속될 때	3.11 (.99)		−.972
여러 가지 상황이 맞아떨어진다는 느낌이 들 때	3.59 (.89)		−.418
고유치(eigen value)		3.249	2.894
설명변량(%)		41.54	12.14
Cronbach's α		.83	.82
요인평균(표준편차)		3.59 (.72)	3.15 (.78)

*요인 1 : 일탈감,　요인 2 : 외부조건

표 34에 따르면, 신명의 맥락조건은 두 요인으로 구성되었으며 총 설명변량은 53.68%였다. 전체 변량 중에서 요인 1은 41.54%를, 요인 2는 12.14%를 설명하였다. 각 요인의 신뢰도 계수는 .83과 .82로 높은 편으로 나타났다.

1요인(5문항)은 평소와는 달리 남들의 시선을 의식하지 않고 자유로운 기분이 들 때를 의미하는 것으로 '일탈감'이라 명명하였으며, 2요인(4문항)은 당시의 분위기 등 외부적 조건을 의미하는 문항들로 '외부적 조건'이라 명명하였다.

(3) 신명의 감정

30개의 예비문항 중 최종적으로 15문항이 선정되었으며, 총 설명변량은 61.65%였다(표 35).

표 35. 신명 감정 문항의 pattern matrix

문 항	M (SD)	요인 1	요인 2	요인 3
내(우리)가 이뤄낸 일을 생각하니 감동적이다	3.70(.86)	.684		
내(우리)가 이런 일을 할 수 있다는 것이 자랑스럽다	3.73(.88)	.803		
내(우리)의 가치를 다른 이들에게 알린 것이 뿌듯하다	3.80(.90)	.830		
내(우리)의 능력을 모두 발휘할 수 있어서 기쁘다	3.77(.92)	.547		
힘들었던 과거의 일들이 보상받는 느낌이다	3.50(.98)	.635		
과거의 어려움을 이겨낸 내(우리)가 자랑스럽다	3.78(.82)	.825		
우리가 함께 있다는 사실 자체가 감동적이다	3.38(.89)	.307		.548
우리가 서로의 감정을 공유한다는 것이 감동적이다	3.42(.82)			.843
주위의 사람들이 느끼고 있는 것을 나도 느끼는 것 같아서 기쁘다	3.29(.79)			.468
여러 사람이 하나가 되어 뭔가를 한다는 사실이 감격적이다	3.46(.88)			.744
다른 사람(들)의 감정을 완전히 이해할 수 있을 것 같아서 기쁘다	3.14(.84)			.391
걷잡을 수 없이 흥분된다	3.10(1.00)	.353	.557	
이루 말할 수 없이 즐겁다	3.42(1.09)		.690	
뭘 어떻게 해야 할지 모를 정도로 기쁘다	3.19(1.02)		.809	
훨훨 날고 있다는 느낌이 든다	3.13(1.13)		.862	
고유치(eigen value)		6.900	5.783	5.760
설명변량(%)		51.98	5.52	4.15
Cronbach's α		.91	.87	.86
요인평균(표준편차)		3.71 (.74)	3.21 (.90)	3.34 (.68)

*요인 1 : 2차적 쾌감,　요인 2 : 1차적 쾌감,　요인 3 : 공감

　표 35에 따르면, 신명의 중심현상 및 맥락적 조건의 일부와 중재적 조건을 포괄하는 신명의 감정은 3요인으로 구성되며, 1요인은 전체 변량의 51.98%를 설명하고, 2요인은 5.52%, 3요인은 4.15%를 설명하는 것으로 나타났다. 신뢰도 분석 결과, 내적 일치도는 .86에서 .91로 양호한 수준을 기록하였다.

1요인(6문항)은 자신(혹은 집단)의 가치와 관련된 감정으로 '2차적 쾌감'이라 명명하였으며, 2요인(4문항)은 신명 상태의 일차적인 느낌과 감정을 의미하는 것으로 '1차적 쾌감'이라 명명하였다. 마지막 3 요인(5문항)은 그러한 쾌감과 더불어 그 순간을 다른 이들과 함께 경험하고 있다는 사실에 대한 감정으로 '공감'이라 명명하였다.

(4) 신명 행동

문항 분석 결과, 18개의 예비문항 중에 최종적으로 7문항이 선정되었으며 총 설명변량은 55.03%였다. 결과는 표 36과 같다.

표 36. 신명 행동 문항의 pattern matrix

문항	M (SD)	요인 1	요인 2
그 상황에 더욱더 빠져들려고 애쓴다	3.17(.91)		−.587
그 순간에 하고 있는 행위에 몰두한다	3.47(.87)		−.898
내 자신의 느낌에 빠져든다	3.35(.91)		−.565
큰 소리로 웃고 목청껏 소리를 지른다	2.95(1.09)	.651	
처음 만난 사람이라도 껴안고 펄쩍펄쩍 뛴다	2.26(1.10)	.728	
현재의 느낌, 감정을 최대한 표현한다	3.39(1.01)	.653	
내가 할 수 있는 모든 방식으로 나의 감정을 나타낸다	3.17(.96)	.687	
고유치(eigen value)		2.870	2.640
설명변량(%)		47.08	7.94
Cronbach's α		.81	.77
요인평균(표준편차)		2.94(.83)	3.33(.74)

*요인 1: 분출, 요인 2: 몰입

표 36에서 알 수 있듯이, 신명의 작용/상호작용 전략이라 할 수 있는 신명의 행동은 2요인으로 구성된다. 1요인은 전체 변량의 47.08%

를, 2요인은 7.94%를 설명하는 것으로 나타났다. 신뢰도 분석 결과, 내적 일치도는 .81, .77로 수용할 만한 수준이었다.

1요인(4문항)은 자신의 감정과 느낌을 외부로 표현하는 것을 의미하며 '분출'이라 명명하였고, 2요인(3문항)은 당시의 느낌 및 행동에 몰입하는 경향을 나타내는 것으로 '몰입'이라 명명하였다.

(5) 신명 결과

문항 분석 결과 31개의 예비문항 중에서 최종적으로 21문항이 선정되었으며, 총 설명변량은 66.04%였다. 결과는 표 37에 제시하였다.

표 37에서 알 수 있듯이, 신명의 결과는 4요인으로 구성되었다. 1요인은 전체 변량의 56.97%를, 2요인은 4.07%를 설명하였으며, 3요인은 2.75%, 4요인은 2.25%를 설명하는 것으로 나타났다. 신뢰도 분석 결과, 각 요인들의 내적 일치도는 .84에서 .93으로 양호한 수준이었다.

1요인(7문항)은 자신감 및 적극적 태도와 관련 있으며 '활력 및 긍정적 에너지'라 명명하였고, 2요인(6문항)은 신명을 함께 경험한 이들에 대한 친밀감 및 동질감을 의미하여 '동질감'이라 명명하였다. 3요인(4문항)은 감정의 해소 및 해방감을 뜻하여 '해방감'으로, 4요인(4문항)은 다음에 다시 신명을 경험하고 싶은 바람과 의도를 의미하여 '동기화'로 명명하였다.

표 37. 신명 결과 문항의 pattern matrix

문　　　　항	M (SD)	요인 1	요인 2	요인 3	요인 4
나쁜 감정들이 씻겨 내려간 듯하다	3.48(.97)			.900	
현실을 초월한 느낌이 든다	3.02(1.05)			.419	
자유로워졌다는 느낌을 받는다	3.47(.88)			.630	
다른 세상에 있는 것 같다	2.92(1.04)			.341	
함께한 집단의 일원이라는 마음이 강해졌다	3.51(.92)		−.677		
함께한 사람들을 아끼고 사랑하게 되었다	3.59(.87)		−.684		
함께한 집단의 구성원이라는 것이 자랑스럽다	3.41(.88)		−.901		
함께한 사람들과 내가 하나라는 생각이 강해졌다	3.39(.91)		−.856		
함께한 사람들을 위한 일을 하고 싶은 생각이 든다	3.43(.85)		−.759		
함께한 사람들에 대한 배려와 포용력이 생겼다	3.56(.82)		−.648		
어떤 어려움도 이겨낼 수 있을 것 같다	3.76(.93)	.437			
내가 살아 있다는 느낌이 강하게 든다	3.67(.98)	.372			
적극적이고 능동적으로 살 수 있다	3.81(.89)	.379			
더 열심히 살 수 있을 것 같다	3.55(.91)	.836			
내 자신이 훨씬 가치 있는 사람이 된 것 같다	3.83(.80)	.503			
모든 일에 자신감이 생긴다	3.77(.89)	.620			
무엇이든 해낼 수 있을 것 같다	3.58(.93)	.483			.379
같은 경험을 또 하고 싶다고 생각한다	3.83(.97)				.686
다시 같은 경험을 하기 위해서 가능한 노력을 기울일 것이다	3.75(.94)				.431
가끔 당시의 일을 떠올리게 된다	3.79(.83)				.313
그런 일이 또 생겼으면 좋겠다고 생각한다	3.82(.96)				.652
고유치(eigen value)		9.014	10.016	7.594	7.896
설명변량(%)		56.97	4.07	2.75	2.25
Cronbach's α		.93	.93	.84	.85
요인평균(표준편차)		3.66 (.75)	3.48 (.75)	3.22 (.81)	3.80 (.77)

*요인 1 : 활력 및 긍정적 에너지,　요인 2 : 동질감,　요인 3 : 해방감,　요인 4 : 동기화

2. 신명경험의 실증적 검증

다음으로, 앞서 구성한 척도를 바탕으로 신명경험의 구조적인 관계를 실증적인 방법으로 검증하고자 하였다. 이러한 목적을 위해, 예상되는 변인들의 관계를 종합하여 가설적 구조방정식 모형을 설정하고 이를 검증하였다.

1) 가설적 관계

본 연구(연구 4)에서 실증적 검증을 위해 수정한 통합모형을 근거로 변인들 사이의 가설적 관계를 재구성하였다.

(1) 인과조건과 현상의 관계

본 연구에서 도출된 신명의 인과조건은 '자기가치의 인정', '우리의식의 확인' 및 '자기가치의 표현'이며, 현상은 신명의 감정, 즉 '1차적 쾌감', '2차적 쾌감', '공감'이다. 근거이론에서 인과조건은 현상을 야기하며, 이러한 내용을 가설의 형식으로 기술하면 다음과 같이 표현할 수 있다.

> **가설 1:** 자기가치의 인정은 신명의 감정에 정적인 영향을 줄 것이다.
>
> **가설 2:** 우리의식의 확인은 신명의 감정에 정적인 영향을 줄 것이다.
>
> **가설 3:** 자기가치의 표현은 신명의 감정에 정적인 영향을 줄 것이다.

(2) 현상과 작용 / 상호작용 전략의 관계

신명의 감정과 행동은, 각각 근거이론에서의 현상과 작용 / 상호작용 전략에 해당한다. 근거이론에 따르면, 사람들은 현상을 조절하기 위해 작용 / 상호작용 전략을 사용하고, 그에 따라 현상은 다시 영향을 받는다.

신명경험에서 사람들은, 강렬한 감정(현상)을 더욱 강하게 느끼고 이를 표현하기 위해 다양한 분출행동을 하며 그 상황에 몰입한다. 그러한 행동을 통해 신명의 감정은 다시 강화되고, 이와 같이 신명의 감정과 행동은 서로 상호작용한다. 이러한 내용을 가설 형식으로 기술하면 다음과 같다.

> **가설 4:** 신명의 감정은 신명 행동에 정적인 영향을 줄 것이다.
> **가설 5:** 신명 행동은 신명의 감정에 정적인 영향을 줄 것이다.

(3) 맥락적 조건과 작용 / 상호작용 전략의 관계

맥락적 조건은 인과적 조건이 현상을 야기하는 배경이 되는 조건들이며, 작용 / 상호작용 전략에 영향을 미친다. 수정모형에서 신명의 맥락적 조건은 '외부적 조건' 및 '외부적 조건에서 비롯된 일탈감'이다. 이들은 신명의 감정을 직접적으로 영향을 미친다기보다는 신명의 감정을 조절하기 위한 행동에 영향을 미칠 것으로 생각된다. 이러한 내용을 가설로 나타내면 다음과 같다.

> **가설 6:** 일탈감은 신명 행동에 정적인 영향을 줄 것이다.

가설 7: 외부적 조건은 신명 행동에 정적인 영향을 줄 것이다.

(4) 현상과 결과의 관계

신명의 결과는 '해방감', '동질감', '활력 및 긍정적 에너지', '동기화' 등을 들 수 있다. 근거이론에 따르면, 결과는 현상과 작용 / 상호작용 전략의 상호작용에 따라 발생한다. 이러한 내용을 가설로 나타내면 다음과 같다.

가설 8: 신명의 감정은 결과에 정적인 영향을 줄 것이다.
가설 9: 신명 행동은 결과에 정적인 영향을 줄 것이다.

이상과 같은 가설적 관계를 종합하여 그림 6과 같이 제시하였다.

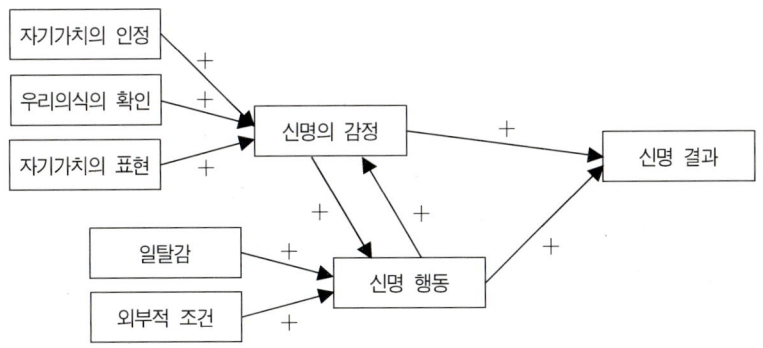

그림 6. 신명경험의 구조적 모형

2) 연구방법 및 절차

(1) 조사대상

신명경험의 실증적 검증 및 타당화 작업을 위해, 척도개발에 사용한 사례들을 제외한 230명의 자료를 사용하였다. 조사 대상자들의 인구통계학적 특성은 표 38과 같다.

표 38. 조사 대상자들의 인구통계학적 특성(타당화 표본)

구 분		사례 수	백분율(%)
성 별	남	113	49.1
	여	117	50.9
연령대 M=39.3 SD=11.1	20대	54	23.5
	30대	62	27.0
	40대	54	23.5
	50대	60	26.1
직 업	학생	22	9.6
	회사원	87	37.8
	자영업	35	15.2
	주부	51	22.2
	기타	35	15.2

(2) 연구도구

신명경험의 실증적 구조화를 위해 앞서 개발한 신명경험 척도를 사용하였다. 신명경험 척도는 신명 인과조건 16문항, 신명 맥락조건 9문항, 신명 감정 15문항, 신명 행동 7문항, 신명 결과 21문항 등 총

68문항으로 이루어져 있다. 각 척도별 평균 및 표준편차와 신뢰도 계수(Cronbach' α)는 표 39에 정리하였다.

표 39. 척도별 평균, 표준편차 및 신뢰도 계수

척　도　명		문항 수	평균	표준편차	신뢰도
신명 인과조건	자기가치의 인정	5	4.18	.72	.94
	우리의식의 확인	6	3.50	.65	.98
	자기가치의 표현	5	4.23	.68	.89
	계	16	3.99	.59	.94
신명 맥락조건	일탈감	5	3.61	.70	.84
	외부적 조건	4	3.02	.79	.83
	계	9	3.32	.64	.85
신명 감정	1차적 쾌감	4	3.20	.87	.89
	2차적 쾌감	6	3.61	.73	.91
	공감	5	3.32	.65	.85
	계	15	3.38	.68	.95
신명 행동	분출	4	3.00	.76	.79
	몰입	3	3.34	.76	.79
	계	7	3.17	.68	.84
신명 결과	해방감	4	3.22	.77	.82
	활력 / 긍정적 에너지	7	3.63	.67	.90
	동질감	6	3.44	.73	.92
	동기화	4	3.74	.77	.86
	계	21	3.50	.67	.96

(3) 분석절차

신명경험의 가설적 모형(그림 6)의 적합성을 확인하기 위해 Lisrel 8.54를 이용하여 경로 분석(path analysis)을 실시하였다. 경로 분석에

는 종속변수 간에 쌍방향 혹은 순환적 인과관계가 존재하지 않는 축
차모델(recursive model)과 두 변수가 서로에게 영향을 주는 쌍방적
인과관계(reciprocal causation) 혹은 셋 이상의 변수 간에 영향력이 순
환하며 원래의 변수로 돌아오는 순환적 인과관계(feedback loops)가 존
재하는 비축차모델(nonrecursive model)이 있다.[33]

　본 연구의 신명경험 모형은 신명의 감정과 행동이 서로에게 영향
을 미치는 쌍방적 인과관계가 예상되므로 비축차모델에 해당한다.
모형의 적합도를 판단하기 위한 적합도 지수는 GFI, AGFI, CFI, RMR,
RMSEA를 사용하였다.

3) 결　과

　경로 분석 결과, 모형의 적합도 지수는 표 40과 같이 산출되었으
며, 경로계수의 추정치는 표 41에 제시하였다.

표 40. 모형의 적합도 지수

	GFI	AGFI	CFI	RMR	RMSEA
추정치	.96	.86	.98	.027	.11

　표 40에 따르면, 우선 GFI는 .96으로 수용기준 .90보다 높았으며,
AGFI는 .86으로 일반적 수용기준 .90보다 약간 낮았으나 GFI가 양
호하므로 큰 의미는 없다고 할 수 있다. CFI는 .98로 역시 수용기준
.90을 충족하였고, RMR은 일반적으로 .05보다 작으면 양호한 수준으

33) 조현철(2003). 구조방정식 모델: SIMPIS & AMOS. 서울: 석정, 133−134쪽.

로 간주하는데 본 연구에서는 .027로 조건을 충족하였다. 마지막으로 RMSEA는 일반적인 수용기준 .08보다 다소 높은 .11로 나타났다. RMSEA의 값은 본 연구의 모형이 부분적으로 수정될 필요가 있음을 제안하고 있으나, RMSEA를 제외한 나머지 적합도 지수들로 미루어 본 연구의 모형이 전반적으로 양호하다는 판단을 할 수 있었다.

표 41. 모형의 경로계수 추정치

경 로	표준화 경로계수 (t 값)	R^2
자기가치의 인정 → 신명의 감정	.14 (2.19)*	
우리의식의 확인 → 신명의 감정	.11 (1.96)*	.61
자기가치의 표현 → 신명의 감정	.17 (2.49)**	
신명 행동 → 신명의 감정	.51 (6.14)***	
일탈감 → 신명 행동	.08 (1.26)	
외부적 조건 → 신명 행동	.29 (4.90)***	.38
신명의 감정 → 신명 행동	.19 (1.54)†	
신명의 감정 → 신명 결과	.62 (11.02)***	.63
신명 행동 → 신명 결과	.21 (3.71)***	

† $p<.10$,　* $p<.05$,　** $p<.01$,　*** $p<.001$

다음으로, 모형에서 나타난 변인들 간의 가설적 관계를 확인하였다. 표 41에 따르면, 우선 자기가치의 인정($\beta=.14$, $p<.05$), 우리의식의 확인($\beta=.11$, $p<.05$), 자기가치의 표현($\beta=.17$, $p<.05$)은 모두 신명의 감정에 정적인 영향을 미치는 것으로 확인되었다. 즉 가설 1, 2, 3은 지지되었다. 다음으로 신명의 감정은 신명 행동에($\beta=.19$, $p<.10$), 신명 행동은 신명의 감정에($\beta=.51$, $p<.001$) 정적인 영향을 주는 것으로 나타났으며, 따라서 가설 4, 5는 지지되었다.

세 번째로, 일탈감($\beta=.08$, $p>.05$)은 신명 행동에 유의미한 영향을 미치지 않는 것으로 나타났다. 즉 가설 6은 지지되지 않았다. 그러나 외부적 조건(β=.29, p<.001)은 신명 행동에 정적인 영향을 미치는 것이 확인되었고, 가설 7은 지지되었다. 마지막으로 신명의 감정(β=.62, p<.001)과 신명 행동(β=.21, p<.001)은 신명의 결과에 정적인 영향을 주는 것으로 나타났으며, 가설 8, 9는 지지되었다.

이와 같은 결과는, 우선 자기가치의 인정과 우리의식의 확인, 자기가치의 표현 등이 신명을 경험하는 주요한 원인이라는 가정을 뒷받침한다. 또한 신명경험 당시의 분위기는 신명의 행동, 즉 몰입 및 분출행동에 영향을 미치며, 신명 행동에 영향을 미칠 것으로 예상했던 일탈감은 별다른 영향을 주지 못한 것으로 나타났다.

한편, 신명의 감정이 신명 행동에 미치는 영향은 상대적으로 약했던 반면(β=.19, p<.10), 신명 행동은 신명의 감정에 강한 긍정적 영향을 주는 것(β=.51, p<.001)으로 나타났는데, 이는 신명의 감정이 신명을 촉발하는 일차적인 원인(자기가치의 인정, 우리의식의 확인, 자기가치의 표현)에서 비롯된 감정뿐 아니라 신명 상태에서의 행동들로 야기된 감정들 역시 포함하며, 총체적인 신명 경험에 있어서 행동적인 측면이 중요한 역할을 한다는 것을 의미한다고 볼 수 있다.

마지막으로, 신명의 결과에 미치는 영향은 신명 행동보다는 신명의 감정이 더 크다고 할 수 있었는데, 이는 신명 경험이 이후의 삶에 긍정적 영향을 미치는 데는 몰입 및 분출 행동뿐만 아니라 신명의 감정에 포함되는 자기 자신의 가치와 관련한 의미들과 주변 사람들과의 공감 등이 중요한 역할을 한다는 것을 뜻한다고 해석할 수 있다.

이러한 결과들을 종합하면 그림 7과 같이 나타낼 수 있다.

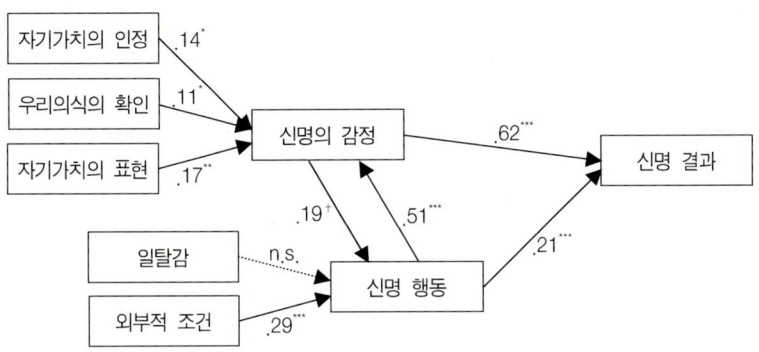

그림 7. 신명경험의 구조적 모형(확정)

3. 신명의 개념적 타당화

　신명은 한국문화에서 경험되는 긍정적 감정경험으로서 여러 가지 긍정적인 결과를 가져온다는 사실은 예전부터 논의되어 왔고, 본 연구에 의해서 실증적으로 검증되었다. 본 연구에서는 신명 경험이, 직접적인 결과라 할 수 있는 '해방감', '활력 및 긍정적 에너지', '동질감' 및 '동기화' 이외에, 다양한 긍정적 지표들과도 정적인 상관을 보일 것이라 판단하여 이들과의 관계를 살펴보고자 하였다.

　이처럼 신명과 기타 긍정적 변인들 간의 관계를 탐색하는 이유는 신명 경험이 다양한 측면에서 긍정적인 영향을 미칠 수 있음을 경험적으로 밝혀, 신명의 성격을 구체화하고, 신명이 기타 여러 분야에 적용될 수 있음을 제안하는 데 있다.

1) 신명과 기타 긍정적 변인과의 예상되는 관련성

우선, 신명의 결과 중 '활력 및 긍정적 에너지'는 신명 경험에 의해 고양된 능력감 및 자신감 등을 의미하며, 이러한 감정들은 자기가치감과 관련 있는 자기존중감 및 일상생활에서의 행복의 지표가 되는 주관적 안녕감이나 삶의 만족도에 긍정적인 영향을 미칠 가능성이 크다.

그리고 신명을 함께 경험한 이들에 대한 애착 및 친밀감 향상을 의미하는 '동질감'은 집단이나 조직에 대한 애착 및 조직몰입과 관련 있을 것으로 예상되며, 신명 경험을 회상하고 다시 신명을 경험하기 바라면서 삶의 어려움을 이겨내는 '동기화'의 측면은 스트레스의 영향으로부터 이전의 통제수준을 회복할 수 있는 능력을 의미하는 자아탄력성과 관련이 있을 것이라 생각된다. 또한 '자기가치의 표현'이 신명을 경험케 하는 중요한 원인 중 하나라는 사실과 실제로 일반인들이 예술적 능력을 발휘하는 장면에서 신명을 경험한다는 점에서 신명 경험은 예술적 능력 혹은 창의성과도 관계가 있으리라 추정해 볼 수 있을 것이다.

따라서 본 연구에서는 신명과 관련이 있으리라 예상되는 많은 변인들 중에서 자기존중감 및 자아탄력성, 주관적 안녕감과 삶의 만족도, 그리고 창의성에 대한 자기지각을 선택하여 신명 경험과의 관계를 살펴보았다.

2) 연구방법 및 절차

(1) 조사대상

신명 경험의 구조모형을 검증하는 데 사용한 230명의 자료를 다시 사용하였다. 조사 대상자들의 인구통계학적 특성은 표 11(94쪽)과 동일하다.

(2) 연구도구

① 신명경험

ㄱ. 신명 감정+신명 행동

본 연구에서 개발한 신명경험 척도 중에서 신명의 감정 및 행동을 측정하기 위한 22문항을 사용하였다. 척도의 신뢰도 계수(Cronbach' α)는 .95였다.

ㄴ. 신명 경험의 빈도

신명의 인과조건에 해당하는 세 가지 원인으로 인한 신명을 얼마나 자주 경험하는가를 '한 번도 경험한 적 없다'에서부터 '2주에 1번보다 자주 경험한다'까지 7단계로 나누어 각각 측정하였다(3문항). 신명 경험의 빈도를 나타내는 이 변인의 신뢰도 계수는 .87로 나타났다.

② 자아존중감

Rosenberg(1965)의 자아존중감 척도(10문항)를 사용하였으며, Likert 4점 척도로 평가하였다. 척도는 긍정적 자아존중감 5문항과 부정적 자아존중감 5문항으로 구성되어 있다. 본 연구에서의 신뢰도는 .85로 나타났다.

③ 자아탄력성

Block과 Kremen(1996)이 개발하고 유성경(2002)이 번역, 수정한 자아탄력성 척도(14문항)를 사용하였으며, Likert 4점 척도로 평가하였다. 본 연구에서의 신뢰도는 .86이었다.

④ 창의성에 대한 자기지각

Pollick과 Kumar(1997)의 GMCC(Global Measure to assess Creativity Capacity)를 김혜숙(1999)이 번안한 것을 사용하였다. GMCC는 자기 자신의 창의력을 스스로 평가하는 2문항으로 구성되어 있으며 Likert 4점 척도로 평가하였다. 본 연구에서의 신뢰도는 .92로 나타났다.

⑤ 주관적 안녕감

Campbell(1981)의 주관적 안녕감 척도(9문항)를 사용하였다. 척도는 8문항의 정서형용사 리스트와 포괄적 행복감을 측정하는 1문항으로 구성되었으며, Likert 5점 척도로 평가하였다. 본 연구에서의 신뢰도는 .91이었다.

⑥ 삶의 만족도

Diener, Emons, Larsen 및 Griffin(1985)이 개발한 삶의 만족도 척

도(5문항)를 사용하였다. **Likert** 5점 척도로 평가하였으며, 본 연구에서의 신뢰도는 .89였다.

3) 결   과

신명경험과 관련 변인들과의 상관 분석을 실시한 결과는 표 42와 같다.

표 42. 신명 경험과 기타 긍정적 변인들 사이의 관계

	1	2	3	4	5	6
1.신명감정+행동	1.000					
2.신명경험 빈도	.243***	1.000				
3.자기존중감	.424***	.251***	1.000			
4.자아탄력성	.504***	.311***	.565***	1.000		
5.주관적 안녕감	.355***	.302***	.508***	.501***	1.000	
6.삶의 만족도	.255***	.270***	.431***	.406***	.678***	1.000
7.주관적 창의성	.377***	.267***	.528***	.622***	.399***	.378***

*** p < .001

표 42의 점선 부분에 따르면, 개인이 신명을 얼마나 강하게 경험하는가를 의미하는 '신명감정+행동'은 자기존중감과 .424($p<.001$)의 정적 상관을 보였고, 주관적 안녕감($r=.355$, $p<.001$) 및 삶의 만족도($r=.255$, $p<.001$)와도 정적인 상관을 나타냈다. 또한 자아탄력성과는 .504($p<.001$)의 비교적 강한 정적 상관을 보였고, 창의성에 대한 자기지각 사이에서도 .377($p<.001$)의 정적 상관이 나타났다.

한편, 신명을 얼마나 자주 경험하는가를 의미하는 '신명경험 빈도' 역시 이들 변인들 모두와 정적인 상관을 보였는데, 그 결과는 자기 존중감과 .251(p<.001), 주관적 안녕감과 .302(p<.001), 삶의 만족도 와 .270(p<.001)이었으며, 자아탄력성과는 .311(p<.001), 창의성에 대한 자기지각과는 .267(p<.001)이었다.

이와 같은 결과는 신명을 자주 경험하는 사람이 높은 자기존중감 및 자아탄력성 수준을 가지고 있을 뿐 아니라, 주관적 안녕감과 삶 의 만족도 등에서 알 수 있듯이 일상적인 생활에서도 보다 긍정적인 상태를 유지하며, 자신을 보다 창의적이라 지각한다는 것을 의미한 다. 뿐만 아니라, 신명을 더욱 강하게 경험할수록 그러한 경향이 증 가하는 것을 알 수 있었다.

즉 신명을 자주 경험하고 또 강하게 경험하는 사람은 긍정적인 자기관을 가지고 있고, 스트레스 등에 대처하는 능력이 크며, 전반적 으로 만족스러운 삶을 영위해 나간다고 할 수 있을 것이다.

4. 논 의

연구 4의 결과는 크게 세 가지로 요약할 수 있다. 첫째, 신명 경 험의 전체적 과정을 측정할 수 있는 척도를 개발하였다. 본 연구에 서는 연구 3의 질적 분석 과정에서 나타난 신명경험의 과정과 그에 따른 내용들을 바탕으로 신명경험 척도를 구성하였다. 신명경험 척 도는 신명의 원인에 해당하는 인과조건(16문항)과 맥락조건(9문항)

25문항, 그리고 신명의 상태를 측정하는 감정(15문항)과 행동(7문항) 22문항, 마지막으로 신명의 결과를 나타내는 21문항 등 총 68문항으로 구성되었다.

둘째, 개발한 신명경험 척도를 바탕으로 연구 3에서 도출된 신명경험의 구조를 경로 분석을 사용하여 검증하였다. 그 결과를 요약하면 다음과 같다. 신명의 인과조건에 해당하는 '자기(혹은 집단)가치의 인정(β=.14, p<.05)'과 '우리의식의 확인(β=.11, p<.05)', '자기가치의 표현(β=.17, p<.01)'은 신명의 쾌감과 주위 사람들과의 공감을 의미하는 '신명의 감정'에 정적인 영향을 미치는 것으로 나타났다. 신명의 맥락적 조건인 외부적 조건(β=.29, p<.001)은 신명행동에 정적 영향을 미쳤으나, 외부적 조건으로 인한 일탈감의 신명행동에 대한 영향은 유의미하지 않았다. 또한 신명의 감정(β=.19, p<.10)은 분출 및 몰입이라는 신명행동에, 신명행동(β=.51, p<.001)은 다시 신명의 감정에 정적인 영향을 미치는 쌍방향적 인과관계가 확인되었으며, 신명의 감정(β=.62, p<.001)과 신명행동(β=.21, p<.001)은 신명의 결과에 정적인 영향을 미쳤다.

모형 검증의 결과, 일탈감에서 신명행동으로의 경로를 제외한 모든 경로계수가 유의미하였으며, 신명의 원인과 현상, 그리고 결과에 대한 각 구성요소들의 상호작용의 양상을 실증적으로 증명할 수 있었다. 한편 일탈감의 경로계수가 유의미하지 않았던 이유는 신명의 감정과 높은 정적 상관을 보이는 신명 행동(r=.73, p<.001)에 이미 일탈적 행동으로 인한 쾌감의 요소가 포함되어 있기 때문인 것으로 생각된다. 이는 앞서 여러 차례 언급한 신명경험의 특성(즉 문화적으로 학습된 경험체계에 의해서 과정에 대한 인식 없이 자동적으로 경험된다는 점)을 반영하는 결과라고 볼 수 있으며, 신명경험이 특

정한 원인에 의해 유발되는 쾌감에 국한되는 것이 아니라, 그러한 쾌감에서 이어지는 행동들과 그러한 총체적 상황으로의 몰입이 다시 쾌감을 증폭하는 과정을 포함하고 있음을 의미한다고 해석할 수 있다.

세 번째로, 개인이 신명을 경험한 빈도와 신명 경험의 정도(감정＋행동)와 기타 긍정적 의미를 갖는 변인들과의 관계를 살펴본 결과, 신명을 경험한 빈도와 신명 경험의 정도가 자기존중감 등의 긍정적 자기가치감과 일상적 생활만족도 등에 긍정적 영향을 미치는 것을 확인하였다.

이와 같이 나타난 연구 4의 결과에 대한 가장 중요한 의의는 신명 경험의 과정을 실증적인 방식으로 설명하였다는 것이다. 신명에 대한 이전의 논의들은 연구자의 통찰 혹은 일반화하기 어려운 일부 개인의 경험 등 실증적으로 증명할 수 없는 차원에서 이루어져 왔다. 물론 본 연구의 결과가 사람들이 실제로 경험하는 신명을 모두 설명할 수 있는 것은 아니겠지만, 통상 이론적 차원에서 이루어지던 신명에 대한 논의를 실증적인 차원으로 확대함으로써, 앞으로 신명에 대한 논의를 보다 확대할 수 있는 가능성을 열었다는 데에서 그 의의를 찾을 수 있다.

즉 신명 경험을 양적으로 측정하고 그 전반적인 과정을 검증하였다는 사실은 신명경험이 어떠한 요소에 의해 구성되고 어떠한 과정을 통해 경험되는지에 대한 검증 가능한 이론을 구축하였다는 뜻이며, 실증적 방법을 통해 신명과 다른 심리적 변인들과의 관계를 규명할 수 있게 되었다는 것을 의미한다.

이는 신명을 심리학적으로 연구할 수 있게 되었다는 데에서 나아가 한국인들과 한국문화를 이해하는 데 중요한 개념인 신명이 다른 여러 분야들과 연계될 수 있다는 것을 뜻한다. 본 연구에서 탐색적으로 살펴본 변인들 외에도, 신명 개념이 활용될 수 있는 분야는 다양할 것이라 생각된다.

한편, 본 연구의 제한점은 다음과 같다. 신명은 문화적 감정 경험체계이며, 특정한 사건 혹은 계기에 의해서 경험하게 되는 특수한 감정경험이라고 할 수 있다. 따라서 신명은 의식적인 과정을 통해 경험되는 성질이 아닐 뿐 아니라, 언어로써 모두 설명하기는 곤란한, 많은 의미와 과정을 함축하고 있으며, 명확한 시간적 과정을 따른다기보다는 상대적으로 단시간 동안 모든 과정이 한꺼번에 경험된다는 특징을 갖는다. 하지만, 연구 4에서 측정하고 검증한 내용은 신명 경험의 이론적이고 일반적인 과정으로, 이러한 신명경험의 특징을 모두 반영하지는 못하였다는 한계를 지닌다.

따라서 신명 개념이 보다 심도 있게 활용되기 위해서는, 신명개념이 적용될 관련 분야의 성격에 맞는 신명경험의 세부적인 내용과 구조를 다시 정의할 필요가 있다. 본 연구의 의미는 그러한 적용에 앞선 이론적 틀을 제공하였다는 데에 있다.

Ⅵ 종합논의

　신명은 오랜 기간 동안 한국인들의 마음과 한국문화에 많은 영향을 미쳐 온 문화적 정서경험체계이자 그러한 정서경험을 일컫는 말이다. 한(恨)이 한국인의 대표적인 심리특질로 여겨지고 있지만, 그렇다고 해서 한국인들이 한에 매몰된 문화를 가지고 있는 것은 아니며, 동시에 다양한 분야에서 세계인들이 놀랄 정도의 역동성을 발휘할 수 있었던 배경에는 한국인들의 신명이 자리해 왔다.

　그러나 이러한 신명은 최근까지 한이나 정 등에 비해 많은 주목을 받지 못하였으며, 2002년 월드컵 이후 신바람 혹은 신명에 대한 사회적 관심이 커지고 난 뒤에도 신명에 대한 체계적인 연구는 별로 이루어지지 않았다. 신명에 대한 기존의 연구들 역시 연구자들의 직관 및 통찰에 근거하여 이루어졌을 뿐, 실제로 신명을 경험하는 사람들을 대상으로 신명경험의 실체에 접근하고자 하는 연구는 전무하였다고 해도 과언이 아니다.

　본 연구는 이와 같은 상황에서 신명의 실체를 구체화하여 한국인과 한국문화 이해의 폭을 넓히고, 신명을 보다 긍정적인 역할을 수

행할 수 있는 여러 분야에 적용될 수 있도록 하기 위한 이론적인 단초를 마련하기 위해 수행되었다. 지금부터는 연구의 결과들을 요약하여 검토함으로써, 본 연구가 갖는 의의 및 시사점과 연구의 제한점, 그리고 이후의 신명연구에 대한 제언 등에 대한 논의를 진행할 것이다.

본 연구는 네 개의 연구로 이루어져 있다. 연구 1은 이론연구로서 신명에 대한 기존의 연구들을 분석함으로써 신명이라는 현상이 갖는 특성과 의미를 고찰하였는데, 이를 요약하면 다음과 같다.

즉 신명은 자기(혹은 집단)가치의 회복 및 확인에서 비롯되는 강렬한 정서 경험을 의미한다. 이러한 정서는 개인적 경험에서 그치는 것이 아니라 다른 이들에게 빠른 속도로 전이되는 특성을 갖는데, 신명을 경험하는 사람들은 그렇게 형성된 강한 공감대 내에서 기존에 누적된 부정적 정서나 표출될 수 없었던 욕구 등을 분출함으로써 해소 및 해방감을 느끼고, 긍정적 자기가치감 및 집단정체감을 형성할 뿐 아니라, 나아가 앞으로의 삶에 활력을 얻게 된다는 것이다.

이러한 신명은 자기(혹은 집단)가치감을 확인하게 되는 방식에 따라 세 가지의 유형으로 구분해 볼 수 있다. 그중 두 가지는 기존의 연구에서 한(恨)과 관련지어 논의되어 왔던 것이고, 또 다른 하나는 예술체험의 맥락에서 언급되는 신명이다. 이 중, 한과 관련된 두 유형은 한을 해소하는 두 가지 방법과 관련이 있다. 즉 직접적으로 한의 원인 자체가 사라지는 경우에 신명이 발생할 수 있고, 한의 원인과는 관계없이 공동체적 요구 등에 의해 조성된(우리의식에 의한) 신명에 의해 한이 간접적으로 해소되는 경우가 있다.

특히 후자의 경우가 한국에서 중요한 의미를 가져왔다고 생각되는

데, 여기서의 한은 구체적인 내용과 사연이 있는 것이 아닌 자기가 치에 부정적 영향을 미치는 부정적 상황과 정서를 통칭하는 것으로 이해할 수 있다. 물론 개개인이 가진 구체적인 한의 감정 역시 이러한 신명을 통해서 순화되고 가라앉았을 것이고, 사람들은 저마다 가진 한의 부정적 감정을 떨쳐버리고 새로운 나날을 살아갈 힘을 얻었을 것이다. 한국문화가 맺힘과 풀림의 문화라는 것은 한과 신명의 이러한 관계에서 이해할 수 있다.

또 다른 유형의 신명은 전통예술 분야의 예술체험에 대한 연구들에서 주로 보고되는 것으로 몰입(flow)과 유사한 과정을 포함할 것으로 생각된다. 이 유형의 신명은 몰입(flow)과 관련하여 그 공통점과 차이점을 논의하였다. 즉 어떤 맥락에서 신명과 몰입(flow)이 비슷한 양상을 보일 수는 있지만, 두 개념이 발달해 온 역사·문화적 배경이나 실제 경험의 양상에 차이가 있다는 점에서 신명과 몰입(flow)은 서로 다른 의미와 과정을 가지는 경험일 것이라는 결론을 이끌어냈다.

연구 2에서는 신명에 대한 일반인들의 사회적 표상을 알아보기 위해 문화적 자극을 이용한 실험법을 사용하였다. 실험 1은 참가자들에게 한국문화에서 대표적인 신명상황으로 알려진 6가지의 상황을 동영상으로 제시하고, 그러한 상황이 발생하기 전부터 발생 후의 진행상황과 그 후의 과정까지를 설명하도록 구성되었다. 실험 후, 참가자들의 응답을 근거이론의 절차에 따라 범주화하였고, 범주화된 하위개념들을 각각 비교함으로써 신명상황에서 공통적으로 발견되는 과정을 바탕으로 신명의 성격을 구체화하였다.

그 결과, 신명을 경험하게 되는 원인으로서는 주위 사람들과 함께 느끼고 호흡하는 '공감'이, 신명 상태에서는 신명의 원인과 마찬가지로 '공감'과 억눌림에서 벗어나 자유롭다는 '해방감'이 공통범주로 도출되었으며, 신명의 결과로는 부정적 정서의 해소를 뜻하는 '해소' 와 자신감 등이 생기고 활력이 넘치게 되는 '긍정적 에너지', 그리고 함께 신명을 경험한 이들에 대해 '소속감 및 애착', 마지막으로 때때 로 신명경험을 떠올리고 다시 그 같은 경험을 하기 바란다는 '회고 및 동기화'가 공통적으로 나타났다.

한편, 실험 2는 신명이 다른 긍정적 정서경험들과 어떻게 구분되 는지 알아보기 위한 실험으로서, 참가자들에게 신명상황과 기타 긍 정적 정서경험의 상황 7가지를 그림으로 제시하고, 그림의 주인공의 정서경험 과정을 설명하도록 하였다. 이후 수집된 참가자들의 응답 을 근거이론의 절차에 따라 범주화하고 범주화된 하위개념들을 사건 별로 비교함으로써, 여러 가지 긍정적 정서경험의 과정에서 어떠한 차이가 나타나는가를 확인하였다.

그 결과, 신명은 그 발현과정에서의 자의식적 정서들과 표출행동 등의 범주가 다른 긍정정서경험들과 구분되는 중요한 특징으로 나타 났다. 또한 신명의 원인이 일반적 긍정정서경험에 비해 복합적이라 든가, 신명경험 후의 긍정적 효과 부분이 다른 경험들에 비해 강조 된다는 등의 특징 역시 발견되었다.

즉 신명이란 주위 사람들과의 공감이 큰 의미를 가지며, 신명을 경험하고 있는 이들에게 해방감을 제공하고, 함께 신명을 경험한 이 들에 대한 소속감과 애착을 형성하며, 생활에 활력 및 긍정적인 에 너지를 채워주는 복합적이고 문화적인 정서경험이며, 일상생활에서 경험할 수 있는 일반적인 긍정적인 정서경험과는 그 원인과 과정, 효과 면에서 뚜렷이 구분되는 특징을 갖는다.

연구 3은 연구 1에서의 이론적 논의와 연구 2에서의 신명에 대한 사회적 표상 분석의 결과를 바탕으로 실제 신명을 경험하는 일반인들의 자료를 분석함으로써, 신명이 언제, 어떠한 방식에 의해서, 어떤 과정을 거쳐서 경험되는지를 조사하였다. 일반인들의 생생한 신명경험을 수집하기 위해, 개방형 설문과 반구조화 면접 등의 질적인 방식을 택하였고, 수집된 자료는 Strauss와 Corbin(1998)의 근거이론의 틀에 의해 분석하였다.

자료 분석 결과 연구 1에서 가정한 신명의 유형이 확인되었다. 신명은 다음과 같은 세 가지의 경우에 발생하는 것으로 나타났는데, 첫째, 전환적 사건의 발생에 의해 자신의 자기가치감이 회복되거나 타인들에게 자기가치의 회복을 인정받았을 때, 둘째, 축제나 명절 또는 집단적 놀이처럼 '우리'라고 생각할 수 있는 사람들과 어떠한 일을 함께 경험하면서 우리의식을 확인할 때, 셋째, 예술 등과 같이 자신의 가치와 관련된 것들을 표현하는 과정 등이 그것이다.

각각의 유형에 대해 질적 분석을 실시하였고, 신명경험을 구성하는 요소들의 성격과 신명경험의 과정 등이 드러났다. 신명을 경험하면 사람들은, 즐겁고 유쾌하며 붕 뜬 것과도 같은 일차적인 쾌감과 함께 자신의 자기가치감과 연계된 이차적 쾌감을 느끼게 되는데, 이러한 이차적 쾌감은 과거를 회상하거나 신명의 원인이 된 사건이 자신에게 갖는 의미를 자꾸만 곱씹는 과정을 통해서 발생되고 강화되는 것이다.

그러한 쾌감은 그 순간 주위에 있는 사람들에게 순식간에 퍼져나가고, 나아가 신명은 개인적 경험에서 그치는 것이 아닌 공경험(共經驗)의 형태를 띠게 된다. 신명의 쾌감에는 이러한 공경험에서 기인하는 쾌감도 존재하며, 신명의 원인이 우리의식의 확인일 경우에는 공감 및 공경험 그 자체로서 신명의 쾌감에 이를 수 있다.

　기쁨과 쾌감이 극대화되면 사람들은 그러한 감정들을 표출하기 위해 분출행동을 하게 되는데, 이러한 행동들은 신명의 쾌감을 강화하며, 강화된 쾌감은 다시 행동에 영향을 미친다. 이러한 감정과 행동의 피드백을 통해 신명이 경험되고, 이후의 긍정적인 결과들, 즉 부정적 정서의 해소, 긍정적인 자기가치감 및 활력감, 함께 신명을 경험한 이들에 대한 친밀감 및 애착 등에 도달하게 되는 것이다.

　이와 같은 과정을 통해 경험되는 신명에서 특히 중요한 의미를 갖는 과정은 다음의 세 가지이다. 첫째, 신명을 최초에 경험하게 되는 순간으로, 신명을 유발하는 사건들은 개인 혹은 집단의 가치와 밀접한 관계를 지닌다. 즉 억눌려 있었거나 손상을 입은 상태였던 개인 혹은 집단의 가치가 전환적 사건의 발생에 의해 회복되거나, 어떠한 계기에 의해 확인될 때, 그리고 보다 적극적인 방식에 의해서 표현될 때가 그것이다.

　신명이 자기(혹은 집단)가치와 관련된 경험이라는 사실은 신명의 성격을 규정한다. 신명은 한국의 역사·문화적 배경에서 형성된 문화적 정서이다. 일반인들의 자료를 수집하는 과정에서 현재의 한국인들이 '신명난다'라는 표현을 자주 사용하고 있지는 않다는 것을 알 수 있었지만, 특정한 의미와 과정을 포함한 경험에는 다른 정서와는 구별되는 '신명난다'는 설명을 하고 있음을 발견하였다. 즉 사람들이 신명이라는 용어를 빈번히 사용하고 있지는 않지만 신명에 대한 문화적 도식은 가지고 있었다는 것이다.

　연구 2에서 살펴본 신명에 대한 사회적 표상 분석의 결과에 따르면, 사람들은 '신명난다'라는 정서와 일반적인 '신난다'라는 정서를 구분하고 있는 것으로 나타났다(105명 중 85명(80.9%)). 사람들은 '신명난다'는 표현은 과거의 경험이 연관되거나 기쁨과 슬픔을 함께 느끼는 등 '신난다'보다는 깊고 복합적인 감정이라는 점에서(42명(40.0%)), '신난다'라고 말하는 상황보다 훨씬 강렬하고 강도가 강하다는 점에서(23명(21.9%)), 집단적으로 경험되거나 인간관계가 전제된다는 점에서(11명(10.5%)), 신명이 '신난다'라는 정서와 구별된다고 보았고, '신명'이라고 부를 수 있는 사건으로 월드컵의 거리응원과 전통적인 마을굿, 대학 간 정기전(고연전) 등을 꼽았다. 즉 신명은 일상적으로 경험하는 긍정적인 정서와 비교해서 확연히 다른 의미와 과정을 포괄하는 문화적인 정서이며, 그러한 인식은 한국인들의 심리에 내재되어 있다고 할 수 있다.

두 번째는 공감 및 공경험의 과정이다. 앞과 같은 이유에 의해 유발된 신명은 그 구체적인 원인과 무관하게 공유되고 공경험되는데, 이러한 과정은 개인적 차원에서 경험된 신명을 집단적 신명으로 바꾸는 데 큰 역할을 한다. 물론 개인적인 차원에서만 경험되는 신명도 존재하겠지만, 신명은 기본적으로 공감 및 공체험의 과정을 포함한다. 특히 한국문화에서 신명의 의미를 논할 때 개개인의 신명이 많은 사람들에게로 전이되는 공감 및 공경험의 과정을 제외할 수는 없을 것이다.

신명경험에서의 공감은 기존의 심리학 혹은 상담심리학에서 언급되는 공감과는 그 성격이 다르다. Rogers(1961)는 공감이란 내담자의 사적인 세계를 자신의 것으로 느끼는 것이라 설명하고 있다. 즉 공감이란 한 주체가 상대방의 내면세계로 들어가 상대방의 사고와 감정으로 그를 이해하는 것이다. 하지만 신명에서 이루어지는 공감은 단지 상대방을 이해하는 데 그치는 것이 아닌, 상대방의 총체적 경험을 공유하는 공경험(共經驗)의 의미를 갖는다.

이러한 공경험은 감정 공조(affect attunement)와 유사한 작용이라 이해할 수 있을 것이다. 감정 공조란 다른 사람의 주관적인 상태를 공유하고 그와 같은 상태를 만들기 위해 자기 자신의 감정 상태를 느끼고, 경험하고, 조절하는 등의 심리적 과정을 의미한다(Stern, 1985). 이러한 감정 공조는 유아기의 부모-자녀 간 상호작용으로부터 습득되었으리라 생각되며(Sulliban, 1953; Stern, 1985), 개인들이 하나 된 내적 감정 상태를 만들어 내고 그것을 공유하는 과정에서 발생한다 (Hrynchak and Fouts, 1992; Fouts, 1994; Fouts and Schwartz, 1996).

한국인들의 우리-정 관계에서 비롯되는 심정교류(최상진, 1999)는 바로 이러한 감정 공조의 문화적 양상이라 생각된다. 심정교류라는 문화적 감정전달방식에 익숙한 한국인들에게 있어서 신명상황에서 타인의 감정을 함께 경험하는 속도는 대단히 빠르며, 신명의 이러한 속성에서 '신바람'과 같은 말도 파생되었을 것으로 추측할 수 있다. 이렇게 개인 혹은 소수의 감정이 집단적으로 전이되는 현상은 연구 1에서 언급했던 것처럼 신명이라는 현상을 규정하는 중요한 특징 중의 하나이다.

신명경험에서 중요한 의미를 갖는 세 번째 과정은 표현 혹은 분출행동이다. 신명 유발 원인 등에 따라 정도의 차이는 있을 수 있겠지만, 신명에 있어서 표현 혹은 분출행위가 갖는 의미는 크다. 위와 같은 과정을 거치면서 극대화된 자기가치감 및 쾌감은 어떤 방식으로든 표출되는데, 신명에서 이러한 표현 및 분출행동이 결여되어 있다면 신명을 온전히 경험한 것이라 말하기 어렵다. 연구 3의 결과에 따르면, 신명의 많은 긍정적 효과들은 이러한 분출행동의 영향으로 생각된다. 즉 신명의 행동은 신명의 쾌감에 상당한 영향을 미치며, 사람들은 분출행동이 쾌감을 강화하는 그러한 상황에 몰입하게 된다.

신명의 이러한 측면은 기존의 학자들에 의해서 난장 혹은 '제의적

광란(orgy)'이라 묘사되는 부분이다. 개인 혹은 소수의 강렬한 긍정적 정서가 집단적으로 전이되거나 공경험되어, 많은 사람들이 서로의 감정을 이해하고 또 이해할 수 있는 준비가 된 상태에서 이루어지는 개인적·집단적인 감정, 욕구, 에너지의 발산이 이 과정의 핵심이다. 신명상황에서 이루어지는 이러한 분출 및 발산행동은 신명의 여러 가지 긍정적인 영향과 밀접한 관련이 있으며, 그 자체가 신명의 쾌감을 강화하기도 한다.

한편, 신명경험에서 나타나는 분출행동은 그 결과가 부정적 정서의 배설이라는 측면에서 카타르시스(Catharsis)와 공통점을 갖는다. 그러나 보통 문학이나 예술 분야에서 사용되는 카타르시스는 비극(悲劇)에서 경험되는 연민과 공포를 통해 얻어지는 감정의 배설을 의미하는 데 반해, 신명은 자기(혹은 집단)와 관련된 가치를 발견한 기쁨을 자각하고 또 남들에게 인정받는 과정을 통해서 확인된 자신(혹은 집단)의 가치를 분출하는 과정에서 부정적 정서들을 부차적으로 배설한다는 면에서 카타르시스와는 차이점을 갖는다. 마광수(1988)가 말했듯이 카타르시스가 일상생활에서 스트레스의 해소 등의 의미로 범용될 수는 있으나, 신명은 신명만의 독특한 의미와 과정을 갖는다는 점에서 스트레스를 푼다는 것 이상의 의미가 있다.

또한 분출 및 발산의 과정에서 나타나는 몰입 및 심취의 국면 역시 Csikszentmihalyi(1988)의 몰입(flow)과는 구분된다. 과제난이도와 숙련도의 함수로 정의되는 몰입(flow)이 어떠한 행위 자체에 몰입하는 즐거움을 뜻한다면, 신명경험 중의 몰입은 분출 및 발산의 행위를 비롯한 그 순간의 것들, 즉 외적인 조건 및 주위 사람들과의 교감, 자신(혹은 집단)의 가치를 확인하고 되새기려는 총체적 노력 등에 몰입하는 것을 의미한다.

물론 예술행위 중에 경험되는 신명에 있어서는 몰입(flow)경험과 구분하기 어려운 면도 있을 수 있으나('제 짧은 생각에는 음악이 극대화되는 때는 자기 자신이 없어질 때가 극대화되는 거 같아요. 악기를 연주한다고 할 때 의식을 가지고 막 신경을 쓰면서 그렇게 할 수 있는 사람도 있겠지만 그걸 넘어서서 음악에 푹 빠진다고 그러잖아요?(사례 37)'), 신명경험에는 그 표현행위가 자신에게 의미하는 바가 중요하며(자기가치의 개입), 과거의 경험 등을 떠올리며 그러한 자기가치를 되새기고 재확인하는 과정이 따른다('지금 생각해 보면 또 하나 빠질 수 없는 게, 노력을 했던 거 같아요. 예를 들어서 프로 애들이 객원을 오면 항상 이런 말을 많이 해요. 자기는 업으로 하는 사람들인데, 직업도 아닌 거에 이렇게 모여서 열심히 하는 거에 자기들이 감동을 많이 받는다고 …… 인상적이라고 해요. (중략) 걔네들은 연주회 한번 하는데 연습 몇 번 하고 …… 오케스트라 한 곡을 하는데 연습을 보통 모여서 하는 게 3번, 많으면 5번 정도 해요. 그 사람들은 그런 게 의미가 없는데, 저희는 방학 2달을 다 바치잖아요? 그래서 저희는 연주회 한번이 되게 의미가 큰 거예요. 저희는 어쩔 땐 울면서 하는 경우도 있고(사례 37)')는 점에서, 행위 자체에의 몰입과 그로 인한 즐거움 때문에 자목적적으로 동기화되는 몰입(flow)과는 다른 종류의 마음 경험이라 생각된다.

마지막으로 연구 4는 연구 3에서 도출된 신명경험의 과정과 구조를 양적인 방법으로 검증하기 위한 목적에서 수행되었다. 우선, 신명경험 전반을 측정하기 위한 척도를 제작하였다. 신명의 원인(인과조건+맥락조건)과 감정, 행동 및 결과에 해당하는 총 68문항의 신명경험 척도가 개발되었고, 이 척도를 바탕으로 신명경험 모형의 적합성을 경로 분석을 통해 알아보았다.

그 결과, 질적 분석에 의해 도출된 신명경험의 구조가 양적인 방법으로 검증되었으며, 이러한 양적 분석의 결과에서 도출할 수 있는 의미는 다음과 같다. 즉 인과조건에 해당하는 '자기(혹은 집단)가치의 인정', '우리의식의 확인', 그리고 '자기가치의 표현'에서 신명의 감정으로의 표준화회귀계수는 .11에서 .19로 비교적 작았던 반면에 신명 행동에서 신명 감정으로의 표준화회귀계수는 .51로 크게 나타났는데, 이는 일차적으로는 신명 경험에서 신명 행동이 차지하는 비중이 그만큼 크다는 것을 의미한다. 즉 신명을 최초로 경험하게 되는 계기보다는 신명경험 중에 이루어지는 과정이 전체적인 신명의 감정에 더 큰 영향을 미친다는 것이다.

신명 행동에서 신명 감정으로의 표준화회귀계수 .51은 신명의 감정에서 행동으로의 표준화회귀계수가 .19인 것에 비해서도 상당히 크다고 할 수 있는데, 이러한 결과는 신명의 감정과 행동이 높은 정적 상관($r = .73$, $p < .001$)을 보이고 있다는 점과도 관련된다. 즉 '현재의 느낌, 감정을 최대한 표현한다', '내 자신의 느낌에 빠져든다'와 같은 문항에서 유추할 수 있듯이, 신명 행동은 신명의 감정을 확인하고 확대하려는 행동을 의미한다. 따라서 신명의 감정은 신명 행동에 의해 증폭된다고 볼 수 있다.

그러므로 신명은 어떤 단일한 원인이나 과정에 의한 경험을 의미하는 것이 아니다. 어떠한 사건의 발생이나 계기에 의해 촉발되는 쾌감은 그 자체로서는 신명이라 할 수 없다. 즉 자신이나 자신이 속한 집단의 가치를 확인할 수 있는 계기에 의해 신명이 촉발된다면, 그 이후의 여러 가지 과정(과거 회상, 공감 및 공경험 과정, 분출행동 및 그러한 신명상황에의 총체적 몰입)이 이어지고 그들이 상호작용하면서 신명의 감정이 확대·증폭되는 것이다.

마지막으로, 신명경험과 관련 있을 것으로 추정되는 긍정적 변인 들과의 관계를 탐색함으로써, 평소에 신명을 자주 경험하는 사람, 그 리고 신명을 더 강하게 경험하는 사람들이 더 긍정적 자기개념을 갖고 있으며, 더 건강한 삶을 향유하고 있다는 것을 밝혔다. 이는 신명이 오 늘날의 한국인들에 의해 실제로 경험되고 있으며, 신명의 경험이 사람 들의 삶에 긍정적인 영향을 미치고 있음을 확인한 것으로 신명개념 이 한국문화에서 긍정적인 용도로 적용될 수 있음을 시사하는 결과 라 할 수 있다. 즉 연구 4는 신명경험의 실제적 과정 및 그 긍정적 효과들을 실증적인 방법으로 검증하고 확인하였다는 의미를 갖는다.

이러한 본 연구의 의의로는, 첫째, 이론적 차원에 머물고 있던 신 명에 대한 논의를 과학적이고, 실증적인 영역으로 확대하였다는 점 을 들 수 있다. 본 연구는 특히 일반인들이 경험하는 신명의 심리학 적 과정을 밝혀내고 이를 양적인 방식으로 검증함으로써 한국인 심 리 이해의 폭을 넓혔을 뿐 아니라, 예전부터 그 긍정적 기능에 관심 이 모아졌던 신명 개념을 기타 영역으로 확장시킬 수 있는 이론적 근거를 마련했다는 데에서 가장 큰 의의를 갖는다.

둘째, 문화심리학적인 관점에서 긍정심리학적인 주제를 다루었다 는 데에서 또 다른 의의를 찾을 수 있다. 기존의 한국인의 마음에 대한 연구들이 주로 한과 같은 부정적 정서들을 대상으로 이루어지 고 이들이 외국으로 소개되면서, 한국인과 한국문화에 대한 이미지 가 대체로 부정적인 방향으로 형성될 소지와 함께 그러한 연구결과 들을 접하는 한국인들 역시 스스로를 잘못 이해할 수 있다는 문제가 상존하고 있었다.

그러나 본 연구는 한과 대비되는 개념이면서 한을 극복하는 문화적 기제 역할을 수행해 온 신명을 다룸으로써, 한국인들에게 있어한이 중요한 개념임에는 틀림없지만 그것이 한국인과 한국의 문화가정적이고 퇴영적임을 의미하지 않으며, 한 자체보다는 오히려 한을극복하고자 하는 의지가 더 중요할 수 있다는 사실을 직, 간접적으로 증명하였다.

셋째, 본 연구는 현재 이루어지고 있는 문화심리학 논의의 지평을넓힐 것으로 기대된다. 신명은 한국문화에서 현저하게 나타나는 정서경험으로서, 본 연구의 결과들은 어떠한 문화권의 사람들이 경험하는 정서들이 그 문화권에서 공유되는 가치 및 사고방식 등과 깊은관련을 가지고 있다는 문화심리학의 입장을 강하게 지지하고 있다. 이와 더불어, 본 연구는 일반인들에게서 중요한 의미를 갖는 심리적경험을 추출하고 그것을 체계화하는 문화심리학 연구의 한 예를 제시하였다는 점에서 현재 비교문화심리학 및 문화심리학에서 이루어지고 있는 문화와 정서의 관계에 대한 논의를 풍부하게 할 수 있을것이라 생각된다.

넷째, 본 연구에서 체계화한 신명의 개념을 문화심리학 외의 여러분야에서 긍정적으로 활용할 수 있다는 데 의의가 있다. 우선, 한국학 및 민속학의 영역에 있어서 본 연구의 결과는, 한과 신명의 의미가 과거로부터 어떻게 변화해 왔는지, 그리고 한과 신명이 현재의한국인들에게 의미하는 바는 무엇인지에 대한 시사점을 제공할 수있을 것이다.

또한 한과 신명에 대한 새로운 논의는 문화상담 및 건강심리학의한 주제로서 기능할 수 있다. 한국인들은 역사적으로 이제까지 대부분의 상담이론이 개발되어 온 미국문화에서와는 다른 방식에 의해서심리적 문제를 얻고, 또 해결해 왔다. 최근 한국사회가 급속도로 서구화되면서 많은 정신장애나 질환들이 문화와 관계없이 공통적으로 나타나는 것처럼 보이지만, 그 심층적인 부분에 미치는 문화의 영향력은 여전히 배제할 수 없다. 이러한 관점에서 한을 해소하는 신명의 역할이 주목을 받을 필요가 있을 것이다.

그리고 과거에도 일부 학자들에 의해서 언급된(이장우, 이민화, 1997) 기업 및 조직문화에서의 신명을 들 수 있다. 현재도 일부 기업들에서 조직문화를 개선하는 데 신바람이 중요한 개념으로 이해되고 있는 것처럼, 한국인들은 어떤 때 신명을 내며, 신명이 나면 어떠한 결과로 이어지는지를 구조화한 본 연구의 결과는 이러한 분야에서도 중요한 의미를 갖는다고 할 수 있다.

마지막으로, 신명개념의 예술 및 여가 등의 분야로의 활용을 생각할 수 있다. 신명을 경험하는 원인 중 하나는 자기가치의 표현이며, 신명경험을 구성하는 중심적인 행동 요소는 표현행동이다. 예술 및 여가활동 등에서 나타나는 표현행동은 기본적으로 과제의 난이도와 행위자의 기술을 전제로 하며, 이는 몰입(flow)이나 창의성 등의 개념과 밀접한 관련이 있을 것이라 생각된다.

연구 4의 결과에 의하면 개인이 주관적으로 지각하는 창의성(GMCC)은 신명을 자주 경험하거나 강한 강도로 경험하는 이들에게서 더 높았다. 몰입과 창의성 등이 긍정심리학의 중요한 주제로 대두되고 있는 만큼, 이들 분야에 대해서도 신명 개념이 기여할 소지는 충분해 보인다. 특히 몰입(flow) 및 창의성과 같은 개념들은 신명과 상당한 관련이 예상되는바, 이들 개념에 대한 비교연구가 우선적으로 진행되어야 할 것이다.

한편, 본 연구의 제한점으로는 한국문화에서 경험되는 신명의 다양한 양상을 세밀하게 반영하지 못했다는 것을 들 수 있다. 이는 우선적으로 신명이라는 정서경험이 문화적으로 많은 의미를 함축하고 있다는 데서 기인한다. 한국문화에서 신명이라는 용어는 주로 전통문화나 전통예술과 관련된 맥락에서 사용되는 측면이 크지만, 신명은 그보다는 훨씬 다양한 상황에서, 관습적으로, 그리고 문화적으로 학습된 무의식적 과정에 의해서 경험되는 정서이다.

이러한 점은 신명경험에 대한 일반인들의 자료를 수집하는 과정에서 나타났다. 본 연구는 그러한 다양성을 최대한 반영하기 위해 신명의 유형을 구분하였지만, 실제의 신명경험에 있어서 특정 유형과 관련된 원인 하나만 작용하는 경우는 많지 않다고 생각되며 연구에 참여한 사람들 역시 많은 경우에 하나 이상의 원인에 의해서 신명을 경험하는 것으로 나타났다.

또한 본 연구에서는, 보다 일반적인 신명경험의 구조를 밝혀낸다는 목적에 충실하기 위해서 다시 신명의 세 유형을 통합하여 실증연구를 수행하였다. 그 결과, 다양한 신명 원인의 상호작용에 의해 약간씩 달라지는 신명경험의 과정을 모두 반영하지 못하였다는 제한점을 갖는다. 하지만, 한국문화에서 '신명'이라 부를 수 있는 경험에 대한 일반적인 이론적 틀을 마련했다는 데 본 연구의 의의가 있으며, 이러한 제한은 보다 구체적인 맥락에서의 신명경험 연구를 통해 해결될 수 있을 것이라 판단된다.

즉 신명을 경험하는 맥락이 동일한 경우, 다시 말해, 예술체험이나 집단과제의 수행 등의 일정한 조건이 주어진 상황에서라면, 그 상황에 맞는 신명경험의 과정들이 보다 명확히 드러날 수 있을 것이다. 이는 앞으로 신명이라는 개념이 다른 분야에서 활용될 경우, 그 분야(예를 들면, 조직문화, 예술 분야)의 특성에 맞게끔 신명에 대한 조작적 정의를 한 뒤에 그에 대한 연구가 이루어져야 한다는 것을 의미한다.

가세 히데야키 (1988). **한의 한국인, 황송해하는 일본인.** 한국브리태티커 편집실 역. 한국 브리태니커.

강준만 (2006). **한국인 코드.** 서울 : 인물과 사상사.

경향신문 (2006, 6, 26). **인요한, 이다도시씨가 느낀 한국의 거리응원·붉은 문화.**

고영건, 김진영 (2005). 한국인의 정서적 지혜 – 한의 삭힘. **정신문화연구, 28**(3), 255 – 290.

구본혁 (1985). 한국의 문학, 가악, 음악에서 본 신명고. **인문과학연구 논총, 2.** 9 – 30.

국민일보 (2006, 7, 12). **한국 행복지수 102위.**

국민일보 (2006, 8, 31). **[우리 사회 차별 현주소] (중) "내맘에 안들면 차별" 단순불만 진정 봇물.**

김기범, 김지영, 최상진 (2002). 한국인의 자기조망 양식으로서의 팔자귀인. **한국심리학회지 : 여성, 7**(2), 17 – 29.

김병익 (1994). 한의 민족사와 갈등의 사회사(정현기 편), **한과 삶.** 서울 : 솔 출판사, 225 – 254.

김열규 (1981). **한맥원류.** 서울 : 주우.

김열규 (1987). **한국인 그 마음의 근원을 찾는다.** 서울 : 문학사상사.

김열규 (1980). **원한, 그 짙은 안개.** 서울 : 범문출판사.

김열규 (1982). **한국인의 신명.** 서울 : 주류.

김열규 (1986). **한국인 우리들은 누구인가.** 서울 : 자유문학사.

김원호 (1999). **풍물굿 연구.** 서울 : 학민사.

김준희 (1997). 한국무용 전공자 경력에 따른 신명감과 자아정체성의 비교분석. **용인대학교 학생생활연구, 5.**

김준희 (2005). 댄스스포츠 경력에 따른 신명감과 자아정체감에 관한 연구. **한국여가레크리에이션학회지, 28,** 49 – 55.

김지영, 김기범 (2005). 한국인의 자기신세 조망양식으로서 팔자의 이야기 분석과 통제신념과의 관계분석. **한국심리학회지 : 사회문제, 11**(1), 85 – 108.

김 진 (2004). **한이란 무엇인가. 한의 학제적 연구.** 서울 : 철학과 현실사.

김혜숙 (1999). 창의성 진단측정도구의 개발 및 타당화. **교육심리연구 13**(4), 269 – 303.

나윤선 (1991). **한국 춤의 정서에 나타난 한과 신명에 대한 연구.** 한양대학교 교육대학원 석사학위논문.

노준석 (2003). **미디어 이용과 몰입경험에 따른 수용자의 여가만족에 대한 연구.** 중앙대학교 박사학위논문.

마광수 (1984). 음양사상과 카타르시스. **인문과학 52,** 1 – 15.

마광수 (1988). 카타르시스의 실제적 효용에 관한 연구. **延世論叢 24,** 1 – 27.

문순태 (1988). 한이란 무엇인가(서광선 편), **한의 이야기.** 서울 : 보리, 135 – 196.

문순태 (1991). 한(한국민족문화 대백과사전 편찬부 편), **한국민족문화대백과사전.** 서울 : 웅진출판사.

박노자 (2003). **나를 배반한 역사.** 서울 : 인물과 사상사.

송성욱 편역 (2004). **춘향전.** 서울 : 민음사.

송호근 (2006). **한국의 평등주의, 그 마음의 습관.** 서울 : 삼성경제연구소.

신기철, 신용철 편저 (1993). **새우리말 큰 사전 11판.** 서울 : 삼성출판사

심혜경 (2000). 기적(氣的) 활용을 통한 춤의 신명적 체험에 관한 연구. **체육학 논문집, 28,** 137 – 147.

안신호 (1997). 한, 한국인의 부적 감정? **심리과학, 6**(2), 61 – 74.

양옥경, 최명민 (2001). 한국인의 한(恨)과 탄력성(Resilience). **정신보건과 사회사업, 11,** 7 – 29.

오율자 (1995). 춤에서의 신명체험에 관한 연구. **무용학회논문집, 18**. 161-172.

요시카와 로죠 (2001). **신바람 한국 가미카제 일본**. 서울 : 다락원.

유동식 (1975). **한국무교의 역사와 구조**. 서울 : 연세대학교 출판부.

유미희 (1989). **한국춤에 나타난 신명에 관한 연구**. 이화여자대학교 대학원 석사학위논문.

유성경 (2002). 적응 유연한 청소년들의 심리적 보호요소 탐색. **한국교육심리학회지, 16**(4), 189-206.

유진, 김장우 (2004). 프로 한국무용수의 신명경험. **한국스포츠심리학회지, 15(1)**, 97-112.

윤재석 (1990). 풍물과 마당굿의 공동체적 신명. **승가, 7**, 50-60.

이규태 (1987). 조선일보, 1987. 12. 15.

이규태 (1991). **한국인의 버릇**. 서울 : 신원문화사, 279-281.

이규태 (1991). **한국인의 의식구조**. 서울 : 신원문화사.

이규호 (1968). **말의 힘**. 서울 : 제일출판사.

이누미야 요시유키 (2004). 한일 비교 성격론. **인본연구, 11**, 101-124.

이누미야 요시유키, 김윤주 (2006). 긍정적 환상의 한일비교 : 주체성 자기와 대상성 자기에 의한 설명. **한국심리학회지 : 사회 및 성격, 20**(4), 19-34.

이누미야 요시유키, 한민, 이다인, 이주희, 김소혜 (2007). 주체성-대상성-자율성 자기 척도의 개발. **한국심리학회지 : 사회 및 성격, 21**(2), 17-34.

이동숙 (1996). **통영오광대의 신명적 특성연구**. 이화여자대학교 대학원 석사학위논문.

이면우 (1992). **W이론을 만들자**. 서울 : 지식산업사.

이부영 (1980). 원령전설과 한의 심리. 김홍규 편 전통사회와 민중예술, 마음사.

이상일 (1981). **굿과 놀이**. 서울 : 문음사, 139.

이시형 (1993. 1. 1). 신바람이 나면. **중앙일보**.

이어령 (1978). 한국인 재발견. 서울 : 교학사.

이어령 (1982. 9. 23). 푸는 문화, 신바람의 문화. 중앙일보.

이어령 (2003). 푸는 문화 신바람의 문화. 서울 : 문학사상사.

이장우, 이민화 (1997). 신바람 관리. 경영학연구, 24(2), 339-370.

정욱, 한규석 (2005). 자기고양 현상에 대한 조절변인으로서 자존감. 한 국심리학회지 : 사회 및 성격, 19(1), 199-216.

정은희 (1998). 한국 민속춤에 내재된 공동체적 신명에 관한 심리적 접 근. 조선대학교 석사학위논문.

조긍호 (2002). 문화성향과 허구적 독특성 지각 경향. 한국심리학회지 : 사회 및 성격, 16(1), 91-111.

조긍호, 명정완 (2001). 문화성향과 자의식 유형. 한국심리학회지 : 사회 및 성격, 15(2), 111-139.

조동일 (1996). 연극미학의 세 가지 기본 원리, '카타르시스', '라사', '신명풀이' 비교연구. 구비문학연구, 3, 439-473.

조동일 (1997). 카타르시스, 라사, 신명풀이-연극·영화미학의 기본원리 에 대한 생극론의 해명. 서울 : 지식산업사.

조선일보 (2006. 4. 24). 신바레이션이 홈플러스 쑥쑥 키운다.

조윤경 (2002). 한국인의 나의식-우리의식 척도개발 및 타당화. 고려대 학교 심리학과 대학원 박사학위논문.

조향 (1987). 무속에 나타난 한과 신명, 그 양상에 관한 연구-살풀이춤 과 탈춤을 중심으로. 한양대학교 대학원 석사학위논문.

조향 (1988). 예술체험으로서의 무속을 통해 본 '恨'과 '신명'. 행당논집, 3, 315-344.

주강현 (2006). 한겨레. 2006. 8. 31.

지만원 (1993). 신바람이냐 시스템이냐. 현암사 : 서울.

채희완 (1983). 집단연희에 있어서 예술체험으로서의 신명. 호서문화논집, 2, 107-121.

천이두 (1993). 한의 구조연구. 서울 : 문학과 지성사.

최길성 (1991). 한국인의 한. 서울 : 도서출판 예진, 11-28.

최상진 (1991). '한'의 사회심리학적 개념화 시도. **한국심리학회 91 연차 대회 학술발표논문초록**, 339-350. 서울 : 중앙대학교, 10월.

최상진 (1993). 한국인과 일본인의 '우리'의식 비교. **한국심리학회 '93연 차대회 학술발표논문집**, 229-244.

최상진 (1997). **한국인의 심리특성**. 한국심리학회(편), 현대심리학의 이해 (pp.695-766). 서울 : 학문사.

최상진 (2000). **한국인 심리학**. 서울 : 중앙대학교 출판부.

최상진 (1997). 당사자 심리학과 제3자 심리학 : 인간관계 조망의 두 가 지 틀. **한국심리학회 추계심포지엄 발표논문집**, 131-143.

최상진, 김기범 (1999). 한국인의 심정심리 : 심정의 성격, 발생과정, 교 류양식 및 형태. **한국심리학회지 일반, 18(1)**, 1-16.

최상진, 김기범 (1999b). 한국문화적 심리치료접근으로서의 심정치료. **한 국심리학회 연차학술대회**.

최상진, 최수향 (1990). We-ness : A Korean Discourse of Collectivism. **한국심리학회 주최 국제학술회의 발표논문집**.

최상진, 한규석 (1998). 심리학에서 객관성, 보편성 및 사회성의 오류 : 문화심리학의 도전. **한국심리학회지 일반, 17(1)**, 73-96.

최상진, 한규석 (2000). 문화심리학적 연구방법론. **한국 심리학회지 사회 및 성격, 14(2)**, 123-144.

최재선 (1997). 신바람의 교육적 의미와 활용방안. **연세교육연구, 10(1)**, 96-121.

최준식 (2002). **한국인은 왜 틀을 거부하는가 : 난장과 파격의 미학을 찾아서**. 서울 : 소나무.

한겨레 (2006. 12. 7). 맺히면 '한', 풀면 '신명', 상생의 굿 벌여라. 민족 문화상징 100 기획기사.

한성열 (1995). 삶의 질과 내재적 동기의 실현. **한국심리학회지 : 사회문 제, 2(1)**, 95-111.

한완상, 김성기 (1987). **한에 대한 민중사회학적 시론**. 서울대학교 사회 학연구회 편. 서울 : 한길사

허원기 (2001). 판소리의 신명풀이 미학. 서울 : 박이정.

Anderson, C. R. (1977). Locus of control, coping behaviors, and performance in a stress setting : A Longitudinal study. *Journal of Applied Psychology, 62*, 446－451.

Block, J. & Kremen, A. M. (1996). IQ and Ego－Resiliency : Conceptual and empirical connections and separateness. *Journal of Personality and Social Psychology, 70*(2), 349－361.

Bowers, B. (1990). *Grounded theory*, In B, Sarter(Ed.), Paths to knowledge (pp.29－33). New York : National League for Nursing Press.

Campbell, A. (1981). The sense of well－being. *American Psychologist, 31*, 117－124.

Charmaz, K. (2000). *Grounded theory : Objectivist and constructivist methods*. In N. K. Denzin & Y. S. Lincoln(Eds.), Handbook of qualitative research(pp.509－534). Thousand Oaks, CA : Sage.

Choi, S. C. (1998). The third－person－psychology and the first－person psychology : Two perspectives on human relations. *Korean Social Science Journal, 25*, 239－264.

Choi, S. C. & Kim, K. (1999). Shimcheong : The key concept for understanding Koreans' mind. *Paper presented at the 3rd Conference of the Asian Association of Social Psychology, August 4－8, Taipei, Taiwan.*

Csikszentmihalyi, M. (1975). *Beyond Boredom and Anxiety*. San Fransisco : Jossey－Bass, 42.

Csikszentmihalyi, M. (1988). *Introduction in Optimal Experience Psycho－logical Studies of Flow in Consciousness*. UK, Cambridge : Cambridge University.

Csikszentmihalyi, M. (1999). 몰입의 즐거움 [*Finding flow*](이희재 역). 서울 : 해냄(원전은 1997년에 출판).

Csikszentmihalyi, M. (2003). 몰입의 기술 [*Beyond Boredom and Anxiety : Experiencing Flow in Work and play*](이삼출 역). 서울 : 더불 어책(원전은 2000년에 출판).

Deci, E. L. (1975). *Intrinsic Motivation.* NY : Plenum Press, 23.

Deiner, E., Emons, R. A., Larsen, R. J. & Griffin, S. (1985). The satisfaction with life scale : A measure of global life satisfaction. *Journal of personality Assessment, 49,* 71−79.

Edwards, A. L. (1957). *The social desirability variable in personality assessment and research.* New York : Dryden Press.

Eisner, E. (1991). *The Enlightened eye : Qualitative Inquiry and the enhancement of educational practice.* NY : Macmillan.

Fouts, G. (1994). *Moments of "connection" on television and in the movies.* Paper presented to the Canadian Communications Association, Calgary, Alberta.

Fouts, G. & Schwartz, K. (1996). Music and affective attunement by adolescents Paper presented to th Canadian Communications Association, St. Catherines, Ontario.

Geertz, C. (1998). 문화의 해석 [*The Interpretation of Culture*](문옥표 역), 서울 : 까치(원전은 1973년에 출판).

Glaser, B. & Strauss, A. (1966). The Purpose and Credibility of Qualitative Research. *Nursing Research, 15,* 56−61.

Glaser, B. G. & Strauss, A. L. (1967). *The discovery of grounded theory : Strategies for qualitative research.* New York : Aldine.

Goetz, J. & Lecompte, M. (1984). *Ethnography and Qualitative Design in Educational Research.* NY : Academic press.

Hones, D. F. (1998). Known in part : The transformational power of narrative inquiry. *Qualitative inquiry, 4*(2), 225−248.

Hrynchak, D & Fouts, G. (1992). *Affective attunement profiles of university students.* Paper presented at the meeting of the Canadian Psycho−

logical Association, Quebec City, Quebec.

Hrynchak, D & Fouts, G. (1998). Perception of affect attunement by adolescents. *Journal of Adolescence, 21*, 43−48.

Huizinga, J. (1955). 호모루덴스 : 놀이와 문화에 관한 한 연구 [*Homo Ludens*](김윤수 역). 서울 : 까치(원전은 1955년 출판).

Jussim, L., Yen, H. & Aiello, J. R. (1995). Self−consistency, self−enhancement, and accuracy in reactions to feedback. *Journal of Experimental Social Psychology, 31*, 322−356.

Kendall, P. C., Howard, B. L. & Hays, R. C. (1989). Self−referent speech and psychopathology : The balance of positive and negative thinking. *Cognitive Therapy and Research, 13*, 583−598.

Langer, E. J. (1975). The illusion of control. *Journal of Personality and Social Psychology, 32*, 311−328.

Langer, E. J. & Rodin, J. (1976). The effects of choice and enhanced personal responsibility for the aged : A filed experiment in an institutional setting. *Journal of Personality and Social Psychology, 34*, 191−198.

Lather, P. (1993). Fertile Obsession : Validity After poststructuralism. *Sociological Quarterly, 34*(4), 673−693.

Lincoln, Y. & Guba, E. (1985). *Naturalistic Inquiry*. Beverly Hills, CA : Sage.

Maslow, A. H. (1970). *Motivation and Personality*. NY : Harper & Row, Publisher, 153−174.

Maslow, A. H. (1971). *The Farther Reaches of Human Nature*. NY : Viking Press, p.45, 164, 168, 269.

Massimini, F. & M. Carli. (1988). *The Systematic Assessment of Flow in Daily Experience*. In M. Csikszentmihalyi & I. S. Csikszen−tmihalyi(ed.). Optimal Experience : Psychological Studies of Flow In Consciousness, Cambridge University Press, 266−287.

McFarlin, D. B. & Blascovich, J. (1981). Effects of self-esteem and performance feedback on future affective preferences and cognitive expectations. *Journal of Personality and Social Psychology, 28*, 108-114.

Mesquita, B. & Frijda, N. H. (1992). Cultural variation in emotion. *Psychological Bulletin 112*(2), 179-204.

Mesquita, B. & Walker, R. (2003). Cultural differences in emotions : a context for interpreting emotional experience. *Behavior Research and Therapy 41*, 777-793.

Niiya, Y., Ellsworth, P. C. & Yamaguichi, S. (2006). Amae in Japan and the United States : An Exploration of a "Culture Unique" Emotion. *Emotion 6*(2), 279-295.

Norman, J. (2000). Constructive narrative in arresting the impact of post-traumatic stress disorder. *Clinical Social Work Journal, 28*(3), 303-319.

Pittman, N. L. & Pittman, T. S. (1979). Effects of amount of helplessness training and internal-external locus of control on mood and performance. *Journal of Personality and Social Psychology, 37*, 39-47.

Pollick, M. F. & Kumar, V. K. (1997). Creativity Style of Supervising Managers. *Journal of Creativity Behavior, 31*(4), 260-271.

Rogers, C. R. (1961). *On Becoming a Person.* Boston : Houghton Mifflin Company, 281.

Rosenberg, M. (1965). *Society and adolescent self-image.* Princeton. NJ : Princeton University Press.

Russel, J. A. (1991). Culture and the Categorization of Emotions, *Psychological Bulletin 110*(3), 426-450.

Seligman, M. E. P. & Csikszentmihalyi, M. (2000). Positive Psychology : An Introduction. *American Psychologist, 55*(1), 5-14.

Seligman, M. E. P. (2000). *Positive psychology, positive prevention, and positive therapy*. Handbook of positive psychology. New York : Oxford University Press, 3 – 12.

Smith, B. (1999). The abyss : Exploring depression through narrative of the self. *Qualitative inquiry, 5*(2), 264 – 279.

Spradley, J. (1979). *The Ethnographic Interview*. New York : Holt, Rinehart & Winston.

Stainback, S. & Stainback, W.(1992). 질적연구의 이해와 실천(김병하 역). 서울 : 도서출판 특수교육.

Stern, D. N. (1985). *The Interpersonal World of the Infant : a view from psychoanalysis and developmental psychology*. New York : Basic Books inc.

Strauss, A. & Corbin, J. (1998). *Basic of Qualitative Research*. New Deli : Sage publications.

Sullivan, H. S. (1953). *The Interpersonal Theory of Psychiatry*. New York : W. W. Norton & Company Inc.

Swann, W. B., Jr., Griffin, J. J., Predmore, S. C. & Gaines, B. (1987). The cognitive – affective crossfire : When self – consistency confronts self – enhancement. *Journal of Personality and Social Psychology, 52*, 881 – 889.

Taylor, S. E. & Brown, J. D. (1988). Illusion and well – being : A social Psychological perspective on mental health. *Psychologist, 49*, 972 – 973.

Tobin, J. J., Wu, D. Y. H. & Davidson, D. H. (1989). *Preschool in the three cultures : Japan, China, and the United States*. New Heaven : Yale University Press.

Wertsch, J. V. (1998). *Mind as action*. New York : Oxford University Press.

Wolcott, H. (1994). *Transforming Qualitative Data : Description, Analysis and Interpretation*. Thousand Oaks, CA : Sage.

동영상 실험 설문지

여러분 안녕하십니까?
본 설문에 귀중한 시간을 내어 주셔서 감사드립니다.

여러분의 응답 내용은 연구목적으로만 사용되며, 개인 정보는 절대 다른 목적으로 사용되지 않습니다. 분석 이후 설문지는 통계법 8조에 의거 폐기될 것입니다.

다시 한번 깊이 감사드립니다.

연구책임자 한 민
rainmaster75@hanmail.net

● 다음 항목에 반드시 기입해 주시기 바랍니다.

▶ 성 별: ① 남 ② 여
▶ 나 이: (   ) 세

==================================

제시되는 영상을 차분히 보신 후, 다음의 질문에 응답하여 주십시오. 각 영상은 여러분이 경험적으로 혹은 문화적으로 접해 보셨을 수 있는 상황을 담고 있습니다. 다큐멘터리나 TV 드라마, 영화의 한 장면이 아니라 일반적인 상황이라는 생각으로, 여러분 자신의 경험과 관련하여 최대한 풍부한 내용으로 응답해 주시기 바랍니다.

<동영상 상영 a~f>

1. 지금 이 사람(들)이 느끼고 있는 기분이나 느낌, 감정은 어떠할 것 같습니까?
   구체적으로 묘사해 주십시오.

....

....

....

2. 이 상황 전에 어떠한 일들이 있었을지 상상하여 그 내용을 적어 보십시오.

....

....

....

3. 이 사람(들)은 왜 그러한 기분을 느끼게 되었을지 설명을 해 보십시오.

....

....

....

4. 이 사건 이후로 사람들은 어떤 기분을 느끼고 어떻게 행동할 것 같습니까?

....

....

....

그림 자극 실험 설문지

여러분 안녕하십니까?
본 설문에 귀중한 시간을 내어 주셔서 감사드립니다.

　여러분의 응답 내용은 연구목적으로만 사용되며, 개인 정보는 절대 다른 목적으로 사용되지 않습니다. 분석 이후 설문지는 통계법 8조에 의거 폐기 될 것입니다.

　다시 한번 깊이 감사드립니다.

연구책임자 한 민
rainmaster75@hanmail.net

● 다음 항목에 반드시 기입해 주시기 바랍니다.

▶ 성 별: ① 남　② 여
▶ 나 이: (　　　　) 세

=================================

● 다음의 글을 읽고 다음 장부터 시작되는 질문에 응답해 주십시오.

  동일한 상황에 직면했을 때 마음속에 생겨나는 감정의 질과 성격
은 사람에 따라 매우 다양할 수 있습니다. 그것은 외적인 사건 자체
만이 아니라 사람들이 가진 기억이나 과거의 경험이 해당 상황에서
의 감정경험에 영향을 미쳤을 수 있음을 의미합니다.

  다음 페이지부터 제시되는 **그림들**은 각각 매우 **긍정적인 기분**을
느끼고 있는 주인공들의 **상황**을 묘사하고 있습니다. 그러나 주인공
들이 왜 그러한 상태에 도달하게 되었는가에 대한 설명은 없습니다.
여러분은 그림을 보고 그림의 주인공의 입장에서 그림의 상황을 상
상해 보신 다음, 그 상상을 기초로 하여 이어지는 질문에 성실히,
풍부한 내용으로 응답해 주시기 바랍니다.

<그림 자극 a~g>

1. 지금 이 사람(들)이 느끼고 있는 기분이나 느낌, 감정은 어떠할 것 같습니까? 구체적으로 묘사해 주십시오.

_____

_____

_____

2. 이 상황 전에 어떠한 일들이 있었을지 상상하여 그 내용을 적어 보십시오.

_____

_____

_____

3. 이 사람(들)은 왜 그러한 기분을 느끼게 되었을지 설명을 해 보십시오.

_____

_____

_____

4. 이 사건 이후로 사람들은 어떤 기분을 느끼고 어떻게 행동할 것 같습니까?

_____

_____

_____

개방형 설문지

여러분 안녕하십니까?
본 설문에 귀중한 시간을 내어 주셔서 감사드립니다.

  여러분의 응답 내용은 연구목적으로만 사용되며, 개인 정보는 절대 다른 목적으로 사용되지 않습니다. 분석 이후 설문지는 통계법 8조에 의거 폐기 될 것입니다.

  다시 한번 깊이 감사드립니다.

연구책임자 한 민
rainmaster75@hanmail.net

● 다음 항목에 반드시 기입해 주시기 바랍니다.

▶ 성 별 : ① 남 ② 여 ▶ 나 이 : (   ) 세
▶ 전화번호 : (   )
※ 후속연구에 도움을 주실 분들은 연락처를 남겨 주세요.

===

여러분은 **"신명"**이라는 말을 들어보신 적이 있으실 겁니다. 보통 풍물놀이나 탈춤 등 전통예술의 현장 혹은 지난 2002년 월드컵의 거리응원의 모습도 **"신명"**이라는 말로 표현할 수 있을 것입니다.

그 외에도 우리는 어떠한 순간, 어떠한 상황이 되면 **"신명"**이라는 말을 떠올립니다. 여러분들도 그러한 경험을 해 보신 일이 있으실 것입니다. 여러분이 **"신명난다"**는 느낌을 받으셨던 때는 언제였습니까?

지금부터 **"신명나는"** 경험을 했었던 당시를 **떠올려 보십시오.** 그리고 그때를 떠올리면서 이어지는 질문에 응답해 주시기 바랍니다.

1. 그 경험은 어떤 것이었습니까?(가장 인상 깊었던 한 가지만 적어 주십시오.)

----

2. 그때, 당신이 느꼈던 기분, 감정, 느낌은 어떠했습니까?

----

3. 당신은 왜 그러한 감정을 느끼게 되었습니까? 그런 기분을 느끼게 된 마음의 과정을 되짚어 생각해 보시고 적어 주십시오.

_____

_____

_____

4. 그때, 당신은 어떠한 행동을 했습니까? 구체적으로 묘사해 주십시오.

_____

_____

_____

5. 당신은 왜 그러한 행동을 했다고 생각하십니까?

_____

_____

_____

6. 그 사건은 당신의 마음이나 생활에 어떠한 영향을 주었습니까?

_____

_____

_____

개방코딩

(1) 신명경험의 원인(개방형 설문의 1번 문항)

① 전환적 사건에 의한 신명

● 전환적 사건의 발생(의외성)

- 2002년, 한국 vs 포르투갈 경기에서 박지성이 골을 넣는 그 순간. 질 것이라 생각했는데 이길 수 있다는 느낌을 받았다. 첫 16강 진출이라는 희망감에 사로잡혔다.(사례 41)
- 콩쿠르에서 입상(사례 132)
- 2세가 태어났을 때(사례 154)
- 주식이 하루 만에 배로 올랐다.(사례 145)
- 우연히 산 복권에 당첨이 되었을 때(사례 175)
- 딸아이가 수능을 잘 쳐 좋은 대학에 붙었을 때(사례 174)
- 공인중개사 시험에 합격(사례 194)
- 딸내미가 졸업 후 전공과는 다른 길을 갔었습니다. 한 1년을요. 1년 후 퇴사하고 공무원 준비를 했습니다. 고대하고 고대하던 합격을 했을 때 정말 신명나는 경험이었죠. 그 순간을 지금도 잊을 수가 없습니다.(사례 208)
- 예상도 못하고 있었는데 입상을 하게 되어서 그런 감정을 느꼈던 것 같다. 콩쿠르 준비 기간 동안 연습을 많이 하지 못하여서

거의 포기 상태로 연주를 하였는데, 생각과는 달리 결과가 좋게 나왔다.(사례 132)

- 도무지 믿기지 않는 상황이 일어났다는 생각이 들었고, 그러한 상황이 이루어졌다는 생각이 더욱 신명이 나게 했다.(사례 178)

- 우리나라가 4강까지 진출할 거라고는 생각도 못했다. 16강도 아주 감지덕지였는데 …… 정말 이건 기적이었다. 누구도 예상치 못했던 것이기에 더욱 감동 깊었다.(사례 207)

② 우리의식에 의한 신명

● 계기적 사건의 발생

- 대학 정기전 운동경기 응원(사례 18 외)
- 환갑잔치(사례 77)
- 가족여행(사례 86)
- 거리응원(사례 170)
- 동창회(사례 187)
- 친구들과의 여행(사례 192)

● 사건이 주는 일탈감

- 평소에 그렇게 들고 뛰면서 즐길 만한 일이 없기 때문에(사례 6)

- 다같이 하니까 특별히 제가 그렇게 해도 이상하게 보지 않으니까 …… 그날은 그래도 되고, 다들 그런 분위기잖아요.(사례 18)

- 매우 흥분되어 있었고, 일상에서 탈출해서 아무것에도 구속받지 않고 현재에만 충실해서, 느끼는 대로 활동할 수 있다는 느낌을 받았다.(사례 35)

- 오늘 하루밖에 못하니까 그동안 기쁨과 만족을 충분히 만끽하고 싶었다.(사례 53)
- 평소에는 해 보지 못했던 행동들(응원)을 통해서 스트레스와 그 밖의 여러 마음속의 짐들을 벗어버리고(분출 / 해소), 주변 눈치 보지 않고 신나게 노래 부르며 소리 지를 수 있다는 사실 때문에(사례 59)
- 아마도 평소에 쉽게 일어나는 상황이 아니기 때문인 것 같다. (사례 65)
- 답답한 일상에서 해방된 느낌으로 그 뒤로 일상생활에 복귀해서도 신명나게 일할 수 있어서 좋았다. 늘 시간에 쫓겨 생활했기 때문에 한 번도 진정한 나를 돌아보지 못했다. 한번 여유 있는 여행을 하니까 내가 풀어지는 느낌이 들었다.(사례 192)

● 외부적 조건

- 응원할 때 반주되는 노래와 드럼 소리가 흥을 돋운다.(사례 29)
- 불(달집태우기)에 취하는 느낌이 들었고, 가락과 북소리가 내가 가진 감정, 느낌, 심박수와 동조되는 느낌이 들었다.(사례 57)
- 다른 사람들이 흥분해서 지르는 고함소리와 노래 소리에 기분이 들떴다. 사람들과 어울려 소리를 지르고 뛰며 응원하다 보니 제 정신이 아닐 정도로 신이 나 있었다.(사례 62)
- 내 속에서 우러나온 것도 있지만 다른 사람들의 분위기에 맞춰진 것도 있는 듯싶다.(사례 124)

③ 자기표현에 의한 신명

● 자기표현을 인정받을 기회

- 연극부 공연(사례 26)
- 오케스트라 연주회(사례 37)
- 음악 동호회 발표회(사례 69)
- 등산(사례 110)
- 작품 전시회(사례 118)
- 마라톤 풀코스 완주(사례 142)
- 회사를 설립하고 신나게 일함(사례 144)
- 풍물놀이(사례 162, 191)
- 입사하여 처음으로 맡은 프로젝트가 성공(사례 210)

● 자기표현의 인정 혹은 자각(의외성)

- 그리고 연극을 혼자 하는 게 아니기 때문에 애들이랑 모든 연기도 그렇고 연출 상황도 그렇고 모든 게 다 갖춰져 가지고 잘 나갈 때 기분이 되게 좋았던 거 같아요.(사례 26)
- 가장 좋은 건 나중에 연극 끝나고 나서 학생들과 선생님들의 반응이었구요, 그리고 심사위원 아저씨가 1학년 때보다 많이 나아졌구나 할 때도 좋았고. 남들이 인정해 줄 때죠.(사례 26)
- 책을 읽을 때, 제 속에서 어떤 생각을 했던 게 있는데 그걸 명확하게 표현을 못하잖아요? 근데 그걸 책을 읽다가 '아, 내 느낌이 이런 거였구나' 하면서 작가와 일치감을 느낄 때 그런 기분을 느껴요.(사례 56)
- 사실 뭐 대부분 직장인들이 다 주눅 들어 살잖아요. 시키는 거 하는 거고 …… 어쨌거나 이런 구조 속에서 사니까. 시키는 대로 하다 보면 쳇바퀴 생활 어쩌고 하잖아요? 그 속에서도 신명난

다, 재미있다, 내 일 같다는 느낌을 받을 때는 뭐 …… 인정받
았을 때 …… 남들보다 빠르게 진급을 했다든지 ……(사례 70)
- 처음엔 많이 떨렸지만 나중에 마무리가 되어 가면서, 친구들 등
아는 사람들이 내 작품을 봤다는 걸 생각하니 기분이 너무 좋
고 떨렸다.(사례 118)
- 안 되다가 …… 눈물연기가 안 되다가 막 될 때, 가끔 가다가 연
기 말고도 이런 부분에서는 코믹하게 연출을 하고 싶어서 넣었
는데 그게 적재적소에 잘 들어가서 잘되면 또 기분 좋고요. (중
략) 갑자기 예상치 못했다가 갑자기 닥쳐오는 그 느낌, 환희 그
런 거요. 기대를 안 하면 더 크게 와 닿는 그런 거 있잖아요.(사
례 26)

● 외부적 조건
- 스피커의 울림, 무대 장치, 주변 환경 등 나의 기호와 취향이
모두 최상의 조화를 이루었다.(사례 55)
- 아름답고 기분을 고조시키는 음률 때문이었다고 생각한다. 분위
기도 많이 좌우를 했고, 몰입하게 만드는 조명과 무대 때문이었
다고도 생각한다.(사례 153)
- 음악이 마음을 설레게 한다. 몸이 들썩거리고 자연스럽게 몸을
흔들게 되고 음악과 물아일체가 된다.(사례 133)
- 빠른 박자와 큰 악기들의 소리 때문에(사례 191)

(2) 신명상태의 감정 및 정서(개방형 설문의 2, 3번 문항)

① 전환적 사건에 의한 신명

● 1차적 쾌감 (즐거움)

- (재수생활이) 딱 끝났다는 생각에 엄청 좋았지요.(사례 21)
- 정말 온몸에 쫙 퍼지는 전율 같은 것을 느꼈다.(사례 41)
- 희열이라고 해야 되나 그런 걸 느꼈었거든요.(사례 45)
- 너무 좋았고 세상을 다 가진 것 같았고 행복했다.(사례 113)
- 나에게도 이런 행운이 찾아오다니 살맛난다. 그 희열과 자신감과 우리 집 욕조보다도 더 넘쳐흐르는 웃음과 기쁨, 환희 ……말로 표현 못할 인생에 대한 밝은 전망 등등 ……(사례 175)
- 벅차오르고 기분 좋아 울컥하기까지 하였다.(사례 209)

● 자기개입적 쾌감 (자부심, 뿌듯함 등)

- 제 1년을 보상받았구나. 이 생각이 들었어요.(사례 21)
- 실력이 확인된 것에 대한 자랑스러움이나 뿌듯함. 1년 동안 공부했던 것에 대한 보상을 받는다는 느낌(사례 45)
- 정말 기쁘고 내 자신이 뿌듯하게 느껴지며, 무언가 이루었다는 감격과 함께 어머니에 대한 감사의 감정을 느꼈다.(사례 167)
- 벅찰 수밖에 없는 감정이었습니다. 웃다가 울기도 했고 말이죠. 세상 모든 사람들에게 자랑하고 싶더군요. 앞으로도 그 기분을 지울 수 없을 것 같습니다.(사례 208)
- 피곤한 삶의 일부를 자식의 합격을 통해 보상받았다는 느낌.(사례 213)

② 우리의식에 의한 신명

● 1차적 쾌감

-모든 사람들이 정말 아무 고민 없는 사람들처럼 즐겁게 춤추며 노래했기 때문에 나도 덩달아 신이 나고 즐거웠다.(사례 23)

-흥겨움, 신남, 즐거움(사례 29)

-흥분과 황홀감(사례 57)

-신났다고 해야 하나요? 저절로 흥이 났어요. 기쁘고 들뜨고 신나고 ……(사례 184)

● 우리 개입적 쾌감 (소속감, 일체감)

-함께하고 있는 집단에 대한 소속감.(사례 8)

-그 많은 인원이 같은 데 모여서 파란색, 빨간색 (같은 옷 입고) 쫙 모여서 큰 경기장을 다 채우고 있는 모습 보면, 다 힘들여서 응원하고 다 한곳을 보는 거잖아요? 나쁘게 보면 집단의식에 광기 같기도 한데, 단순히 보면 즐겁고, 같이 있으니까 좋고 그렇죠.(사례 20)

-사람들이 이렇게 하나로 뭉칠 수 있다는 것이 놀라웠다. 그런데다가 모두 다 함께 응원을 하니 ……(사례 27)

-어떤 단체에 소속되어 있다는 느낌, 가슴 벅차는 느낌과 뿌듯함. (사례 59)

-내가 집단의 일원이라는 사실에, 소속감 때문에(사례 61)

-흥겨운 분위기 속에서 강한 소속감을 느꼈고, 정직하고 진솔한 마음이 생겨났다.(사례 148)

-가족이라는 사람들이 다정하게 느껴지고, 가족이 서로 사랑한다

는 것에 대해 고마움을 느꼈습니다. 요즘은 가족끼리 서로 싸우고 연락 안 하는 집들도 많은데 우리는 화목하게 살고 있다는 사실이 뿌듯했습니다.(사례 224)

③ 자기표현에 의한 신명

● 1차적 쾌감

－환희, 신남, 흥분, 흥겨움, 희열 등
－새롭고, 들뜨고, 세상을 다 얻은 기분이었다.(사례 144)

● 자기개입적 쾌감

－연습을 방학 때 되게 힘들게 땀 흘리면서 했거든요. 그걸 학교 거의 전교생들이 와서 봤었어요. 선생님들이랑 애들 앞에서 저희가 열심히 했던 것을 보여주는 것도 재미있었고, 남들 앞에서 열심히 해서 성과물을 보여주는 것이 되게 좋았고 ……(사례 26)
－힘이 솟구치며 자신감이 생기고 신이 났다.(사례 37)
－지금 생각해 보면 또 하나 빠질 수 없는 게, 노력을 했던 거 같아요. 예를 들어서 프로 애들이 객원을 오면 항상 이런 말을 많이 해요. 자기는 업으로 하는 사람들인데, 직업도 아닌 거에 이렇게 모여서 열심히 하는 거에 자기들이 감동을 많이 받는다고 …… 인상적이라고 해요. (중략) 걔네들은 연주회 한번 하는데 연습 몇 번 하고 …… 오케스트라 한 곡을 하는데 연습을 보통 모여서 하는 게 3번, 많으면 5번 정도 해요. 그 사람들은 그런 게 의미가 없는데, 저희는 방학 2달을 다 바치잖아요? 그래서 저희는 연주회 한번이 되게 의미가 큰 거예요. 저희는 어쩔 땐

울면서 하는 경우도 있고 ······(사례 37)

- 자기가 정말 원하는 일을 하면서 얻게 되는 성취감 같은 것들도 느껴지고, '참 잘했다' 하는 자기만족감도 크고 ······(사례 48)

- 오히려 제가 볼 때는 그 사람이 그동안 몰랐던 거를 알게 되거나 자신의 상태에 대해 인정하게 되거나 그런데서 그 사람이 회복되고 치유되고 그 모습을 바라보는 것도 참 좋지만, 저는 상당히 개인주의적이기 때문에 제가 거기에 수단이 되어서 도움이 되었다는 것 자체가 굉장히 기뻐요.(사례 48)

- 내가 표현하고 싶었던 그 정점에 다가가고 있다는 그 느낌이 ······ 그게 신명인 거 같아요. 내 이상에 근접했을 때. 그 과정에서 느낄 수 있다면 더 좋고, 그 과정만으로도 ······(사례 69)

- 내가 이걸 해냈다는 성취감이나 음악 자체가 연습 때보다 좀 더 잘 나왔을 때, 그런 것에 대해서 ······(사례 69)

- 마라톤 풀코스는 하루아침에 연습해서 되는 것이 아니고, 그간의 준비 기간(최소 1년 이상)이 주마등처럼 지나가면서 달리는 순간이 무척 고통스럽기도 했지만, 수많은 다른 이들과 함께 뛰며 호흡할 때 정말 내 자신이 대견스럽고 기특했었다.(사례 142)

- 외국인들에게 우리의 문화를 알릴 수 있어서 뿌듯했고, 흥분되었고, 내가 믿는 종교(불교)가 자랑스러워졌다.(사례 159)

(3) 신명상태의 행동(개방형 설문의 4, 5번 문항)

① 전환적 사건에 의한 신명

● 자기가치감의 확인

- 정시 발표 난 것도 모르고 있었는데, 친구가 미안하니까 저보고 너 합격했다고 먼저 연락해 줬던 게 아직도 기억나는데 …… 그때 친구는 붙고 저는 떨어졌고 …… 정시는 논술을 따로 봐야 돼서 …… 한 달 동안 논술 공부에 참 혼자 아등바등거리면서 열심히 했던 기억 때문에 …… 어떻게 보면 재수만큼 큰 건 아니지만 절망이잖아요? 두려움 반, 노력한 거 반 이렇게 보상을 받는 거 같아서. …… 그리고 그것뿐만 아니라 중, 고등학교 공부를 하면서 사춘기 때 목표가 대학입학이니까…… 그래서 더 많이 기뻤던 거 같아요.(사례 48)
- 밤늦도록 힘들게 공부하고 오는 딸아이의 모습을 지켜보면서 안쓰럽고 대신 도와줄 일이 없는 것이 안타까웠다.(사례 72)
- 자격증을 따려고 밤과 낮을 가리지 않고 친구와 같이 정말 열심히 노력했고, 한번 떨어졌던 경험이 있어서 더 좋았다.(사례 113)
- 임신 4개월 때 기형아 검사에서 다운증후군 수치가 높게 나와 양수검사를 했다. 99%가 정상수치가 나왔지만 낳을 때까지 걱정했다. 그리고 8개월째 임신성 당뇨 수치가 조금 높아서 또 걱정…… 애기를 낳는 순간 모든 것이 사라졌다.(사례 154)
- 힘들고 어렵게 고생하며 학업을 마친 데 대한 뿌듯함, 미망인으로 온갖 고생하며 자녀를 키우신 어머님 생각……(사례 167)
- 딸아이의 공부하면서 힘들어하는 모습을 생각해 보면 안쓰럽고,

내가 대신 해 주고 싶은 생각이 들기도 했다. 근데 그 힘든 공
부과정을 마무리 짓고 당당히 합격한 딸아이를 보고 기분이 굉
장히 기뻤다.(사례 174)
-가족들 뒷바라지도 못한 채 내 개인시간에 몰입하게 되고, 하루
3-4시간 자면서 이룬 결과이기 때문에 …… 더욱이 처음에 떨
어지고 재도전해서 이룬 결과이기에(사례 194)

● 남들에게 인정받기 (감정공유)
-환호를 했고(분출), 옆에 있는 사람과 같이 기뻐하고, 아는 사람
들에게 문자를 보냈다.(사례 13)
-친구들한테 …… 많이 전화한 건 아니구요. 옛날부터 친했던 친
구들한테, 나 대학교 붙었다고 ……(전화했죠). (친구들이) 야, 잘
됐다고 …… 재수했는데 ……(사례 21)
-하느님께 먼저 감사했고 기도드렸습니다. 그 후 직장 동료들에
게 알리고 아버님께 알렸습니다.(사례 208)
-손에 손을 잡고 춤을 추었고, 태극기를 흔들며, 응원가에 맞추
어 구호를 외치고, 술을 나누어 마시며 ……(사례 211)
-축하한다고 박수를 치고, 뛰면서 안아 주고, 축하선물을 사 주었
다. 그리고 앞날에 대한 계획도 세우라고 이야기했다.(사례 221)

● 자기(혹은 집단)가치감의 분출 및 몰입
-친구들과 환호성을 지르고 펄쩍펄쩍 뛰며 놀았다.(사례 4)
-기대감과 흥분으로 긴장이 최고조에 이르다가 갑자기 기쁜 결과
(박지성의 골)로 해소되었다.(사례 13)
-소리를 지르고 친구들과 얼싸안기도 하고, 평소보다 더 열띠게

응원을 했다.(사례 32)

- 채점을 다 마치고 밖으로 나와 웃었다. 크게 웃었다.(사례 45)
- 긴장된 마음을 해소하기 위해 소리를 지르고 방방 뛰었고, 그 긴장이 확 기쁨으로 풀리는 순간(역전승) 온몸에서 즐거움이 터졌다.(사례 52)
- 아버지께 승진했다고 전화를 드렸는데 목이 메어 말을 잇지 못했다. 차 안에서 음악을 크게 틀어 놓고 크게 소리 내어 울었다. (사례 75)
- 속박되었던 구속에서 해방되었으니까…… 합격 발표 전까지는 아무리 좋은 음식, 좋은 일, 기쁜 일이 있어도 마음 한구석에는 대입의 합격여부에 대한 강박관념에 사로잡혀 전혀 기쁘지도 즐겁지도 않았었던 거 같다.(사례 181)
- 차에 올라가 소리를 외치는 등 여러 가지 인간 세상에서 볼 수 없는 미친 짓들을 가지가지 했다. 그 누가 나를 막을 수 있을까.(사례 172)

② 우리의식에 의한 신명

● 집단가치감 확인하기

- 혼자가 아니라 그런 감정을 공유할 수 있는 사람들이 많아서 (사례 1)
- 평소에는 아예 느리거나 아예 빨라서 서로 바라볼 여유가 없는데, 치다가 다음으로 넘어갈 때 잠깐 간격이 있어서 서로 바라보고 표정 확인할 때(사례 2)
- 함께 어울리기 때문에, 하나가 되었다는 느낌으로 인해(사례 50)

-나와 같은 기분을 갖고 있는 사람들 속에 있었기 때문에(사례 59)
-주위의 모든 함께하는 사람들이 서로 감정을 공유하고 있다는 느낌이 들었고, 내가 자유롭게 행동하여도 모두 용인될 것 같았다.(사례 57)
-응원을 하면서 순간 모두 하나됨을 느꼈을 때 느껴진 설렘과 기쁨이 북받쳐 오르면서 내 안에 숨어 있던 '열정적인 나'가 나오는 듯했다.(사례 65)
-내가 감동받은 어떤 사건의 현장 속에서 저도 같이 동참했었다는 사실 때문이죠. 예를 들면, 제가 정말 감명 깊게 본 영화의 주인공이 저였다는 그런 기분 말이죠.(사례 107)
-시간에 구애받지 않고 많이 걷고 일행과 이야기 나눔으로써 가슴속의 울분을 풀고자 했다. 노래방에 가서 노래를 많이 했다.(사례 192)

● 감정의 분출 (집단가치감, 개인적 욕구)

-스트레스가 해소됨, 신경 쓰고 있었던 고민들이 잊혀짐.(사례 5)
-평소에 할 수 없었던 대담한 행동들을 한다.(사례 5)
-평소에는 제가 내성적인 성격이라서, 어디서 그렇게 나서서 소리를 지른다든가 하는 그런 경험이 없었어요. 표출함으로써 해소되는 것도 있고, 함께하는 느낌도 있고 …… 평소에는 누구나 다같이 K대생이다 그러면서 같이 뭉치는 경험이 없으니까. 그런 게 다 혼합이 된 거 같아요.(사례 18)
-기쁨, 자랑스러움 등을 표출함으로써(사례 43)
-현재의 느낌대로, 마음 가는 대로 행동했다.(사례 62)
-고함을 지르고 모르는 사람과 포옹하고 크게 웃고 춤도 추고

몸을 가만두지 못했습니다.(사례 107)

- 내면에서 치솟는 감동이 눈물로 솟았고 눈물을 흘림으로 인해
  정화가 이루어지고 있었다. 답답하던 마음이 한꺼번에 씻겨 내
  려가는 듯한 느낌이 되어 있음을 알 수 있었다.(사례 202)

● 몰입 및 심취하기

- 할 수 있는 한 최대한 그 순간을 즐겼다.(사례 6)
- 몰입으로 인한 스트레스의 해소(사례 11)
- 경기, 응원 자체에 몰입되어 경기 내용에 따라 희비가 교차했다.
  (사례 19)
- 현재의 감정에만 충실했고, 평소의 역할에 얽매이지 않고, 눈치
  를 보지 않는다. 아무 것에도 구속받지 않고 현재에만 충실하게,
  느끼는 대로, 무엇이든 할 수 있을 것 같은 느낌.(사례 35)
- 분위기에 몰입한다.(사례 47)
- 붕 뜬 것 같고, 활력이 넘치는 기분이었다. 다른 것들은 생각나
  지 않고 오직 한 가지만 생각하게 되었다.(사례 62)
- 잔칫집에 갔을 때는 잔칫집에 맞게 즐겁고 신나게 재미있게 해
  야 된다고 생각해서 더 신나게 놀다가 왔습니다.(사례 77)
- 너무 즐겁고 재미있어서 시간 가는 줄 몰랐다.(사례 187)

③ 자기표현에 의한 신명

● 감정 공유하기

- 그때 앞쪽에 앉은 관객들 반응이 …… 제가 의도한 것은 아니었
  지만 어쨌든 제가 느끼는 감정하고 비슷하게 울거나 슬픈 반응

을 보일 때 그때 내가 전달하려고 하는 게 이 사람들한테 갔구
나 …… 느꼈죠.. 공감한다는 느낌.. 그럴 때 더 좋죠.(사례 26)

- 옆 사람이 열심히 하는 사람이면 자기도 덩달아서 열심히 하게
되고 …… 잘 맞는다는 느낌이 딱 들면 서로같이 상승하는 느낌
이 들죠.(사례 37)

- 재즈 같은 경우는, 친구들이 좋은 음을 냈을 땐 자극을 받아서
나도 해 봐야지 해서, 또 사람들이 그거에 대해 좋아하는 표정
을 지어 주면, 도취되어서 나의 의지랑은 전혀 관계없는 또 다
른 세계가 펼쳐지는 거 같고.(사례 69)

● 자기표현 조절하기

- 평소에 발성이 제가 많이는 안 돼서 끝까지 목소리 올려서 발
성을 한다거나, 표정을 더 풍부하게 한다거나, 애드립을 넣거나
하는 것들……(사례 26)

- 악기를 쳤을 때 사람들이 호응을 많이 해 주면 그거에 흥이 나
서 연습 때는 생각 못했던 애드립이 나오기도 하고.(사례 69)

● 몰입 및 심취하기

- 아무 생각 없이 주변에 대한 느낌이나 감정 없이, 오로지 나만
보이고 나만 생각하고 세상에서 나만 존재하는 느낌.(사례 33)

- 제 짧은 생각에는 음악이 극대화되는 때는 자기 자신이 없어질
때가 극대화되는 거 같아요. 악기를 연주한다고 할 때 의식을 가
지고 막 신경을 쓰면서 그렇게 할 수 있는 사람도 있겠지만 그
걸 넘어서서 음악에 푹 빠진다고 그러잖아요? 그럴 때가 더……
(사례 37)

- 공간을 잊는 것 같아요. 어디로 떨어뜨리는 게 아니라, 이 자체
  가 가슴으로 다가온다는 …… 그래서 오히려 사람이 봐주고 흥
  이 겨우면 사람의 얼굴이 보이는 게 아니라 그 순간에 확 빠져
  드는 거 같아요.(사례 69)
- 춤추고 어울렸다. 끝나고 난 뒤 술도 한잔 했다. 나 자신을 잊
  고 놀았다.(사례 186)

(4) 신명경험의 기능 및 결과(개방형 설문의 6번 문항)

① 전환적 사건에 의한 신명

● 해 소

- 가슴에 돌덩이 하나 얹어 놓고 사는 그런 기분인데, 그게 확 걷
  혀지는 그런 기분……(사례 45)
- 스트레스가 확 풀리는 느낌이어서 일하는 데 힘이 되었습니다.
  (사례 185)

● 자기가치감의 회복

- 작년에는 제 스타일대로 공부를 했어요. 도서관도 가고 맥도날
  드도 가서 하고 …… 그랬더니 올해는 붙더라고요. 그래서 아,
  내 방식이 틀린 게 아니었구나 …… 내 방식대로 해도 붙을 수
  있다 하는 확신이 생겼죠. 그런 확신이 생긴 거는, 만약에 내가
  이번 시험이 떨어졌으면 '역시 내 공부방식은 잘못된 거야'라고
  생각했을 텐데 시험을 보고 나서 확신이 선 거죠.(사례 45)
- 우리나라 축구에 대한 자부심과 함께 축구에 대해 더욱더 관심

을 가지게 되었다.(사례 101)

- 마음이 너무 가벼워졌고 생활하는 것이 너무나 즐겁고 행복했다. 어떤 것을 하든지 자신감이 생겼다.(사례 113)

- 당시에는 모든 것을 할 수 있다는 자신감도 생겼고, 긍정적인 생각들도 많이 했고, 참 좋았다.(사례 194)

● 활력 및 긍정적 에너지

- 에너지가 충만하고, 더 할 수 있겠다는 심정이었고요.(사례 21)

- 운동에만 국한된 것이 아니라 학과의 활동에도 적극적으로 참여하는 등 일상의 모든 영역에서 적극적이 되었다.(사례 52)

- 삶의 활력소가 되었고, 더욱 열심히 하는 자세를 갖도록 해 주었다. 그리고 아버지를 더욱 많이 생각하게 되었다.(사례 75)

- 늘 긍정적이고 노력하려는 자세와 마음을 갖게 해 주었죠. 또한 일단 도전해 보는 습관도 생기고, 가능성을 기대하는 마음으로 누리게 됩니다.(사례 167)

- 매일 매일이 즐겁습니다. 딸내미가 일에 지쳐서 돌아와도 …… 그때 공부했던 시간을 떠올리면 이것은 아무것도 아니라는 생각이 들지요 …… 그런 마음으로 딸의 마음을 북돋아 줍니다. 세상엔 안 되는 일이 없지요.(사례 208)

- 머리 아픈 일 모두 잊고 잠시나마 즐거운 기분이 들었고, 그래서 주위 사람들에게도 관대해졌다. 그리고 나라에 대한 사랑도 조금은 더 생긴 것 같다.(사례 216)

● 회상 및 동기화

- 한동안은 그 생각만으로도 계속 미소가 생기고 웃음이 나왔다.

(사례 124)

- 영원히 잊을 수 없는 좋은 기억을 준 것으로 생각됩니다. 이렇게 또 생각나는 거 보면 ……(사례 128)
- 아직도 그때가 새록새록 기억이 나고 지난 2006년 월드컵 때에도 그때의 감동을 되살려 보고 싶었지만 그때는 의외로 부진한 성과였다. (2002년 월드컵이) 지금은 잊을 수 없는 추억으로 자리잡고 있다.(사례 209)

② 우리의식에 의한 신명

● 해 소

- 공연 끝나고 나서는 많이 풀렸죠. 공연이 끝났으니까. 그동안 연습하면서 못하는 애들에 대한 걱정이나 불신 같은 건 많이 풀렸죠.(사례 2)
- 제가 스트레스가 개인적으로 있었는데, 마침 고연전 때라서 응원 같은 거 하면 그게 풀리는 느낌이 나더라고요. 그래서 더 열심히 하고 그랬어요.(사례 20)
- 뻥 뚫리는 것 같은, 스트레스가 해소되는 느낌.(사례 29)
- 통쾌함, 스트레스가 발산되는 느낌.(사례 50)
- 신나게 몸을 흔들고 소리를 지르면서 그동안 쌓였던 스트레스가 한번에 날아갔고(사례 53)
- 체면을 던져 버린 해소감을 느꼈다.(사례 57)
- 육체적인 피로가 사라지고 행복감이 느껴졌다.(사례 148)
- 마음이 편안해졌고 홀가분한 느낌이 들었다. 기분이 상쾌해졌고 가벼운 마음이 되었다. 날아오를 것 같은 산뜻한 마음이 되었다.

노래 소리가 절로 날 정도로 보이는 사람들이 모두 다 정겹게 느껴졌다.(사례 202)

● 집단에 대한 애착형성

- 집단에 대한 자부심과 소속감이 더 생김(사례 1)
- 그 공동체에 소속되어 있다는 느낌을 받았고, 계속 그곳에 남고 싶다는 느낌을 받았다.(사례 36)
- 즐겁게 살고, 삶에 기쁨을 느끼며 살아야겠다는 생각이 들었습니다. 가족이 함께 있고, 가족 간의 사랑이 중요하다는 것을 느꼈습니다.(사례 224)

● 활력 및 긍정적 에너지

- 육체적으로 힘든 느낌이 전혀 들지 않고 날아갈 것 같았다.(사례 8)
- 힘들 때마다 그때를 생각하면서 용기를 낸다.(사례 24)
- 왠지 열심히 살아야겠다는 마음을 가지게 되었다.(사례 53)
- 얼마 동안 마음이 가벼워지고 생활에 조금씩 활기가 생겼다.(사례 59)
- 즐겁게 살고, 삶에 기쁨을 느끼며 살아야겠다는 생각이 들었습니다. 가족이 함께 있고 가족 간의 사랑이 중요하다는 것을 느꼈습니다.(사례 77)
- 삶에 대한 긍정적인 시각이 강해지고 상대적으로 부정적인 생각이나 경험을 내려놓게 해 주었다.(사례 148)

● 회상 및 동기화

- 감동으로, 신났던 좋은 추억으로 남아 있다. 힘이 들 때나, 옛 생각을 할 때 빠지지 않고 생각이 난다.(사례 31)
- 다음에 또 응원을 한다면 좀 더 신명나게 해 보고 싶다.(사례 35)
- 축제나, 거리응원이 있다고 하면, 멀리서 보기만 해도 기분이 좋아지게 되었다.(사례 62)

③ 자기표현에 의한 신명

● 해　소

- 연극을 어머니가 반대하셔서 연습할 때는 스트레스가 많이 쌓였었거든요. 시원섭섭한 마음이라고 해야 하나요? 공들여서 열심히 해서 잘된 건 시원한데 또 끝났다는 섭섭한 마음도 있고, 근데 스트레스가 오히려 풀렸죠. 성공적으로 끝났으니까.(사례 26)
- 전에 개인적으로 안 좋은 일도 있고 그랬었는데, 준비를 하는 과정도 힘들고 그랬는데, 연습 기간 마지막을 마무리 짓는 거라는 생각에 전의 나쁜 감정이 확 풀어지는 느낌을 받았어요.(사례 69)
- 흥이 나고 감정이 고조되고 들썩거린다. 스트레스가 해소되는 거 같고 즐겁다.(사례 133)
- 생활 속에서 느꼈던 스트레스를 날려버리는 듯한 느낌이었다.(사례 162)

● 자기가치감 확인

- 그전에는 그 안에서도 트러블이 많았거든요, 선생님하고 학생들하고 관계도 그렇고. 근데 연극을 계속 하고 나서 2학년쯤 되니

까 애들하고 선생님 관계도 완화되고 부드러워지고요, 서로 서
먹했던 관계가 좋아졌죠, 첨엔 되게 안 좋았어요……(사례 26)
— 나도 할 수 있고, 남들에게 뒤처지지 않으며, 무엇이든 열심히
할 수 있다는 생각이 들었다.(사례 110)

● 활력 및 긍정적 에너지

— 즐겁고 스트레스가 해소된다. 많이 웃게 되고, 엔도르핀이 돌아
서 즐거워진다. 매사에 긍정적으로 생각하려고 노력하게 되고,
재미없고 싫은 일도 즐겁고 웃으면서 하려고 노력하게 되는 거
같다.(사례 133)
— 무엇이든 할 수 있다는 자신감이 강해졌고 건강 또한 예전보다
나아져서 긍정적인 삶을 사는데 도움이 되고 있다.(사례 142)
— 땀을 흘리고 난 후의 개운함 같았다. 활력을 얻어서 돌아왔다.
오래가지는 못하지만 가끔 그런 경험은 어느 정도 생활에 변화
를 주는 것 같다.(사례 153)

● 회상 및 동기화

— 그 정도까지는 아닌데, 나중에는 추억에 많이 남죠. 그게 추억
에 남는다, 대학생활의 뭔가 한 일, 이게 아니라 내가 정말 좋
아하고 재밌어서 했다는 게 중요한데.(사례 26)
— 너무 힘들고 너무 방학을 많이 뺏겨서 앞으로 못하겠다는 사람
도 있고. 그래도 끝나고 나면 당일 날 다 좋아하죠. 다 너무 좋
았다, 다시 또 하고 싶다. 그래서 다음 방학 때 또 하고 …… 또
하고 해서 …… 제가 그래서 되게 많이 한 케이스거든요? ……
그래서 방학이 오면 꼭 해야 될 거 같고 안 하고 거르면 후배

나 다른 사람들이 하는 걸 보면 왠지 내가 저걸 해야 되는데
안 하는 거 같고 …… 그런 거 같아요.(사례 37)
- 힘들고 슬플 때 피아노를 통해 풀게 되었다.(사례 69)
- 그때를 한 번씩 생각하면 가슴이 떨릴 때가 있다.(사례 195)

신명경험 척도

여러분 안녕하십니까?
본 설문에 귀중한 시간을 내어 주셔서 감사드립니다.

　여러분의 응답 내용은 연구목적으로만 사용되며, 개인 정보는 절대 다른 목적으로 사용되지 않습니다. 분석 이후 설문지는 통계법 8조에 의거 폐기 될 것입니다.

　다시 한번 깊이 감사드립니다.

연구책임자 한 민
rainmaster75@hanmail.net

● 다음 항목에 반드시 기입해 주시기 바랍니다.

▶ **성별** : ① 남 ② 여
▶ **나이** : (　　　　) 세
▶ **직업** : 학생 / 사무직 / 기능직 / 예술계 / 자영업 / 교직 / 주부 / 기타

===================================

여러분은 **"신명"**이라는 말을 들어보신 적이 있으실 겁니다. 보통 풍물놀이나 탈춤 등 전통예술의 현장 혹은 지난 2002년 월드컵의 거리응원의 모습도 **"신명"**이라는 말로 표현할 수 있을 것입니다.

그 외에도 우리는 어떠한 순간, 어떠한 상황이 되면 **"신명"**이라는 말을 떠올립니다. 여러분들도 그러한 경험을 해 보신 일이 있으실 것입니다. 여러분이 **"신명난다"**는 느낌을 받으셨던 때는 언제였습니까?

지금부터 **"신명나는"** 경험을 했었던 당시를 **떠올려 보십시오**. 그리고 그때를 떠올리면서 이어지는 질문에 응답해 주시기 바랍니다.

※ 본 조사는 여러분이 평소에 가지고 있는 생각을 알아보기 위한 조사입니다. 정답이 있는 것이 아니므로 평소의 생각을 솔직하게 나타내 주시기 바랍니다.(하나도 **빠짐없이** 답변해 주십시오.)

● 다음은 신명이 나는 경우에 대한 문장들입니다.

자신의 신명경험에 비추어, 당시의 자신의 경험과 일치하는 번호에 √표시해 주시기 바랍니다.

▶ 나는 _____ 할 때, 신명이 난다.

	전혀 그렇지 않다	약간 그렇지 않다	보통 이다	약간 그렇다	매우 그렇다
1. 내가 한 일을 남들에게 인정받을 때	1	2	3	4	5
2. 나의 진정한 가치를 남들이 알아줄 때	1	2	3	4	5
3. 나의 능력(실력, 가치)이 남들을 감동시켰을 때	1	2	3	4	5
4. 나의 실력을 좋게 평가받았을 때	1	2	3	4	5
5. 내가 하려고 했던 바를 남들이 이해해 줄 때	1	2	3	4	5

A. 당신은 1~5와 같은 일들을 얼마나 자주 경험하십니까? (7점)

거의 경험한 적이 없다 / 4, 5년에 1번 정도 / 1년에 1번 정도 / 3, 4달에 1번 정도 / 1달에 1번 정도 / 2주에 1번 정도 / 그보다 자주

▶ 나는 _____ 할 때, 신명이 난다.

	전혀 그렇지 않다	약간 그렇지 않다	보통 이다	약간 그렇다	매우 그렇다
6. 우리는 하나라는 느낌이 들 때	1	2	3	4	5
7. 어떤 집단에 속했다는 사실이 자랑스러울 때	1	2	3	4	5
8. 모두가 함께 느끼고 함께 경험한다는 느낌이 들 때	1	2	3	4	5
9. 나의 마음을 남들이 알아준다는 느낌을 받을 때	1	2	3	4	5
10. 어떤 집단이나 단체와 자신을 완전히 동일시할 때	1	2	3	4	5
11. 말을 하지 않아도 다른 사람들의 마음을 알 수 있을 것 같을 때	1	2	3	4	5

B. 당신은 6~11과 같은 일들을 얼마나 자주 경험하십니까?

거의 경험한 적이 없다 / 4, 5년에 1번 정도 / 1년에 1번 정도 / 3, 4달에 1번 정도 / 1달에 1번 정도 / 2주에 1번 정도 / 그보다 자주

▶ 나는 _____ 할 때, 신명이 난다.

	전혀 그렇지 않다	약간 그렇지 않다	보통 이다	약간 그렇다	매우 그렇다
12. 나의 능력(실력, 가치)이 새로운 경지에 도달했을 때	1	2	3	4	5
13. 나의 능력(실력, 가치)을 남들에게 최대한 보여줄 때	1	2	3	4	5
14. 내가 진정으로 바라는 일을 할 때	1	2	3	4	5
15. 내가 하고 싶은 일을 마음껏 할 때	1	2	3	4	5
16. 내 힘으로는 불가능하리라고 생각했던 것을 해냈을 때	1	2	3	4	5

C. 당신은 12~16과 같은 일들을 얼마나 자주 경험하십니까?

거의 경험한 적이 없다 / 4, 5년에 1번 정도 / 1년에 1번 정도 / 3, 4
달에 1번 정도 / 1달에 1번 정도 / 2주에 1번 정도 / 그보다 자주

▶ 나는 _____ 때, 신명이 난다.

	전혀 그렇지 않다	약간 그렇지 않다	보통 이다	약간 그렇다	매우 그렇다
17. 일상에서 벗어난다는 느낌을 받을 때	1	2	3	4	5
18. 평소에 하지 못하던 일들을 할 수 있을 때	1	2	3	4	5
19. 무슨 일을 해도 허용될 수 있다는 느낌이 들 때	1	2	3	4	5
20. 체면치레를 하지 않아도 될 때	1	2	3	4	5
21. 남들의 눈치를 보지 않아도 될 때	1	2	3	4	5

D. 당신은 17~21과 같은 일들을 얼마나 자주 경험하십니까?

거의 경험한 적이 없다 / 4, 5년에 1번 정도 / 1년에 1번 정도 / 3,
4달에 1번 정도 / 1달에 1번 정도 / 2주에 1번 정도 / 그보다 자주

▶ 나는 _____ 할 때, 신명이 난다.

	전혀 그렇지 않다	약간 그렇지 않다	보통 이다	약간 그렇다	매우 그렇다
22. 많은 사람들이 모여 있을 때	1	2	3	4	5
23. 큰 소리의 음악이 들려올 때	1	2	3	4	5
24. 흥분되는 반복적인 리듬이 계속될 때	1	2	3	4	5
25. 여러 가지 상황이 맞아떨어진다는 느낌이 들 때	1	2	3	4	5

E. 당신은 17~21과 같은 일들을 얼마나 자주 경험하십니까?

거의 경험한 적이 없다 / 4, 5년에 1번 정도 / 1년에 1번 정도 / 3, 4달에 1번 정도 / 1달에 1번 정도 / 2주에 1번 정도 / 그보다 자주

● 다음은 신명이 날 때 드는 느낌, 생각들입니다.

자신의 신명경험에 비추어, 당시의 자신의 경험과 일치하는 번호에 V표시해 주시기 바랍니다.

▶ 나는 신명이 나면 _____ 와 같은 기분이 든다.

	전혀 그렇지 않다	약간 그렇지 않다	보통 이다	약간 그렇다	매우 그렇다
26. 걷잡을 수 없이 흥분된다	1	2	3	4	5
27. 이루 말할 수 없이 즐겁다	1	2	3	4	5
28. 뭘 어떻게 해야 할지 모를 정도로 기쁘다	1	2	3	4	5
29. 훨훨 날고 있다는 느낌이 든다	1	2	3	4	5
30. 내(우리)가 이뤄낸 일을 생각하니 감동적이다	1	2	3	4	5
31. 내(우리)가 이런 일을 할 수 있다는 것이 자랑스럽다	1	2	3	4	5
32. 내(우리)의 가치를 다른 이들에게 알린 것이 뿌듯하다	1	2	3	4	5
33. 내(우리)의 능력을 모두 발휘할 수 있어서 기쁘다	1	2	3	4	5
34. 힘들었던 과거의 일들이 보상받는 느낌이다	1	2	3	4	5
35. 과거의 어려움을 이겨낸 내(우리)가 자랑스럽다	1	2	3	4	5
36. 우리가 함께 있다는 사실 자체가 감동적이다	1	2	3	4	5
37. 우리가 서로의 감정을 공유한다는 것이 감동적이다	1	2	3	4	5
38. 주위의 사람들이 느끼고 있는 것을 나도 느끼는 것 같아서 기쁘다	1	2	3	4	5
39. 여러 사람이 하나가 되어 뭔가를 한다는 사실이 감격적이다	1	2	3	4	5
40. 다른 사람(들)의 감정을 완전히 이해할 수 있을 것 같아서 기쁘다	1	2	3	4	5

● 다음은 신명이 날 때 하는 행동들입니다.

자신의 신명경험에 비추어, 당시의 자신의 경험과 일치하는 번호
에 V표시해 주시기 바랍니다.

▶ 나는 신명이 나면 _____ 같은 행동을 한다.

	전혀 그렇지 않다	약간 그렇지 않다	보통 이다	약간 그렇다	매우 그렇다
41. 큰 소리로 웃고 목청껏 소리를 지른다	1	2	3	4	5
42. 처음 만난 사람이라도 껴안고 펄쩍펄쩍 뛴다	1	2	3	4	5
43. 현재의 느낌, 감정을 최대한 표현한다	1	2	3	4	5
44. 내가 할 수 있는 모든 방식으로 나의 감정을 나타낸다	1	2	3	4	5
45. 그 상황에 더욱더 빠져들려고 애쓴다	1	2	3	4	5
46. 그 순간에 하고 있는 행위에 몰두한다	1	2	3	4	5
47. 내 자신의 느낌에 빠져든다	1	2	3	4	5

● 다음은 신명나는 경험을 한 뒤에 드는 느낌, 생각들입니다.

▶ 자신의 신명경험에 비추어, 당시의 자신의 경험과 일치하는 번
호에 √표시해 주시기 바랍니다.

나는 신명나는 경험 후에 _____ 해진다.

	전혀 그렇지 않다	약간 그렇지 않다	보통 이다	약간 그렇다	매우 그렇다
48. 나쁜 감정들이 씻겨 내려간 듯하다	1	2	3	4	5
49. 현실을 초월한 느낌이 든다	1	2	3	4	5
50. 자유로워졌다는 느낌을 받는다	1	2	3	4	5
51. 다른 세상에 있는 것 같다	1	2	3	4	5
52. 함께한 집단의 일원이라는 마음이 강해졌다	1	2	3	4	5
53. 함께한 사람들을 아끼고 사랑하게 되었다	1	2	3	4	5
54. 함께한 집단의 구성원이라는 것이 자랑스럽다	1	2	3	4	5
55. 함께한 사람들과 내가 하나라는 생각이 강해졌다	1	2	3	4	5
56. 함께한 사람들을 위한 일을 하고 싶은 생각이 든다	1	2	3	4	5
57. 함께한 사람들에 대한 배려와 포용력이 생겼다	1	2	3	4	5
58. 어떤 어려움도 이겨낼 수 있을 것 같다	1	2	3	4	5
59. 내가 살아 있다는 느낌이 강하게 든다	1	2	3	4	5
60. 적극적이고 능동적으로 살 수 있다	1	2	3	4	5
61. 더 열심히 살 수 있을 것 같다	1	2	3	4	5
62. 내 자신이 훨씬 가치 있는 사람이 된 것 같다	1	2	3	4	5
63. 모든 일에 자신감이 생긴다	1	2	3	4	5
64. 무엇이든 해낼 수 있을 것 같다	1	2	3	4	5
65. 같은 경험을 또 하고 싶다고 생각한다	1	2	3	4	5
66. 다시 같은 경험을 하기 위해서 가능한 노력을 기울일 것이다	1	2	3	4	5
67. 가끔 당시의 일을 떠올리게 된다	1	2	3	4	5
68. 그런 일이 또 생겼으면 좋겠다고 생각한다	1	2	3	4	5

연구 4의 가설적 모형에 사용된 변인 간 상관

	1	2	3	4	5	6	7	8	9	10	11	12	13	14	15	16
1. 자기인정	1.00															
2. 우리의식	.57***	1.00														
3. 자기표현	.78***	.51***	1.00													
4. 일탈감	.48***	.47***	.56***	1.00												
5. 외부조건	.34***	.51***	.38***	.45***	1.00											
6. 1차쾌감	.38***	.34***	.36***	.30***	.41***	1.00										
7. 2차쾌감	.52***	.43***	.55***	.33***	.44***	.73***	1.00									
8. 공감	.52***	.56***	.48***	.38***	.50***	.74***	.78***	1.00								
9. 신명감정	.51***	.47***	.50***	.36***	.49***	.92***	.91***	.91***	1.00							
10. 분출	.26***	.32***	.27***	.27***	.40***	.64***	.56***	.60***	.66***	1.00						
11. 몰입	.32***	.36***	.30***	.27***	.44***	.64***	.53***	.55***	.64***	.58***	1.00					
12. 신명행동	.33***	.38***	.32***	.31***	.47***	.72***	.62***	.65***	.73***	.89***	.89***	1.00				
13. 해방감	.36***	.46***	.39***	.40***	.47***	.70***	.63***	.64***	.72***	.55***	.51***	.59***	1.00			
14. 에너지	.47***	.55***	.49***	.30***	.45***	.63***	.72***	.70***	.74***	.56***	.51***	.60***	.79***	1.00		
15. 동질감	.47***	.58***	.45***	.32***	.48***	.57***	.68***	.75***	.72***	.56***	.52***	.61***	.75***	.87***	1.00	
16. 동기화	.39***	.39***	.39***	.19***	.32***	.63***	.63***	.63***	.69***	.55***	.60***	.65***	.72***	.76***	.76***	1.00
17. 신명결과	.46***	.54***	.47***	.33***	.47***	.70***	.73***	.74***	.79***	.61***	.59***	.67***	.90***	.93***	.92***	.89***

*** p < .001

·저 자·

한 민

·약 력·

고려대학교 심리학과 졸업(2002)

고려대학교 대학원 문화심리학 석사(2004)

고려대학교 대학원 문화심리학 박사(2007)

현재: 고려대학교 행동과학연구소 연구교수

신명의 심리학적 이해

• 초판 인쇄 2008년 4월 28일
• 초판 발행 2008년 4월 28일

• 지 은 이 한 민
• 펴 낸 이 채종준
• 펴 낸 곳 한국학술정보㈜
          경기도 파주시 교하읍 문발리 513-5
          파주출판문화정보산업단지
          전화 031) 908-3181(대표) · 팩스 031) 908-3189
          홈페이지 http://www.kstudy.com
          e-mail(출판사업부) publish@kstudy.com
• 등   록 제일산-115호(2000. 6. 19)
• 가   격 27,000원

ISBN   978-89-534-9076-5 93100 (Paper Book)
         978-89-534-9077-2 98100 (e-Book)